정치가 왜 이래

정치가 왜 이래

한국정치의 문제점과
홍성걸교수가 제시하는
정치혁신 전략

홍성걸 지음

시아

"아~~ 테스 형, 세상이 왜 이래, 왜 이렇게 힘들어…"

얼마 전, KBS 추석 특집, 〈대한민국 어게인, 나훈아〉 콘서트에서 일흔이 넘은 국민적 대중가수 나훈아 씨가 발표한 신곡의 일부다. 출연료마저 거절하면서 코로나19로 지친 국민을 위로하기 위해 단지 들려주고 싶은 노래를 자신 만의 방식으로 편집 없이 방송한다는 조건으로 가진 특별방송에서 발표한 신곡이었다. 이미 알려진 바와 같이 대중의 반응은 가히 폭발적이었다. 대중가요에 고대 그리스의 세계적인 철학자 소크라테스를 끌어들인 것도 기가 막힌데, 근엄한 철학자를 '테스형'이라 부른 용기도 놀라웠다. 아마도 소크라테스를 '테스형'이라 부른 대중가수는 세계에서 나훈아가 처음이자 마지막일 것이다.

몇 년 전, 대학가에 붙었던 "안녕들 하십니까?"라는 대자보와 함께 어려움에 지치다 못해 생계를 위협받고 있는 수많은 사람들의 공감을 불러일으킨 2020년 최고의 유행어는 다름 아닌 "세상이 왜 이래"였다. 도대체 왜 이런 허무주의적 단어가 유행어가 될 정도로 세상이 급작스럽게 어려워졌을까? 70여 년에 걸친 각고의 노력 끝에 경제발전과 정치민주화를 동시에 달성해 세계가 부러워하던 이 나라가 어째서 불과 몇 년 만에 이 지경이 되었을까?

달도 차면 기운다는 말처럼 이제 우리나라의 운세가 더 이상의 발전이 어려워졌기 때문일까? 나라의 발전 수준이 1인당 국민소득만으로 측정될 수는 없겠지만 불과 2년 전에 3만 달러 국민소득에 도달한 우리나라가 한계에 도달했다는 것은 믿을 수 없다. 뿐만 아니라 '사람이 먼저'라면서 소득주도성장이라는 서민을 위한 정책을 통해 어려운 사람을 행복하게 만들겠다고 야심차게 출발한 문재인 정부에서 오히려 더 많은 서민들이 힘들어하고, 자영업자와 소상공인들이 빈곤층으로 몰락할 위기에 처했다는 것에 더욱 기가 막힌다.

취임 초부터 부동산만은 반드시 잡겠다고 다짐했던 문재인 정부는 무려 24차례의 크고 작은 부동산정책으로 좌충우돌하더니 급기야 역대 정부 최고 수준의 집값 상승이라는 '황금알'을 낳았다. 서민과 청년들에게 내집 마련의 꿈을 앗아간 것이 어째서 문재인 정부에게는 '황금알'이 되었을까? 가뜩이나 어렵고 힘든 경제상황 속에서 공시지가 현실화를 내세우며 과세표준을 매년 법정 최고한도로 올리고 있는데, 거기에 부동산 가격이 급격히 상승하면서 부동산 관련 세금징수액은 역대 최고 속도로 늘어나고 있으니, 이것이 문재인 정부에게는 '황금알'이 아니면 무엇이란 말인가.

그럼에도 불구하고 정부와 공공부문이 나서서 일자리를 창출해야 한다면서 공무원과 공공기관 직원을 급격히 늘리고 있고, 이는 곧 장기적으로 국가재정에 엄청난 부담으로 작용할 것이 틀림없다. 돈이 없어 치료받지 못하는 사람을 없게 하겠다는 참으로 착하고 어진 생각에 부담능력은 고려하지 않고 문재인케어를 도입하다보니 건강보험 재정도 급속히 악화되었다. 소득주도성장 정책으로 저소득층의 소득이 늘어나기는커녕 일자리를 잃으면서 소득이 더욱 줄어들자 정부가 이전소득을 증가시켜 간신히 현상유지 정도를 만들었다. 그러자니 엄청난 규모의 재정적자를 감수할 수밖에 없었다. 이렇게 늘어난 재정적자를 조금이라도 메우기 위해 핀셋 증세라면서 가진 사람들에게 더 많은 세금을 징수하면서 세금이 늘어나는 사람은 상위 1%에 불과하다고 주장한다. 2020년 1월, 서울 시내 아파트의 중간 값이 9억을 돌파하여 6억 이상의 아파트가 대상인 종합부동산세는 절반 이상의 소유주가 부담하고 있는데도 정부는 1% 논리를 굽히지 않는다. '집 가진 죄인'이라고 십수 년을 열심히 노력해 집 한 채 마련한 대부분의 중산층들에게 기하급수적으로 늘어나고 있는 재산세와 종합부동산세는 형벌과 다름없게 되었지만, 이제는 나이가 들어 노동능력이 없어진 은퇴자들의 절규는 아예 들으려 하지도 않는다. 그런데도 집값은 천정부지로 올라 청년층은 아예 집을 살 수 없도록 만들고 있다.

상황이 이런데도 집권여당과 청와대는 도무지 자신들의 정책이 잘못되었다는 것을 인정하지 않는다. 부동산이든 뭐든 입만 열면 전(前) 정권 핑계를 대고 그것도 안 되면 코로나19를 들먹이며 자신들은 아무런 잘못이 없다고 강변한다. 그러는 중에 누군가는 갚아야 할 나라 빚은 천문학적으로 늘어나고 있고, 인구구조상 젊은 세대에는 지금보다 미래가 더욱 힘든 삶이 예고되고 있다.

이런 문제를 해결해 민생을 안정시켜야 할 정치권은 자신들의 알량한 권력에 도취해 힘들고 어려운 국민의 상황은 안중에도 없다. 아니, 그들은 관심을 가진 척만 하고 있을 뿐, 진정한 목적은 자신들의 기득권을 지키는 것에 있을 뿐이다. 그러니 추미애 같은 사람은 법무 장관이라면서 취임하자마자 집권 세력의 범죄나 비리를 수사하려는 윤석열 검찰총장을 끌어내리기에 몰두하고, 그것을 검찰개혁이라 호도하면서도 죄의식을 느끼지 않는다.

추미애 장관을 옹호하는 사람들은 위헌적 주장을 서슴지 않으면서도 잘못을 깨닫지 못하고 있다. 수오지심(羞惡之心)은 의지단야(義之端也)

라는 말처럼, 부끄러움을 모르는 사람들이 옳고 그름을 모르는 것은 당연한 일일 것이다.

코로나19가 우리만 겪는 일이 아니며, 그것이 우리 사회에 미친 영향은 매우 큰 것이 사실이다. 작년 2월부터 시작된 감염병 사태는 사회적 거리두기로 자영업자와 소상공인은 물론, 경제 전체에 악영향을 끼치고 있으며 서민들을 빈곤의 궁지로 몰아넣고 있다. 또 초기에 어려움이 있었으나 질병관리청의 노력과 국민의 자발적 거리두기 등으로 슬기롭게 견디고 있는 것도 사실이다.

하지만 코로나19만이 지금 우리가 겪고 있는 난국의 원인이 아니라는 것 또한 사실이다. 코로나19 이전에 정부의 정책 실패가 우리의 대응능력을 현저히 떨어뜨렸고, 입만 열면 토착왜구니 독재 세력의 후예니 하는 문재인 정부의 국민 편 가르기가 더욱 한마음 한뜻으로 이 난국을 극복할 수 있는 토양을 없앤 것도 사실이다.

보수우파 야당도 문재인 정부의 치명적 정책 실패와 코로나19라는 감염병 사태가 겹쳐 이 나라가 급격히 고꾸라지고 있는 것의 책임에서 자유로울 수 없다. 집권 여당의 독주는 결국 이를 견제하지 못한 야당의 책임이기 때문이다. 지난 총선에서의 완패로 100여 석밖에 갖지 못했기 때문이라는 것은 패배자의 변명에 불과하다. 문재인 정부와 집권 민주당이 그토록 나라를 망치고 있는데도 지난 세 차례에 걸친 선거에서 야당이 압도적으로 패배한 것은 국민에게 스스로 대안적 집권 세력이 되지 못한다는 것을 입증한 것일 뿐이다.

대선, 지방선거, 총선에 이르기까지 완벽한 패배로 영남 자민련 수준으로 전락했음에도 여전히 정신을 차리지 못하는 야당에게 국민들은 아무런 희망을 갖지 못하고 있다. 비대위 체제를 두 번이나 거치면서도 도대체 야당인 국민의힘이 무엇을 지향하고 있는지 모르겠고, 여당에 대한 실망이 극에 달해도 선뜻 야당을 선택하지 못하는 국민들이 여전히 늘어나는 것이 이를 입증한다.

필자는 오랫동안 언론과 방송에서 정치평론을 해오면서 우리 사회의 많은 문제를 다루었다. 이제 회갑을 지나면서 그동안에 여기저기에 발표해온 칼럼을 모아 한 권의 책으로 발간하여 많은 분들과 공유하기로 했다. 20여 년 가까이 써온 칼럼을 모으고 정리하면서 여러 해 전에 쓴 칼럼이 오늘의 현실에도 어쩌면 그렇게 부합할까 하는 생각이 많이 들었다. 그만큼 우리의 정치 현실에 발전이 없었다는 뜻일 것이다. 이 책에 제시된 칼럼은 오로지 저자의 생각일 뿐, 결코 일반적이거나 보편적 생각이라 주장하지는 않는다. 독자들의 견해와 다를 수도 있고, 동의하지 못하는 분들도 많을 것이다. 그저 이 시대를 살아가는 한 사람의 견해로 너그럽게 받아들여주시면 감사하겠다.

이 책을 펴내는 데 아버지의 독려가 결정적인 역할을 했다. 오늘의 내가 있기까지 항상 사랑으로 격려해주신 분이다. 2년 전 먼저 세상을 떠나신 그리운 어머니께도 저린 마음으로 감사드린다. 넉넉하지 못한 학자에게 시집 와서 아들 둘을 낳아 기르면서 아내로서, 어머니로서의 길을 묵묵히 걸어온 아내에게도 이 자리를 빌려 고마움과 함께 깊은 사랑의 마음을 전한다.

이 책을 정리하는 데에 많은 도움을 준 장희일 사장님과 박현규, 전승원 두 조교, 문화영토연구원 홍기철 실장, 홍현묵 팀장께도 심심한 감사를 표한다. 끝으로 책의 발간을 선뜻 맡아준 시아출판사 김형성 대표님을 비롯한 임직원 여러분들께도 감사드린다.

2021년 6월
저자

제4장 선거와 한국정치

제11장 바람직한 미래를 위한 제언

한국정치,
어제와 오늘

한국정치,
어제와 오늘

1. 어느 보수주의자의 눈으로 본 5·18

1979년 유신체제의 말기에 대학에 입학한 나는 시위구호와 최루탄이 난무하던 시기를 보냈다. 법학통론과 헌법 과목을 처음 접하면서 대통령 긴급조치권과 국회의원 1/3 지명권, 7년 임기에 중임제한도 없는 무소불위의 권력을 가진 대통령제를 규정한 헌법이 법 같지도 않아 울분을 토했던 기억이 아련하다.

10·26으로 유신체제가 무너진 후 80년의 봄을 만끽하던 우리는 신군부의 정권 찬탈에 반대해 다시 시위 속에 몸을 실었다. 5월 중순, 서울 시내는 민주화를 외치는 대학생의 집단시위 속에 최루탄과 돌멩이가 난무했고 곳곳에서 시위대와 진압경찰 간 충돌로 많은 학생들이 다쳤다. 5월 15일에 절정을 이루었던 시위가 소강상태에 접어들던 17일,

갑자기 계엄령의 전국 확대가 발동되었다. 이때 광주에서는 민간인을 향한 발포와 무력진압으로 차마 사람의 눈으로는 볼 수 없는 처참한 상황이 벌어지고 있었지만 대다수 학생들은 까맣게 몰랐었다.

1980년 5월 광주는 문자 그대로 대한민국이 아니었다. 그곳이 대한민국이었다면 국민을 보호해야 할 국군이 국민인 광주시민을 그토록 참혹하게 짓밟을 수는 없는 일이다. 당시 광주시민을 향한 신군부의 무력진압은 있을 수 없는 명백한 국가폭력이었고, 그 진상을 낱낱이 밝혀 역사에 기록을 남기는 것은 우리 세대의 의무이기도 하다. 그래서 지금까지 여러 차례에 걸쳐 진상조사와 처벌, 그리고 희생자에 대한 보상이 이루어졌지만, 아직 밝히지 못한 사실이 있다면 철저한 진상조사를 통해 사실을 반드시 밝혀야 한다.

필자는 문재인 정부가 하려는 진상조사에 당연히 동의할 뿐만 아니라 그에 대해 보수와 진보의 입장이 다를 수 없다고 생각한다. 마침 그동안 비밀로 분류되었던 미국 측의 많은 기록이 해제되었으니 사실관계를 밝히기에 더할 나위 없이 좋은 기회다. 대통령의 말처럼 처벌을 위한 조사가 아니라 역사를 바르게 전하기 위한 기록의 차원에서라도 진상은 반드시 밝혀져야 한다. 다만 보다 정확하고 객관적인 조사를 위해서 몇 가지 기준과 원칙이 필요하다.

먼저 진상조사는 모든 선입견과 감정을 배제한 상태에서 객관적이고 중립적인 입장에서 있는 그대로의 사실관계를 밝히는 데 주력해야 한다. 현재 찾고자 하는 발포명령 책임자의 경우, 명령자가 있었다는 전제로 접근하기보다 당시의 상황적 증거와 가용 자료들, 그리고 명확한 사실관계 증언들을 바탕으로 찾되, 밝히지 못한다면 후세에 확인될 수 있도록 증거를 남겨두어야 한다.

계엄군으로 동원되어 진압을 담당했던 군인들도 가해자의 시각만 이 아니라 그들도 피해자일 수 있다는 시각에서 접근이 이루어져야 한다. 다수의 진압 군인들은 병역의무를 이행하기 위해 군에 입대한 우리의 자식이요 형제였다. 그들은 명령에 따라 진압작전에 투입되어 평생을 죄의식 속에 살아갔을지도 모른다. 진압에 동원된 장병들 중에서도 사망자가 속출했었다. 그들도 국민이다. 이렇게 접근할 때, 비로소 당시 진압군의 입장에서 현장에 있었던 수많은 사람들이 역사 앞에서 진실을 증언할 용기를 갖게 될 것이다.

　끝으로 일각에서 주장하는 5·18 정신의 헌법전문 포함 문제는 대통령의 지시나 생각이 아니라 보다 객관적이고 중립적인 시각에서 검토되어야 한다. 대한민국 헌법전문에는 수많은 중요 사건이나 운동 중 오직 3·1운동과 4·19만 포함되었고, 거기에는 뚜렷한 논리적 근거가 있다.

　3·1운동은 임시정부 설립을 통해 자유민주주의를 기반으로 한 대한민국의 국가정체성을 선포하였기에 그 법통을 계승한다는 의미이다. 4·19민주항쟁은 전 국민이 하나가 되어 3·15 부정선거와 독재를 타도하고 새로운 민주공화국을 세우는 계기가 되었기 때문에 대표적 민주 이념으로 헌법전문에 포함된 것이다.

　5·18은 민주항쟁이지만 본질적으로 광주지역에 국한된 국가폭력에 의해 무고한 시민이 희생된 사건이다. 그래서 3·1운동이나 4·19정신과 같은 반열에 둘 수 없다. 만일 5·18이 포함되어야 한다면 과거 일제 치하에서 일본의 압제에 항거했던 광주학생운동이나 광복 직후 공산주의를 부정하고 일어섰던 신의주 학생의거 등 모든 지역적 저항들도 헌법전문에 포함되어야 한다는 주장을 배제할 수 없다. 그런 점에서

제주 4·3도 마찬가지다.

5·18 광주민주항쟁은 보수와 진보라는 가치에 따라 그 의미가 달라질 수 없는 우리의 아픈 역사이다. 보다 중립적이고 객관적인, 그리고 광범위한 진실규명을 통해 화해와 통합의 새 출발을 이루는 계기가 되기를 바란다.

(매일신문, 2020년 5월 21일)

2. 좋은 나라는 어떤 나라인가

　최고기온이 40도를 넘나드는 지독한 무더위를 견디며 살고 있는 국민을 보면서 문득 좋은 나라는 어떤 나라인가라는 의문이 든다. 문재인 대통령은 지난 1월 2일 국립현충원을 방문해 "국민이 주인인 나라, 건국 백 년을 준비하겠습니다"라고 썼다. 최근 자유한국당을 맡은 김병준 비대위원장은 7월 25일 현충원을 참배해 "모두, 다 함께 잘사는 나라"라고 썼다.

　지금까지 우리는 좋은 나라를 만들기 위해 어떤 일을 해왔는가. 문재인 정부 출범 이후 이전 및 전전 정권이 잘못한 일을 바로잡겠다는 적폐청산이 가장 큰 이슈였다. 인천공항공사를 방문해서는 모든 비정규직의 정규직화를 약속함으로써 공공부문의 비정규직을 빠른 속도로 청산해왔다. 고리원전 1호기를 폐쇄하면서 '탈원전'을 선언해 국가 에너지정책의 기본방향을 신재생 에너지 위주로 전환했다. 북한의 평창올림픽 참가를 이끌어 남북 대화를 시작했고, 북·미 대화를 성사시켜 한반도 비핵화를 통한 평화체제 구축의 첫걸음을 내디뎠다. 비록 비핵화를 향한 가시적 성과는 보이지 않지만 적어도 적대관계가 완화되고 있다는 측면에서는 긍정적 신호라고 할 수 있다.

이 밖에도 문 대통령은 취임사에서 약속한 바와 같이 국민을 섬기는 모습을 보였다. 시화호에서 낚싯배 사고로 사망자가 발생하자 즉시 달려가 유족을 위로하고, 모든 것이 나라의 책임이라고 반성했다. 제천에서 사우나 화재사고가 발생했을 때도 마찬가지였다. 광화문 호프집에서 시민과 직접 대화했고, 신고리 5·6호기의 공사 재개와 교육정책을 공론화과정을 통해 결정함으로써 국민이 직접 정책과정에 참여하도록 했다.

그런데 이렇게 함으로써 국민이 기대하는 좋은 나라가 되고 있는가. 비정규직의 일괄 정규직화는 또 다른 차별을 낳는다는 불평이 있고, 2년에 걸쳐 30%를 넘는 최저임금 인상은 수많은 자영업자를 폐업으로 몰아넣고 있다. 미국, 일본, 유럽 등 대부분의 나라가 유례없는 경제호황을 맞아 일자리가 남아도는데 우리만 IMF 이후 최대의 취업률 저하라는 극도의 불황을 겪고 있다. 경쟁국가에는 없는 온갖 규제 때문에 800조 원이 넘는 기업자금이 투자처를 찾지 못해 낮잠을 자고 있다. 이전 정부에서 낙하산 인사를 그토록 비난하더니 문재인 정부 2년차의 낙하산 인사는 더욱 심하다. 그리고 마린온 헬기 사고로 나라를 지키던 군인이 목숨을 조국에 바쳤을 때 문 대통령은 아예 그들을 찾지 않았다. 이것이 정말 좋은 나라인가.

돈이 없어 치료를 받지 못하는 사람은 없게 하겠다는 문 대통령의 말은 듣는 이의 심금을 울린다. 그런데 부담은 누가 하는가. 형편이 나은 사람이 어려운 사람을 위해 십시일반으로 부담을 하자고 호소한다면 그래도 낫겠다. 그게 아니라 있는 사람 것을 빼앗아 문재인 케어를 도입하겠다면 얘기는 다르다. 지금 당장은 감당할 수 있다 해도 불과 몇 년 후부터 줄어드는 생산가능인구로 기하급수적으로 늘어만 가는 노인층의 의료비를 부담할 수 있을까.

제한된 재원으로 모두를 만족시킬 수는 없다. 좋은 나라는 모든 국민이 행복하다고 거짓말하는 나라가 아니라 화합과 신뢰를 바탕으로 아무리 힘들고 어려워도 함께 인내하고 서로 돕고 살아가야 좋은 세상이 오는 것을 이해시키는 나라다.

1년 반 전, 광화문광장을 가득 메운 100만 시민은 '이게 나라냐'고 외쳤다. 분명 그때 그 나라는 결코 좋은 나라가 아니었다. 문 대통령에게 좋은 나라는 취임사에서 밝힌 바와 같이 '기회는 평등하고 과정은 공정하며 결과는 정의로운 나라'일 것이다. 공정하게 경쟁하되 경쟁이 불가능한 사람은 서로 도와줄 수 있는 나라, 반칙이 통하지 않고 노력과 능력의 차이에 따라 발생하는 결과는 수긍할 수 있는 나라, 개인의 자율과 창의가 최대한 존중되지만 과도한 빈부격차는 줄여가는 나라, 누구나 노력하면 잘살 수 있다는 희망이 있는 나라. 이것이 우리가 지향하는 좋은 나라의 모습이 아닐까. 뜨거운 햇볕을 피해 가며 느리게 걷고 있는 사람을 보면서 '정치'의 무한책임을 느낀다.

(세계일보, 2018년 8월 5일)

3. 분열의 끝에서 본 대한민국의 미래

올해로 아흔여덟 번째 맞은 3·1절에 태극기를 게양하지 않은 사람들이 크게 늘었다고 한다. 탄핵 기각에 동참한다는 오해를 받기 싫어서란다. 일본에 빼앗겼던 나라를 순국선열의 피로써 되찾아 비로소 태극기를 다시 세상에 펄럭이게 했다. 그런데 오늘 우리는 그 태극기를 들까 말까 우물쭈물한다니…. 부끄럽고 죄송스러워 얼굴을 들 수가 없다.

대대로 물려받은 이 나라가 남북으로 갈라져 두 쪽이 된 것도 모자라 탄핵으로 또 둘로 나뉘어 세 쪽이 돼간다. 대통령이 되겠다는 사람들조차 흥분한 국민을 달래기는커녕 내란이니 혁명이니 하면서 오히려 분열을 부추기고 헌법재판소를 위협한다. 남들 눈이 있으니 마지못해 헌재 결정에 승복한다고 하지만 글쎄, 정작 자신들이 원하지 않는 결정이 나와도 과연 그럴까.

그런데도 사태의 원인 제공자인 박근혜 대통령은 여전히 아무 잘못이 없단다. 대통령의 말 한마디에 400억 원이 넘는 돈을 빼앗긴(?) 기업들이 있는데도 자발적으로 낸 것이고, 재단을 만들어 최순실에게 송두리째 맡겨놓고도 나라를 위해 한 일이라고 강변한다. 최순실, 정유라와 관련해 상식적으로 납득하기 어려운 일들을 했으면서도 국민이 듣고 싶은 진실에 대해서는 한마디 해명도 없이 대통령은 자신이 하고 싶은 말만 하고 결국 스스로 탄핵의 문턱에 섰다. 결자해지라고 대통령만이 두 편으로 갈라진 이 나라를 봉합할 수 있는데도 여전히 그에겐 자신의 입장만 중요할 뿐 분열의 끝에 선 대한민국의 미래에는 관심이 없는가 보다.

돌이켜 보면 대한민국은 참으로 대단한 나라다. 5000년 역사 속에서 오늘날 같은 힘을 가져본 적이 있었는가. 삼국시대는 물론 고려, 조선왕조를 거치는 동안 한반도에 터를 잡은 우리 조상은 온갖 고난을 겪으며 힘들게 이 나라를 지켜왔다. 한때 요동 땅을 호령했고 만주를 공략하려 했으며 대마도를 정벌하는 등 국력을 떨친 때도 있었으나 대부분의 시기에 우리의 국력은 자신을 외세로부터 지키기에도 버거웠다. 하지만 60년 넘게 침략에 저항하면서도 몽골에 국권을 빼앗기지는 않았었다. 그랬던 우리가 거친 제국주의적 팽창 속에 결국 일본에 국권을 내주는 수모를 겪었다.

그러나 나라를 잃은 좌절 속에서도 학교를 설립해 후세 교육에 힘썼고, 3·1 운동을 계기로 임시정부를 수립해 끊임없이 국권 회복을 위해 투쟁했다. 국내에서는 뜻있는 사람들의 독립운동을 위한 자금 지원이 끊이지 않았고, 하와이 국민회는 본토 수복을 위해 사관학교까지 만들어 군사훈련을 했으며, 샌프란시스코 교민들은 공군을 양성하기까지 했다. 세상 어느 나라, 어느 민족이 국권을 잃고도 이처럼 수십 년간 독립을 쟁취하기 위해 끈질기게 노력했을까.

폴 케네디의 『강대국의 흥망』에 따르면 모든 강대국의 등장에는 경제 성장이 선행됐다. 6·25 동란을 거치며 국가안보를 위해 성장한 군은 쿠데타로 정권을 잡아 인권침해의 논란 속에서 불가능해 보였던 산업화를 성공시키는 배경이 됐다. 경제성장은 교육의 대중화를 가져왔고, 고등교육의 확산을 통해 성장한 중산층은 산업화와 동시에 정치적 민주화의 기반이 돼 21세기 대한민국은 세계사의 주역으로 부상할 수 있었다.

그러나 오르막이 있으면 내리막이 있는 법, 이제 역사로부터의 교훈을 생각해보자. 고구려가 망한 것은 힘이 약해서가 아니라 연개소문 사후 자식들이 분열됐기 때문이었고, 1억 인구의 명나라가 100만 인구의 여진족 후금에 의해 망한 것도 지배 세력의 분열 때문이었다. 당나라 소정방이 백제를 멸하고 돌아왔을 때 당 태종이 물었다고 한다. 기왕에 갔으면 신라도 정벌하고 오지 그랬느냐고. 소정방의 대답은 이러했다. 신라는 비록 작은 나라지만 위로 임금과 신하들이 한마음으로 협력하고 아래로 백성이 지배층을 존경하고 신뢰하여 상하가 모두 하나가 돼 있으니 비록 작은 나라지만 함부로 도모할 수가 없었다고.

분열된 대한민국의 미래가 불안한 이유는 여기에 있다. 정체된 경제, 희망을 잃어가는 청년들, 안보문제를 두고도 극도로 분열된 사회, 서로 생각이 다르면 타협은커녕 대화조차 거부하는 정치권…. 우리의 미래는 고구려를 닮을 것인가, 아니면 신라를 닮을 것인가.

(서울신문, 2017년 3월 3일)

4. 취임사와 정반대 길 가는 문 대통령

또 한 해가 저물어간다. 탄핵의 폐허 위에 당당히 서서 한 번도 경험하지 못한 새로운 나라를 만들겠다고 출범한 문재인 정부도 반환점을 돌아섰다. 이제는 문 정부에 대한 중간평가를 통해 대한민국의 오늘을 점검해볼 때가 되었다. 역대 대통령 중 가장 기억에 남는다는 취임사에서 문 대통령은 다음과 같이 약속했다.

"(중략) 오늘부터 저는 국민 모두의 대통령이 되겠습니다. 저를 지지하지 않았던 국민 한 분 한 분도 저의 국민이고, 우리의 국민으로 섬기겠습니다. 저는 감히 약속드립니다. 2017년 5월 10일 이날은 진정한 국민 통합이 시작된 날로 역사에 기록될 것입니다. (중략) 분열과 갈등의 정치도 바꾸겠습니다. 보수와 진보의 갈등은 끝나야 합니다. 대통령이 나서서 직접 대화하겠습니다. 야당은 국정운영의 동반자입니다. 대화를 정례화하고 수시로 만나겠습니다. 전국적으로 고르게 인사를 등용하겠습니다. 능력과 적재적소를 인사의 대원칙으로 삼겠습니다. 저에 대한 지지 여부와 상관없이 유능한 인재를 삼고초려해서 이를 맡기겠습니다.(중략) 문재인과 더불어민주당 정부에서 기회는 평등할 것입니다. 과정은 공정할 것입니다. 결과는 정의로울 것입니다.(중략) 불가능한 일을 하겠다고 큰소리치지 않겠습니다. 잘못한 일은 잘못했다고 말씀드리겠습니다. 거짓으로 불리한 여론을 덮지 않겠습니다.(중략)"

다시 읽어봐도 가슴이 뭉클해진다. 솔직 담백했었다. 불의와 반칙이 판을 치는 세상을 바꾸겠다는 것에 반대할 사람은 없다. 그러나 현실에서 문 대통령은 취임사와는 정반대의 길을 걸었다. 문 정부는 시작과 함께 적폐청산을 내걸고 과거와의 싸움을 시작했다. 명분은 과거부터 쌓여온 잘못을 고치겠다는 것이었지만, 사실은 우리 사회 주류세력의 교체를 목표로 했다. 모든 부처에 설치된 적폐청산위원회는 통합이 능력과 자격에 상관없이 온통 진보좌파 인사들로 채워졌다. 그리고는 자신들과 생각을 달리했던 과거 보수우파 세력과 그에 부역했다는 공무원들을 쳐내기 시작했다. 친일파의 후손이니 독재정권의 후예라는 희대의 프레임을 동원했고, 국민통합보다 분열을 조장했다.

여기에는 견고한 지지 세력의 존재가 필수적이다. 민주노총과 좌파 세력의 지지를 유지하기 위해 막대한 재정을 뿌리기 시작했다. 목적이나 지속가능성이 불분명한 포퓰리즘적 사업들이 대거 등장했다. 온갖 공짜 수당이 난무하기 시작했고 힘들게 노력하지 않아도 정부가 주겠다는 현금에 국민들은 현혹되기 시작했다. 그렇게 한때 세계 역사상 가장 위대한 국민으로 부러움을 샀던 우리 국민들은 자신도 모르는 사이에 공짜라면 양잿물도 마신다는 속담을 실천하고 있다.

막대한 현금 살포형 사업에 필요한 예산은 법인세와 부동산을 비롯한 각종 세금의 대폭 인상을 통해 충당하고 있다. 있는 사람들에게 막대한 세금을 물린다고 하니 없는 사람들의 표를 얻기에 이보다 더 좋은 전략이 없다. 하지만 아무리 세금을 올려도 공짜에 익숙해진 국민을 만족시킬 수는 없다. 결국 매년 수십 조가 넘는 채권을 발행하고 있으니 이는 곧 미래 세대에게 빚더미를 넘기는 것이다. 우리 부모들은 우리에게 지긋지긋한 가난을 물려주지 않기 위해 험하고 궂은 일을 마다하지 않았는데, 우리는 현금성 복지 유혹에 빠져 젊은 세대들에게 감당하지 못할 빚더미를 떠넘기고 있다.

대통령의 약속 중 참으로 안쓰러운 것은 능력과 적재적소의 원칙에 따른 탕평 인사 부분이다. 현실은 능력도 자격도 안 되는 대통령의 친구나 지지자들을 낙하산으로 내려보낸 것으로 나타났다. 조국 사태를 통해서 과정의 공정성과 기회의 평등, 그리고 결과의 공정성마저도 훼손되었다. 안타깝게도 이는 송철호 울산시장을 비롯한 지방선거에서의 불법개입 의혹으로 더욱 커가고 있다.

과도한 규제와 표를 의식한 이익집단과의 타협으로 미래 먹거리가 되어야 할 4차산업 분야에서 중국보다도 크게 뒤처지고 있고, 느닷없는 탈원전 선언으로 그나마 경쟁력 있던 원자력산업은 스스로 폐기해 버렸다. 정말 지금까지 한 번도 경험하지 못했던 대한민국이 눈앞에 다가오고 있는가 보다.

(디지털타임스, 2019년 12월 19일)

5. 진영논리에 무너지는 법치주의

    감옥에 가면 억울하지 않은 사람이 없고 재판받는 사람 중 자신이 유죄라 생각하는 사람은 없다고 한다. 사람의 심리가 그러하니 지금 진보진영 인사들이 스스로 무죄라고 주장하는 것을 나무라고 싶지는 않다. 그러나 현직 법무 장관과 더불어민주당 지도부까지 나서서 근거도 없이 그들의 무죄를 주장하면서 법치주의의 근간을 흔드는 것은 결코 용납되어서는 안 된다.

    정신대문제대책협의회(정대협)와 정의기억연대(정의연) 이사장으로 활동하던 윤미향 더불어민주당 의원은 당선 후 이용수 할머니의 기자회견을 시작으로 무수한 논란에 휩싸였다. 대부분은 위안부 할머니들을 위해 써달라고 기탁한 기부금과 정부보조금의 회계부정이나 실제 목적과 다른 기부금 사용, 그리고 무엇보다 개인적 유용 가능성에 관한 의혹이었다. 더불어민주당 지도부는 사실관계 확인이 먼저라며 아무런 조치를 취하지 않았다. 윤 의원 자신도 무죄를 주장하려면 근거를 제시해야 하는데도 결백하다는 주장 외에 어떠한 증거도 제시하지 않고 있다.

조국 전 법무 장관은 인사청문회 준비과정에서 불거진 많은 가족 관련 비리와 거짓 증언이 문제가 되었고, 그것을 이유로 시민단체에 의해 검찰에 고발되었다. 검찰 수사과정에서 자신은 물론, 동생과 부인의 각종 범죄 혐의가 발견되어 수사가 확대되었다. 이렇게 되자 여권은 청와대와 조국 장관 수사과정을 두고 검찰개혁이 필요한 이유라며 윤석열 검찰총장에 대한 공수처 수사까지 협박하고 나섰다. 심지어 추미애 법무 장관이 검찰인사권을 행사하여 수사팀을 와해시키기까지 했다. 그런데도 청와대 민정수석실 비서관이었던 최강욱 의원은 조국 사건 수사를 '검찰 쿠데타'라고까지 비난하고 있다. 집권 세력의 비리나 범죄는 수사하면 안 되는 것인가. 그것이 진정한 검찰개혁인가.

이재명 경기지사도 지방선거 과정에서 허위사실공표 혐의로 고등법원에서 당선무효가 될 수 있는 벌금 300만 원 형을 선고받고 대법원 판결을 기다리면서 자신의 무죄를 주장하고 있다. 무죄 주장은 피고인의 당연한 권리이니 왈가왈부할 일은 아니지만, 언론과 정치적 힘을 동원한 사법부 압박이라면 문제는 다르다.

총리시절 뇌물수수 혐의로 기소되어 대법원에서 징역과 추징금이 확정된 한명숙 전 총리도 죄가 없다는 입장은 마찬가지다. 대법원의 판결이 항상 옳다는 것은 아니지만 법치주의가 위협받던 권위주의 시절이라면 몰라도 지금은 명백한 증거에 기반해 판결이 이루어지고 있다. 만일 자신이 무죄라고 확신한다면 뇌물을 받지 않았다는 새로운 증거를 바탕으로 재심을 청구하면 된다. 한 총리의 경우, 재심 요건을 충족시키기 어려우니 여당 원내대표와 법무 장관까지 나서서 정치적 힘과 언론을 이용해 한 총리의 유죄를 무죄로 만들려 하고 있다.

이 모든 사건의 공통점은 하나다. 아무리 형사사법체계를 통해 수사되고 기소되어 판결이 나도 우리 편은 결코 죄가 없다고 믿는 것이다. 국회에서 177석의 압도적 다수 의석을 차지하고 나니 더욱 자신감이 붙었다. 검찰이 대통령과 집권 세력까지 수사하는 것이 오히려 검찰 개혁의 핵심이라고 생각하고 대법원의 판결이 옳다고 믿는 사람은 모두 친일파이고 토착왜구라며 비난한다. 윤미향, 조국, 이재명, 한명숙이 친일 혹은 반일과 무슨 상관이 있는가. 오히려 만일 이용수 할머니의 주장대로 윤미향이 위안부 문제를 이용해왔다면 그것이야말로 친일파 아닌가. 오죽하면 위안부 할머니들을 위한 활동에 써달라는 기부금과 정부보조금을 개인적으로 유용했거나 다른 목적에 썼다면 독립군의 군자금을 빼돌린 것과 마찬가지라는 비판이 있는가.

이제는 총선에서의 압도적 승리를 바탕으로 이미 정권의 나팔수로 전락한 언론까지 총동원하여 유죄를 무죄로 둔갑시키는 일만 남았다. 확정된 유죄에도 무죄추정의 원칙을 적용하겠다는 집권 여당의 이러한 행위는 과거 운동권 인사들이 주장해온 무오류의 원칙을 보여주는 것이다. 그 결과는 법치주의 훼손이다. 역사를 두려워하지 않는 사람이 못할 일은 없다는 말이 틀리지 않았음을 알겠다.

(디지털타임스, 2020년 6월 4일)

6. 정말 '대한인민공화국'으로 가려는가

문재인 정부는 두 번에 걸친 보수정권이 부도덕하고 부패했고, 자신들은 도덕적으로 우월하다는 입장에서 출발했다. 중앙정부의 모든 부처와 심지어 국가정보원 같은 기관에도 친여 인사들로 적폐청산위원회를 구성하여 정책 관계자들까지 징계했다. 그러나 3년을 지나면서 스스로 적폐를 쌓아가고 있다. 손혜원 의원과 김의겸 대변인의 부동산 투기 의혹, 조국 전 법무 장관의 사모펀드 차명투자 의혹, 유재수 감찰 중단 사건에 오거돈 부산시장의 성추행 사건까지 종류도 가지가지다. 공산주의체제인 중국이나 북한의 당 간부들이 다 함께 행복하게 살자고 하면서 인민들과는 달리 자신들은 호의호식하고 있는 것과 별반 다르지 않다.

정책적 측면에서는 최저임금 1만 원 달성을 위해 2년 동안 30%가 넘는 최저임금 과속 인상이 이루어졌다. 소위 소득주도성장의 첫 단추였지만 결과는 처참했다. 정부이전소득이 크게 증가했음에도 저소득층의 소득은 오히려 감소했고, 실업률은 크게 증가했다. 저소득층의 소득보장이라는 인도주의적 시각이 깔려 있지만 근본적으로 경제 현실을 무시한 반시장적 정책으로 부작용이 크게 나타난 것이다. 또 고용보험 혜택 강화, 건강보험 급여체제의 급격한 확대 등 사회주의적 혜택이 강한 정책들이 일시에 도입되었다.

　이때까지만 해도 문재인 정부가 지향하는 것은 복지확대 중심의 사회민주주의로 보였다. 그러나 사실은 그보다 훨씬 근본적 변화를 시도하고 있음이 드러나고 있다. 최근의 인천국제공항(인국공) 보안검색요원 정규직화를 둘러싼 공정성 논란을 보자. 김두관 의원은 치열한 경쟁을 뚫고 정규직을 성취한 사람들이 불공정하고, 그들이 수년간 시험준비를 할 수 있는 금수저라고 주장한다. 인국공 사태가 악화된 것이 언론의 가짜뉴스 때문이라는 청와대의 시각은 스스로 자신들의 공정 개념을 정확히 토로한 것이다. 즉 문재인 정부는 시험의 기회가 모두에게 열려 있는 기회의 평등이 아니라 비정규직 자체를 모두 없애야 공정하다는 결과의 평등을 지향하고 있다.

　벌써 21번째 발표한 부동산정책도 문 정부의 정체성을 드러낸다. 아파트 가격이 오르는 움직임이 있는 곳은 모두 투기과열지역으로 지정한다면서 강력히 규제하고 있지만, 경실련 조사에 의하면 문재인 정부에서 부동산 가격은 이전 정부들에 비해 훨씬 더 빠르게, 그리고 더 큰 폭으로 상승했다. 소득주도성장을 한다고 그토록 퍼주었는데도 서민들의 내집 마련은 더욱 멀어졌다. 반면 부자들에 대한 핀셋 증세를 통해 세금징수액을 늘려 계급갈등을 활용해 지지를 확보한다. 시장을 부정하고 정부 개입으로 무엇이든 가능하다는 생각이 정책 기저를 관통한다.

토지 공개념에 대한 문재인 정부 인사들의 발언은 그들의 사상적 기초가 무엇인지 극명하게 제시한다. 전월세무한연장법을 제출하거나(박주민), 땅 소유권은 국가가 갖는 게 타당하다고 주장하기도 했다(추미애). 또 부동산매매 허가제 도입이 필요하다(강기정), 토지 공개념 도입이 안 되어 수도권 집값이 폭등했다(이해찬)는 주장도 공공연히 나타났다. 문재인 대통령도 토지 공개념을 담은 개헌안을 재추진할 의사를 밝혔다. 꼭 필요한 경우에 제한적으로 도입하는 것이 아니라 보편적 토지공개념을 도입하자는 것은 사적 재산권을 부정한다는 점에서 사실상 공산주의를 지향하는 것과 같다고 할 수 있다.

언뜻 보기에 다른 사안들처럼 보이지만 이 모든 사례들이 가리키는 것은 하나다. 현 정부가 이 나라를 이끌어가려는 곳은 결과의 평등을 지향하는 인민공화국이라는 사실이다. 인민공화국의 인민과 권력층은 결코 평등하지 않은데도 말이다. 총선에서 압도적 다수를 차지한 것은 국민도 그 길을 원하는 것으로 해석한다. 반대자들을 '토착왜구'라 비난하면서 모두가 무조건적으로 지지하고 따르며 찬양하자는 것은 북한체제와 닮아도 너무 닮았다. 정말 지금까지 한 번도 경험하지 못한 '대한인민공화국'으로 가는가 보다.

(디지털타임스, 2020년 6월 30일)

7. 민주라는 이름의 독재

  고위공직자비리수사처(공수처) 출범을 서둘러달라는 문재인 대통령의 말이 떨어지기 무섭게 더불어민주당은 법사위를 통해 공수처법 개정안을 전격 통과시켰다. 개정안은 공수처장 추천과정에서 야당에 사실상의 거부권을 주었던 것을 아예 없애고 공수처장과 검사들의 자격요건도 대폭 완화하여 자신들이 원하는 사람들로 공수처를 채울 수 있도록 만들었다.

  이제 새로 태어날 공수처는 권력자 보호를 위한 대통령의 친위부대로 전락하고 권력의 비리나 부패는 아예 수사하지 못하도록 만들 수 있다. 현재 검찰이 수사 중인 정권 비리 관련 사건이나 집권 세력이 관여됐다는 의혹이 있는 사건들도 공수처가 모두 가져갈 수 있다. 지난 지방선거 때 송철호 울산시장 당선을 위해 청와대가 조직적으로 움직였다는 하명 수사 의혹, 조국·유재수 사건, 박원순·오거돈 성추행 사건, 라임·옵티머스 등 대형 금융비리 사건, 월성 1호기 조기 폐로 결정 과정에서의 불법행위 사건, 문 대통령 자녀의 해외 취업 의혹 등 권력층이 연루된 모든 사건이 공수처에 이관될 수 있다.

검경 수사권 분리를 통해 검찰은 기소권만 갖는 기소청으로 격하된다. 수사를 하지 못하는 검찰은 경찰의 수사 결과에 의존해야 하는데, 미진한 부분이 있어 이를 보완 수사하도록 요청해도 지휘는 할 수 없어 결국 경찰이 거부해도 할 수 있는 일이 없다. 경찰은 국정원의 대공 수사권도 접수하여 수사권을 사실상 독점하게 되는데, 이를 보완하거나 견제할 수 있는 곳은 공수처뿐이다.

사법부 판사들도 공수처 수사 대상이다. 사법부 판결이 자신의 입장을 지지하지 않는다고 인내심이 한계에 왔다고 공공연히 위협하던 집권 세력이 재판이 진행 중인 사건과 관련하여 판사들을 위협할 수 있는 강력한 수단을 갖게 된 것이다. 판사들이 죄를 짓지 않았으면 겁낼 필요가 어딨냐는 것은 요설에 불과하다. 지은 죄가 없어도 권력 앞에 가슴이 졸아드는 것이 인간의 심리다.

문 정부는 검찰개혁을 위해 조국·추미애 장관을 임명했다고 강변한다. 두 사람이 장관 자리에서 한 일이 과연 검찰개혁이었나 따져보자. 조국 전 장관은 공수처 설치가 검찰개혁을 완성하는 것이라고 수없이 주장했다. 지금의 공수처가 권력기관 개혁의 핵심이라는 말인데, 그럼 대통령과 집권 세력, 그리고 공수처는 누가, 어떻게 통제할 것인가. 검찰이 기소권과 수사권을 독점하고 있어 무소불위로 권력을 남용했다고 주장하면서 두 권한을 독점한 공수처를 세우고 이를 대통령과 집권 여당이 마음대로 사용할 수 있도록 한 것을 검찰개혁이라고 우긴다. 추 장관은 취임 이래 오직 윤석열 검찰총장을 찍어내는 일에 몰두했다. 헌정 사상 유례없는 감찰, 직무 배제, 징계까지 오로지 윤석열 몰아내기에 급급했고 아직도 현재진행형이다.

이 모든 것이 선거를 통해 선택된 정부와 국회에 의해 이루어졌다고 민주적이라는 것은 궤변이다. 민주주의는 삼권분립과 견제, 균형의 원칙이 작동되어야 하고 실질적 법치주의가 이뤄져야 가능하기 때문이다. 문 정부는 선거에 이긴 다수의 힘을 믿고 반민주적 법안을 강제로 밀어붙였다. 그렇게 만들어진 실정법은 민주주의가 아니라 민주의 이름으로 행하는 독재일 뿐이다.

법사위를 통과한 공수처법 개정안은 본회의를 거쳐 곧 확정될 것이다. 전체 의석의 3분의 2를 가진 여당의 횡포지만 형식적으로는 어쩔 수 없는 현실이다. 이 법으로 인해 발생하는 모든 결과에 민주당과 문재인 정부는 반드시 책임을 져야 한다. 공수처법이 본회의를 통과한다면 그것은 마침내 좌파 독재체제가 완성된 것을 의미한다. 이대로 주저앉아 집권 여당의 반민주적 독재를 인정할 것인가.

야당도 독재를 방관한 책임에서 자유로울 수 없다. 국민으로부터 선택받지 못해 나라를 이 지경으로 만든 것도 죄다. 더욱 기막힌 것은 이 중차대한 시기에 이명박, 박근혜 두 전직 대통령의 과오에 대한 사과를 이유로 분열되어 있다는 사실이다. 전직 대통령의 과오에 대해 사과할 수는 있다. 그러나 그게 하필 왜 지금이어야 하는가. 국민이 사과를 요구한 것도 아니고, 사과를 한다고 싸늘한 민심이 다시 지지층으로 되돌아올 것도 아니다. 국민은 폭주하는 민주당과 문재인 정부를 대신할 희망을 찾는 것이지, 과거에 발목을 잡힌 정당을 기대하는 것

이 아니다. 국민의힘은 차라리 스스로 해산하여 새로운 보수 정치세력
에 길을 열어주는 것이 옳을 것이다.

(매일신문, 2020년 12월 10일)

8. 사면(赦免)의 정치학

극도의 어려움 속에 희망을 갈구하는 신축년 새해 벽두에 이낙연 더불어민주당 대표가 '적절한 시기'에 이명박, 박근혜 두 전직 대통령을 사면하자는 주장을 제기하면서 정치권은 사면 정국에 휩싸였다. 사면권은 대통령의 고유 권한으로서 사면법에 의한 절차적 규정은 있으나 대상이나 범위 등에 큰 제한은 없다. 과거 재벌을 대상으로 사면권이 남용되는 경향이 있어 유전무죄라는 비난이 일었고, 이것이 법 적용의 형평성과 공정성, 사회적 정의를 해치는 문제가 있었다. 이에 따라 사면권을 제한해야 한다는 의견도 있었으나 아직 입법화되지는 않고 있다.

대통령의 사면권은 기본적으로 법치주의에 반한다는 측면에서 예외적이고 제한적으로만 행사되어야 한다. 민생 관련 범죄에 적용되는 일반사면과는 달리 특별사면은 더욱 엄격히 시행되어야 함은 두말할 나위가 없다. 이런 기본적 입장에서 전직 대통령에 대한 사면 정치를 생각해보자.

전직 대통령에 대한 사면은 과거 전두환, 노태우 두 전직 대통령의 선례가 있다. 잘 알려진 바와 같이 두 사람은 내란죄 등 엄청난 범죄를 이유로 소추가 진행되었다. 당시 소멸시효 등 여러 문제가 있어 결국 5·18특별법을 제정하여 재판을 진행했고 유죄 판결에 따라 최종적으로 무기징역 등의 형이 선고되었다. 김영삼 정부 말기, 김 대통령은 자신의 임기 내에 과거와의 화해를 통해 사회 통합을 실현해야 한다는 입장에서 당시 김대중 대통령 당선자와의 합의로 사면을 단행함으로써 두 전직 대통령은 2년여의 옥고를 치른 후 석방되었다. 반대가 없었던 것은 아니지만 김 대통령의 이 같은 결단은 더 이상 과거에 얽매여 미래를 저버리지 말자는 뜻으로 이해되었다.

이후 한동안 산업화 세력과 민주화 세력은 갈등은 있었으나 서로 정권을 주고받으며 경쟁관계를 유지해왔다. 국면이 바뀐 것은 노무현 전 대통령 가족에 대한 부패 의혹 수사가 노 대통령의 자살로 끝나면서 386 중심의 친노 세력이 노 대통령의 죽음에 대한 책임이 이명박 대통령에게 있다고 천명하면서부터다. 세월호 사건과 최순실 국정 농단 사태의 여파로 탄핵된 박근혜 대통령에 이어 정권을 잡은 386세력은 적폐청산을 명분으로 정적 척결에 나섰고, 이후 산업화 세력과 민주화 세력의 갈등은 한국정치의 전면에 재등장하여 사회를 극도로 분열시켰다.

전직 대통령 사면에 반대가 있는 것이 사실이다. 이 대표 개인의 정치적 야망으로 사면 카드를 쓴 것이라는 비판에서부터 반성이 먼저라는 것까지 다양하다. 안민석 민주당 의원이 주장하는 촛불혁명에 대한 모욕이나 세월호 진실조사 미진, 두 전직 대통령의 해외재산 은닉 의혹이 사면 불가의 이유라는 것은 정치적 수사에 불과하다. 이명박 대통령은 촛불과 관련이 없고, 박근혜 대통령은 재임 중에도 국정 농단에 관해 이미 사죄한 바 있다. 문 정부 출범 이후 4년이 다 되어가도록 세월호 진실을 밝히지 못했다는 것은 자신들이 원하는 결론이 나올 때까지 진상조사를 계속하겠다는 것과 같다. 박정희 전 대통령의 해외재산 은닉 의혹 때문이라는 주장도 마찬가지다. 박정희 전 대통령의 재산 의혹이 있다면 증거를 바탕으로 고발하면 될 일이고, 설혹 그렇더라도 아버지의 죄를 딸에게 묻겠다는 것은 연좌제를 금지한 헌법 위반이다.

지금 스스로 민주화 세력이란 사람들이 오히려 반민주적 행태를 보이면서 촛불 이후 문재인 정부의 높은 국정 지지도의 견인차였던 중도적 유권자들이 급속히 떨어져나가고 있다. 많은 정책 실패와 함께 정치적 양극화가 극심해져 그 어느 때보다 화해와 통합의 필요성이 크다. 이러한 때에 전직 대통령 사면은 화해와 통합을 이룰 계기가 될 수 있다. 사면은 언제 이루어지든 항상 찬반양론이 있게 마련이다. 형의 확정이라는 형식 요건이 갖추어진다면 문 대통령의 결단은 빠를수록 좋다. 정치적 이해득실이 아무리 크더라도 국론 분열과 극한 대립으로 인한 피해보다 클 수는 없을 것이기 때문이다.

(매일신문, 2021년 1월 7일)

불행한
대통령

CHAPTER
02

불행한
대통령

1. 김영삼과 외환위기, 그리고 박근혜

한 시대 멋지게 살아온 큰 정치인, 김영삼 전 대통령이 서거했다. 거산(巨山)은 평생 민주화를 위해 노력했고, 대통령이 돼서는 하나회 해체, 금융실명제 전격 실시, 조선총독부 건물 철거, 각종 정치개혁 등 숱한 업적을 남겨 1960년대 이후 박정희, 김대중 전 대통령과 더불어 대한민국의 영광된 오늘이 있게 한 주인공 중 한 사람이었다.

그에 대한 평가는 대한민국의 역사와 함께 반복될 것이지만 서거 직전과 직후의 평가가 극명하게 다른 것은 분명히 설명이 필요하다. 6개월 전만 하더라도 전직 대통령 중 나라를 잘 이끈 대통령을 묻는 조사에서 그는 불과 1%의 지지를 얻었을 뿐이었다. 그랬던 그가 서거 직후 실시된 정치 발전에 대한 공헌도 조사에서는 무려 74%의 지지를 받았다. 비록 같은 조사나 질문은 아니라도 이러한 극명한 차이는 단순히 돌아가신 분에 대한 측은지심에서 비롯된 것만은 아닐 것이다.

더 중요한 것은 그가 큰 비난을 받아왔던 1997년 외환위기의 책임에 대한 재평가가 시작됐다는 점이다. 김영삼 정부가 외환위기를 막지 못해 많은 기업들이 헐값에 팔려나갔고 수많은 노동자들이 일자리를 잃고 거리로 내몰려야 했던 사실은 변할 수 없다. 그러나 지금까지 그 원인을 오롯이 김 전 대통령과 그 경제팀의 무능에서 찾았던 일반국민들이 그의 서거와 함께 진실을 보기 시작했다는 점에 주목해야 한다.

당시 한국경제는 1987년 이후 매년 전년 대비 10% 이상의 임금 상승을 기록했다. 그 결과 한국의 임금은 미국의 80%, 일본의 90%, 대만의 110%에 이르렀지만 노동생산성은 대만의 90%에 머물러 있었다. 노동생산성을 훨씬 뛰어넘는 임금을 지불해야 하는 기업들이 세계시장에서 가격경쟁력을 가질 수는 없다. 재벌들은 기술혁신을 통한 경쟁력 확보보다 문어발식 확장을 통해 시장에 군림하려 했다. 금융권은 대마불사의 논리에 따라 무책임하게 재벌 기업에 거의 무제한 대출을 해주었다. 문자 그대로 기업, 노동, 금융의 모든 분야에서 세계시장에서 경쟁할 수 없는 상황이 계속되고 있었다.

누가 보더라도 당시 경제를 살리려면 노동개혁, 기업 구조조정, 금융개혁 등 사회 전반의 개혁이 시급히 이루어져야 했다. 김영삼 경제팀은 노동시장의 유연성 제고를 통해 기업의 경쟁력을 유지하려 했고, 한보와 기아 사태를 비롯한 기업 구조조정을 시장원리에 따라 빠른 시간 내에 처리하려 했었다. 결정적으로 그 발목을 잡은 것이 김대중 전대통령의 새정치국민회의와 민주노총이었다. 민노총이야 노동자의 권익 보호를 최우선으로 하는 이익집단이니 그렇다 쳐도 야당은 자신의 정치적 이익을 위해 경제 활성화에 필요한 입법을 한사코 저지했다. 그 결과는 우리 모두 기억하는 바와 같이 참혹했다. 평온했던 중산층 가정들이 빈곤층으로 내려앉은 결정적 이유는 정치권의 근시안적 발목 잡기로 경제 회생의 골든타임을 놓쳤기 때문이다.

똑같은 일이, 아니 더 심각한 일이 지금 벌어지고 있다. 작금의 정치권은 선거에서 이기려는 단기적인 이익에 눈이 멀어 국가와 국민의 불안한 미래는 도외시하고 있다. 더 심각한 것은 1997년 한국경제의 펀더멘털은 비교적 튼튼했지만 지금은 구조적으로 약화돼 일본의 잃어버린 20년과 같은 경로에 진입하고 있다는 점이다.

수출은 구조적 감소 추세에 접어들었고 중국은 더 이상 시장이 아니라 심각한 경쟁 상대로 등장했다. 가계부채와 공공부채는 모두 1000조 원을 훌쩍 넘었고, 재정적자는 감당하기 어려울 정도로 커져간다.

저출산 고령화로 생산인구는 줄어들고 복지지출은 한없이 늘어갈 것이다. 그런데도 민노총 등 이익단체는 불법 폭력시위를 통해 노동법 개정을 결사 저지하고 있다. 정치권은 서로를 탓하며 경제 회생에 필요한 법안을 통과시키지 않고 있다.

대통령도 국회를 비난하기만 할 뿐 어떻게 해서든 경제 활성화를 위한 법안을 통과시키려는 적극적인 행동은 보이지 않는다. 돌이킬 수 없는 경제위기가 가까워지는데, 책임 있는 사람들은 누구도 움직이지 않는다. 골든타임을 놓치면 그 피해를 온몸으로 받아내야 하는 것은 속수무책으로 정치권만 바라볼 수밖에 없는 국민들이다. 국민들이 불쌍하다.

(서울신문, 2015년 12월 2일)

2. 노무현 전 대통령, 한국정치의 이단아인가?

2009년 5월 23일 아침, 필자는 어느 언론사 기자의 전화를 받고 엄청난 충격에 휩싸였다. 당시 기자는(이름을 잊어버렸지만) 임기를 마치고 고향인 김해 봉하마을로 낙향한 노무현 대통령이 자살을 한 것 같다는 소식을 전하며, 내게 의견을 물었었다. 난 믿을 수 없다고 했다. 대통령을 지낸 분이 스스로 목숨을 끊는다는 것을 상상할 수 없었기 때문이었다. 재임 중 가족의 불법자금 수수와 관련한 검찰조사로 인해 어려움이 있었지만, 그것이 자살을 택할 만큼 그를 힘들게 했다고는 생각되지 않았다. 그러나 그의 자살은 사실이었고, 그로부터 벌써 2년이 흘렀다.*

이 자리에서 그의 극단적 선택이나 재임 중의 공과를 논의하자는 것은 아니다. 하지만 한국정치사에서 정치인 노무현의 의미와 영향을 짚어볼 필요는 있다. 그것은 지금도 노무현의 영향이 한국정치 곳곳에서 나타나고 있고, 앞으로도 당분간은 그와 함께했거나 그의 생각을 공유했던 사람들이 한국정치에 상당한 영향을 미칠 것으로 보이기 때문이다.

노무현 전 대통령은 역대 대통령들에 비해 짧고 실패로 얼룩진 정치경력을 가지고 있다. 또 민주적 절차에 의해 선출된 대통령 중 가장 젊은 나이에 대통령을 지냈으면서도 가장 먼저 세상을 떠난 불우한 대통령이었다. 잘 알려진 바와 같이 그는 가난 탓에 대학에 진학하지 못했지만 독학으로 사법고시에 합격하고 대전지방법원 판사와 변호사로 활동하다, 1980년대 초 부림사건 등 민주화운동에 참여한 학생들의 변론을 맡으면서 민주화운동에 눈을 뜨게 되었다.

1988년 당시 통일민주당의 공천을 받아 부산 동구에서 제13대 국회에 진출하여 5공 청문회를 통해 세간의 주목을 받았고, 1990년에는 3당 합당에 반대하여 민주당에 잔류하면서 스스로 정치적 고난의 길을 택했다. 14대 총선에서의 낙선, 1995년 부산시장 선거에서의 낙선 등 지역주의의 벽을 실감하면서 정치적 동면기를 보낸 노무현은 1998년 종로구 보궐선거에서 당선되어 재기하는 듯했으나, 2000년 16대 총선에서 지역주의를 타파하겠다는 의지로 종로구를 버리고 지역구를 부산으로 옮겨 출마했다가 다시 낙선했다. 이러한 일련의 무모한 도전은 그에게 '바보 노무현'이라는 애칭을 선사했고 뚝심 있는 정치인으로 자리매김하는 계기가 되었다.

2000년 8월, 김대중 정부에서 해양수산부 장관에 임명되었고, 2002년에는 국민참여 경선을 통해 새천년민주당의 대통령 후보가 되어 한

나라당의 이회창 후보를 물리치고 대한민국 제16대 대통령에 당선되었다. 이 과정에서 그는 많은 '정치인 최초'라는 타이틀을 갖게 되었는데, 노사모라는 자발적 팬클럽을 갖게 된 것이나, 노란색을 정치적 이미지로 활용한 것, 그리고 인터넷의 정치적 영향력을 실증시킨 것 등이 모두 이러한 '최초'에 해당한다.

노무현만큼 극단적 평가가 공존하는 정치인도 드물다. 그를 좋아하는 사람들은 권위주의를 타파한 서민적 정치인, 망국적 지역주의 극복을 위해 온몸을 던진 희생적 정치인, 불의를 참지 못하는 격동의 정치인, 억울한 서민들의 편에 서서 함께 사는 따뜻한 사회를 지향한 아름다운 정치인, 풀뿌리 민주주의를 실현하려고 노력했던 민주적 정치인, 그리고 창조적 파괴에 과감했던 혁신적 정치인으로 기억한다. 그래서 그는 친구 같고, 형님 같은 대통령으로서 그들의 마음속에 아쉬움으로 남아있다.

그러나 그를 싫어하는 사람들에게 노무현은 대한민국을 불의와 기회주의가 득세한 부끄러운 역사를 가진 나라로 폄하한 사람으로, 그를 반대하는 국민들을 이겨내야 할 적으로 간주한 사람으로, 부자들을 부정한 방법으로 치부했으면서도 세금 적게 내려고 애쓰는 파렴치한 사람으로, 많이 배우고 높은 자리에 있는 사람들은 한자리하겠다고 청탁이나 하고 다니는 사람으로, 그리고 군 장성은 능력도 없으면서도 똥별 달고 거들먹거리는 사람으로 매도한 형편없는 정치인으로 기억한다. 그들에게 노무현은 맹목적인 대중영합적 정치인이었고, 대한민국의 역사를 부끄럽게 만든 대통령으로 기억되고 있다.

노무현 대통령 치세에 대한 단기적 평가는 이명박 대통령이 열린우리당 정동영 후보를 530여 만 표차로 누르고 압승을 거둔 것으로 나타났지만, 그의 사후 치러진 장례에 500여 만 명의 추모객이 몰린 것은 노무현식 정치의식이 향후 한국정치에 미칠 영향을 상징적으로 보여준 것이었다.

노무현이 떠난 후 그와 함께했던 사람들은 민주당, 국민참여당, 민주신당, 민주노동당 등 야권에 흩어져서 지난 2년간 있은 재보궐선거와 6·2 지방선거 등에서 노무현의 이름을 앞세워 정치활동을 해왔다. 하지만 노무현과 함께했던 사람들의 정치적 행보는 노무현과 노무현식 정치를 한국정치사의 한 부분으로 기억되게 하지 못하고, 자신들의 정치적 이해관계에 따라 노무현의 이름을 활용함으로써 그를 영원한 정치적 이단아로 만들어가고 있는 것 같아 안타깝다.

사람이 한평생을 살아가는데 어찌 잘한 면, 혹은 잘못한 면만 있겠는가? 잘된 면은 잘 가꾸고 살려서 이어가고 잘못된 면은 반면교사로 삼아 같은 일이 반복되지 않도록 하는 것이 뒷사람의 도리일 것이다. 노무현을 사랑하는 사람들이 그렇지 않은 사람들을 적대시하는 한 노무현은 영원한 이단아로 남을 수밖에 없다. 노무현 전 대통령을 싫어했던 사람들도 이제는 그에 대한 일방적 편견을 버리고 그가 꿈꾸었던 대한민국의 모습을 한 번쯤 생각해보는 아량을 가져야 한다. 그래야만 노무현은 더 이상 한국정치의 이단아가 아닌 과도한 지역주의를 배격하고 대중민주주의를 시도한 혁신적 정치인으로 인식될 수 있을 것이다.

* 노 대통령의 죽음에 대해 필자는 '서거'라는 표현을 쓰지 않았다. 이것은 그와 정치이념이 달라서가 아니라 그가 택했던 죽음의 방식이 '자살'이었기 때문이다.

(국회저널 제2호, 2011년 5월호)

3. 대통령의 선택

여의도에서는 늘 똑같은 스토리 라인과 갈등구조를 가진 연극이 무대에 오른다. 출연진도 대부분 동일하고 그나마도 여기저기 겹치기로 출연한다. 그렇지만 욕하면서도 찾는 막장 드라마처럼 국민은 늘 여의도를 주시한다. 굳이 다른 점이 있다면 여의도 무대에서 대통령은 주연급 배우면서 동시에 감독의 역할을 한다는 점과 해피엔딩이 아닐 때 관중의 삶은 괴롭고 힘들어진다는 점이다.

다른 출연자와는 달리 대통령은 여의도 연극을 기획하고 참여할 수 있으며, 흥행 여부에 결정적 영향을 미칠 수도 있다. 경우에 따라서는 제 역할을 잘 수행하지 못하는 배우를 교체하거나 갖가지 언급만 가지고도 상황을 반전시킬 수도 있다. 하지만 대통령도 출연자의 협조 여부에 따라 극단적으로 다른 흥행 성적표를 받을 수밖에 없다는 점에서 어떻게든 모든 관계자의 협력을 이끌어내야만 한다.

이번 국회에서 대통령이 원하는 것은 공약 실천을 위한 각종 민생입법을 통과시켜 국민의 삶을 안정시키고 향후 어려워질 경제환경에 정부가 선제로 대응할 수 있게 하는 것이다. 대통령이 목적을 달성하기 위해서는 세 가지 방법이 있을 수 있다. 권력이나 권위를 활용해 대통령의 뜻을 수용하도록 강제하는 것이다. 또한, 상대가 원하는 것을 주고 대통령이 원하는 것을 받아내는 소위 교환 방식이 있다. 그리고 이치를 따져 설득하고 이해를 구해 목적을 달성할 수 있다.

국정감사의 진행과정을 돌아볼 때 권력이나 권위를 통해 야권을 압박해 뜻을 달성하기는 어려울 것이니 결국 남는 것은 교환과 설득이다. 민생과 별 관계도 없는 정쟁적 이슈에 대한 말싸움이 지속될수록 대통령의 목적달성은 멀어질 뿐이다. 유럽 순방을 마친 후 있을 시정연설은 설득으로 야당이나 국민의 이해를 구해 대통령의 뜻을 이루는 데 매우 중요한 기회가 될 것이다.

이번 기회를 헛되게 날려보내지 않으려면 무엇을 어떻게 해야 할까. 우선, 대통령과 여당은 야당을 국정의 동반자로 인정하고 향후 협력에 바탕을 둔 국정운영을 천명할 필요가 있다. 그리고 여야와 대통령이 모두 참여하는 고품격 정치 맹세를 국민 앞에 선언할 필요가 있다. 오늘날 여야 관계가 이 지경에 이른 것은 불필요하게 감정을 자극하는 저질 언어에 기인한 바가 크다. 당장 신뢰가 부족해 서로를 믿기 어렵지만 국민 앞에서 하는 대통령의 국정 동반자 선언과 고품격 정치 맹세는 야당이 거부하지 못할 협력의 계기가 될 수 있다.

다음으로, 박 대통령은 주요 현안에 대해 진술하게 있는 그대로 설명해 이해를 구해야 한다. 박근혜 정부 8개월간 정치권에서 가장 부족했던 것은 대화와 설득이었다. 설득의 효력은 논리도 중요하지만 무엇보다 진실성과 정직함이 전제돼야 하고 역지사지(易地思之)할 수 있을 때 생각이 서로 다른 사람의 입장을 바꿀 수 있다.

그러나 설득만으로는 지금의 여야 간 극단적 대치 상황을 개선하기는 어려울 것이다. 대통령의 최종 목적이 자신의 뜻을 실현하는 것이라면 야당이 요구하는 것 중 무언가는 줄 수 있어야 한다. 설득을 통해 상대의 생각을 바꿀 수 있다면 좋겠지만, 그것이 불가능하다면 국민의 행복을 위해서도 야당의 협조를 이끌어낼 대안이 필요하다.

그동안 일부 출연자와 그들의 소속 조합이 감독 선임과정의 정당성에 문제를 제기하고 승복을 거부하는 듯한 행태를 보여온 것이 사실이지만, 청중의 삶이 고달픔을 넘어 위기로 치닫는 마당에 언제까지 이를 방치할 수는 없다. 순방 이후 예정된 국회에서의 시정연설은 사실상 이번 정기국회 중 여의도 연극의 방향을 바꾸고 청중에게 희망을 줄 수 있는 마지막 기회가 될 것으로 보인다. 이 마지막 기회가 또 다시 서로의 견해차만 확인하는 것으로 끝내지 않기를 바랄 뿐이다.

(세계일보, 2012년 11월 4일)

4. 정권 말기 불행한 역사 끝내자

　대통령의 친형이 장맛비 속에 계란 세례를 받으며 전격 구속되었다. 분노와 부끄러움이 교차하는 가운데 정치권은 이번 사건을 대선자금 수사와 연결시켜 다가오는 대선 정국에 이를 이용할 계산으로 바쁜 것 같다. 정권 말기만 되면 되풀이되는 대통령 측근과 친인척 비리는 국민의 마음을 상심하게 하고, 2050클럽에 가입했다는 대한민국의 국제적 위상에도 큰 망신을 주고 있다. 대통령의 형님이라는 사실만으로도 로비하려는 사람들의 표적이 될 수밖에 없는데 정권 내내 "상왕"이니 "영일대군", "만사형통"이라는 별명을 달고 다닐 정도로 막강한 배후권력을 행사해왔으니 사람들이 그를 가만히 두겠는가 말이다. 그런 그가 서민의 마음을 그토록 아프고 저리게 만들었던 저축은행 부실사태와 관련해 뇌물을 받았고, 여러 차례 수사선상에 오를 때마다 거짓말을 되풀이했다는 점에서도 국민들의 분노는 하늘을 찌르고 있다.

정권 말기만 되면 대통령의 아들이나 형님들이 구속되는 것을 보면 이는 개인적 차원을 넘어 한국정치와 문화의 구조적 문제로 보아야 한다. 친인척 비리의 원인이 강력한 대통령중심제에 있다고 주장하는 것은 사실이 아니다. 대통령중심제가 아니더라도 정치권력은 어떤 형태로든 존재하기 마련이고, 그 권력에 기생하여 부당하게 이익을 얻으려는 사람들은 널려 있기 때문이다. 역대 대통령의 친인척들이 비리로 구속되고 패가망신하는 상황이 이처럼 반복되는 것을 보면서도 떳떳하지 못한 돈을 받거나 정당하지 않은 금전에 약한 것은 근본적으로는 그들 자신의 물욕 때문이지만, 그들을 통해 부당한 경제적 이익을 취하려는 무리들이 그만큼 수단과 방법을 가리지 않기 때문이기도 하다. 역대 대통령들이 전직 대통령 때의 친인척비리를 반면교사로 삼아 관리를 철저히 하겠다고 선언했건만 정권 말기만 되면 같은 일이 되풀이되는 것은 우리 사회가 그처럼 권력에 약하고, 정치권력을 악용하여 경제적으로 부당한 이득을 취하는 것에 대한 도덕적·윤리적 기강이 바로 서지 못했기 때문일 것이다. 특히 남이 하면 욕하면서도 막상 그 자리에 가면 똑같은 비리를 저지르면서 뻔뻔해지는 것도 이처럼 정권이 바뀔 때마다 친인척비리가 어김없이 나타나는 이유일 것이다.

이제 대통령 친인척들이 정권 말기나 교체 후에 비리로 구속되는 불행한 역사는 되풀이되지 말아야 한다. 대통령의 친인척이나 측근들은 누군가가 자신에게 걸맞지 않는 지위를 제의하거나 노력에 비해 터무니없이 과다한 금전적 보상을 주겠다고 하는 것, 아무런 이유 없이 용돈을 주는 것은 그 대상이 대통령의 친인척이기 때문이라는 것을 스스로 깨달아야 한다. 까닭 없이 재물을 주는 사람들 중 제 돈 아깝지 않아 주는 사람이 있을까? 상식적으로 부모가 아닌 다음에야 아무 조건 없는 돈을 줄 사람이 누가 있겠는가 말이다. 대통령을 지낸 사람들이나 그 일가친척들이 존경을 받지는 못할망정 더 이상 얼굴을 들고 살지 못하는 상황을 지난 다섯 번에 걸친 정권교체를 통해 충분히 배울 만큼 배우지 않았는가?

김두관 지사가 대통령에 출마하면서 자신의 동생을 아프리카로 보내겠다고 했다고 한다. 만일 그가 대통령이 된다면 아프리카에 보낸 동생을 사람들이 가만히 두겠는가? 많은 사람들이 그 나라로 몰려가서 대통령의 동생을 알현(?)하지 않겠는가.

대통령 친인척비리의 근절은 친인척 스스로 보다 엄격한 윤리적 잣대를 갖는 것이 최선이다. 하지만 그 많은 사람들이 모두 엄격한 윤리적 기준을 준수하기를 기대하기는 어렵다. 그래서 친인척비리를 예방하거나 사후 처벌을 강화하는 제도적 장치를 강화해야 한다. 청와대 민정수석실이 부족하다면 경찰이나 검찰에서 상시 대통령 친인척 주변을 감시하여 경고할 수 있는 예방제도를 시행하자. 그래도 발생한 비리에 대하여는 관련된 모든 인사들을 가중 처벌할 수 있는 법적 근거를 마련하자. 이렇게 해서라도 친인척비리의 재발은 막아야 한다. 그것이 앞으로 대통령이 될 사람과 그 주변사람들을 더욱 보호하는 방법일 것이다.

(세계일보, 2012년 7월 13일)

5. 박정희 대통령 탄신 100주년에 즈음하여

2017년 11월 14일은 박정희 대통령의 탄신 100주년이 되는 날이었다. 군사 쿠데타를 통해 정권을 잡고 과감한 결단으로 5000년 가난의 대물림을 끊어냄으로써 오늘날 세계 10위권 경제대국 대한민국을 가능하게 만든 초석을 다진 박정희 대통령…. 그러나 오늘날 그에 대한 평가는 냉정하다 못해 혹독하기만 하다.

박정희기념재단은 11월 13일, 탄신 100주년을 맞아 〈박정희대통령 기념 도서관〉 내에 그를 기리는 동상을 세우고자 했다. 그러나 서울시 조례에 따라 시의 허가 없이는 동상을 세울 수 없기에 ㈜이승만·트루먼·박정희 동상건립추진모임에서는 동상을 기증한다는 기증서만을 박정희기념재단에 전달하는 전달식을 열었다. 이 전달식에 손혜원

의원을 비롯한 더불어민주당 관계자들과 진보좌파 인사들이 대거 몰려와 동상을 세우지 말아야 한다고 막아섰다. 그런가 하면 여론조사기관 리얼미터가 전국 성인남녀 511명(95% 신뢰 수준에 표본오차 ±4·3%)을 대상으로 15일 실시한 '박정희 전 대통령 동상 건립에 대한 국민 여론조사'에서 조사대상의 2/3에 해당하는 66.5%의 응답자가 동상 건립에 반대했다고 한다.

도대체 우리에게, 이 나라에, 박정희 대통령이 무엇을 그리도 잘못했기에 다른 곳도 아니고 〈박정희대통령 기념도서관〉 내에 세우는 동상 건립인데도 국민의 2/3가 반대하는 것일까? 합법적으로 선출된 장면 정부를 군사 쿠데타로 무너뜨리고 정권을 잡은 원초적 죄가 있을 터이다. 집권 기간 동안, 특히 1972년 10월 유신 이후, 인권을 유린하고 민주주의를 후퇴시켰다는 비판도 그에 대한 혹독한 비난의 근거일 것이다. 그리고 아마도 대다수 국민들로부터 버림받고 헌정사상 최초의 탄핵을 받았으면서도 여전히 무엇을 잘못했는지 모르는 그의 딸 박근혜 전 대통령의 국정농단사태와 겹쳐서 더욱 그에 대한 평가에 혹독한 것일 수도 있다. 그도 저도 아니라면 다수의 국민들이 무엇이 더 중요한 가치인지 판단하지 못하는 집단 최면상태에 빠진 것인지도 모른다.

1960년에 태어난 필자는 박정희 시대의 초기부터 우리가 어떻게 살아왔는지 잘 알고 있다. 어린 시절 옷은 항상 기워 입는 것이 보통이었다. 초등학교에 입학하니 옥수수 빵과 전지분유로 만든 우유 한 컵을 주는 것이 그렇게 맛있을 수가 없었다. 풍요롭지는 못해도 중산층에 가까운 가정에서 살았지만 도시락 반찬은 김치에 멸치볶음, 콩자반 정도였고 어쩌다 계란부침이라도 들어있으면 횡재하는 날이었다. 도시락을 싸오지 못하는 친구들도 많아서 여러 친구들과 함께 나눠 먹기도 했었다. 30% 이상 혼식을 해야 하는 규칙에 따라 학교에선 선생님들이 늘 도시락 검사를 했고, 겨울이면 난로 주위의 도시락 틀에 도시락을 늘어놓아 데우거나 아예 김치를 넣고 흔들어 김치볶음밥을 해먹기도 했다.

이른 봄에서 초여름까지 늘 학교 근처 산에 가서 송충이 잡이를 했고, 매주 한 번씩 폐품 수집과 심지어 쥐를 잡아 그 꼬리를 학교에 가져가기도 했었다. 그래도 나는 서울에 살았던 터라 그 심하다는 보릿고개를 겪지는 않았었다.

1970년대 중반부터 학교생활은 더 힘들어졌다. 오일쇼크에 콩나물시루 같았던 버스를 타고 학교에 다녀야 했다. 베트남 패망과 함께 방위세 10%가 부과되어 물가상승을 부채질했다. 그렇지만 경부고속도로가 뚫리고 포항제철이 생겨 철강제품의 국내생산이 이루어졌으며, 포니자동차의 수출 신화도 이루어졌다. 학교에서는 학생회 대신 학도호국단이 편제되어 매주 군사훈련도 해야 했고, 대학에 입학할 때도 교복을 입고 입학식을 했다.

1979년 대학생활 시작과 함께 반독재 데모를 시작했고, 다시 머리를 깎고 9박10일 문무대에 입소하여 군사훈련도 받았다. 법대 1학년 시절, 유신타도를 외치면서 유신헌법을 배워야 했던 필자는 젊은 혈기에 이것도 법이냐를 외치기도 했었다. 그렇게 대학 1학년을 보내던 10월 26일 새벽, 켜놓고 잠들었던 라디오에서 갑자기 박정희 대통령 유고 소식을 들었다. 18년 5개월의 박정희 시대는 이렇게 마감했다.

사회과학을 전공한 필자에게 박정희 시대는 매우 중요한 연구대상이었다. 정치경제학을 공부하면서 박정희 시대는 내게 새롭게 다가왔다. 젊은 시절, 독재와 인권탄압으로 기억되던 박정희 시대가 미국을 비롯한 다른 나라에서는 1인당 국민소득 80달러에서 1,500달러 수준을 넘긴 그야말로 기적을 만들어낸 시대로 설명되고 있었다. 경제개발 5개년 계획의 초과달성과 수출지상주의 채택, 중화학공업화와 방위산업 육성 등을 통해 1970년대 세계적인 경제위기를 극복하고 국가안보를 동시에 지켜낸 시기였으며, 새마을운동을 통해 도시와 농촌의 균형발전을 이룩한 시대였다.

이러한 경제적 성장이 밑거름이 되어 국민의 교육수준이 크게 높아졌고, 그것은 다시 민주화를 실현하는 중산층의 확산을 가져왔다. 그래서 대한민국은 경제발전과 민주화를 동시에 실현한 국가로 인정받고 있으며, 박정희는 오늘날 세계 여러 나라들이 갖고 싶어하는 정치지도자의 전형이 되었다.

그런 박정희 대통령이 유독 자신이 만들어낸 이 나라에서만큼은 환영을 받지 못하고 있다. 그에 의해 만들어진 경제적 풍요로움을 만끽하면서 사는 사람들에게 오히려 기억하고 싶지 않은 대상으로 배척을 받는 이 아이러니를 어떻게 설명해야 할까?

이 시대의 젊은 세대들은 옥수수 빵과 전지분유를 얻어먹지 않아도 되는 사람들이다. 혼식을 강요받지 않아도 되고, 상 밑에 떨어진 밥풀을 주워 먹지 않아도 되는 사람들이다. 자유롭게 해외여행을 하면서도 코리아를 모르는 사람이 없는 시대를 살아가는 사람들이다. 누가 뭐라해도 이 모든 풍요의 시작은 그들이 싫어하는 박정희 시대였다.

모든 사람들이 같은 생각을 할 수는 없다. 서로 다른 생각이나 가치관, 이념을 가진 사람들이 서로의 다름을 인정하고 서로 존중할 때, 비로소 이 사회는 갈등을 넘어서 조화롭게 발전할 수 있다. 그런데 왜 이 시기에 정권을 잡은 정치 세력은 서로 다름을 인정하는 것이 아니라 다른 생각과 가치관, 이념을 가진 사람들을 적폐 세력으로 몰아 뿌리를 뽑고 씨를 말리려는 것일까? 그들에게 박정희가 그토록 증오의 대상이어야 하는 이유는 무엇일까? 박정희에 의해 사형선고를 받았던 김대중 대통령의 결단으로 만들어진 〈박정희대통령 기념도서관〉에 그의 동상도 세우지 못하게 막아야 할 만큼 박정희 시대는 있어서는 안 될 부끄러운 역사인가.

박정희의 정치적 리더십이 없었다면 대한민국의 오늘도 없었을 것이다. 오늘날 그의 리더십으로 가능해진 풍요로움을 누리는 국민들로부터 배척받는다 해도 미래에 이 나라에 살아갈 후손들은 역사를 다시 해석하고 그에 대한 재평가를 진행할 것이다. 지금 정권을 잡은 사람들은 역사 앞에 겸허해야 한다. 박정희와 그의 시대를 평가하는 것은 그대들의 전유물이 아니다. 그대들이 대한민국에 기여할 부분이 얼마나 클지 알 수 없으나 박정희 시대를 능가하지는 못할 것은 분명하지 않은가.

(남양회보, 2017년 12월)

6. 차라리 대통령을 탄핵하라!

대한민국이 표류하고 있다. 국내는 물론 외국에서도 박근혜 대통령의 하야를 주장하는 시위가 벌어지고 있다. 과거 권위주의 시절에나 있었던 시국선언이 난무하고 국정은 마비되었다. 이 모두가 최순실 일당의 전횡과 이를 방치한 박근혜 대통령의 책임임은 두말할 나위가 없다. 이유 여하를 막론하고 최순실의 국정농단이 사실이라면 박 대통령은 이 사태의 책임을 져야 한다. 국민의 분노는 공감하고도 남는다.

하지만 조금 냉정하게 현실을 보자. 대통령의 책임은 앞으로 사실관계를 확인하고 수사를 통해 물어야 할 일이지 짧은 시간 내에 확정될 수 있는 일이 아니다. 워터게이트 사건에서 닉슨 대통령의 책임 규명에는 대통령직에서 사임한 후에도 10년이 걸렸다. 이 시점에 중요한 것은 수사를 통해 사실관계를 확인하고 책임을 명확히 하는 것과 함께 무엇보다도 국가와 국민을 위해 국정 공백이 계속되는 것을 막아야 한다는 것이다.

최순실 사태가 발생한 이후 지금까지 정치권의 행태를 되돌아보자. 여야를 막론하고 국민의 감정과 분노를 앞세워 자신들의 정치적 이익을 극대화하려는 것 이외에 무엇을 했는가? 야권은 대통령의 권한을 인정할 수 없다며 거국중립내각을 구성하자고 주장하더니 막상 여당이 그렇게 하자니까 진상 규명이 먼저라면서 거국내각 주장을 철회하였다.

진상 규명에 많은 시간이 필요하다는 것을 잘 아는 이들이 진상 규명 이전에 거국중립내각을 구성하지 못한다고 주장하는 것은 이 사태를 장기화시키자는 의도라는 것을 스스로 자인한 것이다. 잠재적 대선 주자라는 사람들은 이 사태를 어떻게 관리하여 국정 공백을 최소화할 것이냐보다 국민의 감정을 부추겨 대선주자로서 인지도를 높이려는 데 혈안이 되어 있다. 여권은 또 어떤가? 이 와중에 지도부 사퇴를 주장하고 나섰다. 거대 야권이 사실상 대통령을 인정하지 못하겠다고 나서는 판에 내부에서 서로 총질을 하고 있으니 문자 그대로 봉숭아학당이 아닐 수 없다.

이런 상황에서 대통령은 김병준 총리 후보자를 지명하고 한광옥 비서실장을 임명하는 등 내각과 대통령 비서실에 대한 인사를 단행했다. 그 과정에서 여야 정당들과의 협의가 없었다는 것이 대통령의 불통을 다시 한 번 확인시켜준다는 주장도 있다. 일리 있는 말이다. 그러나 작금의 정치권의 행태를 보면 청와대가 협의하려 해도 야권에서 이를 받아들일 가능성은 거의 없어 보인다. 그렇더라도 협의하는 모양이라도 갖추었으면 최소한 여전히 불통이라는 비판으로부터 조금은 자유로울 수 있었을 것이다.

야권은 소통과 협치를 무시한 절차적 하자를 이유로 총리 인사청문회를 거부함과 동시에 대통령 하야를 주장하기 시작했다. 다 좋다. 그런데 중단되고 있는 국정에 대한 대안은 무엇인가? 이들이 진정 정치지도자라면 국가와 국민을 위해서라도 국정중단 사태를 막기 위한 대안을 제시해야 하는 것 아닌가?

대통령이 국회와 협의도 없이 지명을 했기 때문에 무조건 반대하거나 청문회를 거부하는 것은 국정 공백을 장기화시키는 것이다. 만일 김 총리 후보자로는 현 정국을 수습하기 어렵다면 대안을 제시하라. 대통령을 인정하지 못하겠다면 더 이상 국정 공백을 장기화시키지 말고 헌법에 따라 빠른 시간 내에 대통령을 탄핵하라.

국민의 감정을 부추기고 분노에 편승하여 국정을 마비시키고 이러지도 저러지도 못하게 하는 것은 국민에게 큰 피해를 줄 뿐만 아니라 역사에 죄를 짓는 것이다. 그리고 스스로 집권 가능성이 있는 대안세력이 되지 못한다는 것을 입증하는 것이다.

박 대통령 개인의 법적 책임은 수사를 통해 엄밀히 가려서 추후 그에 따른 책임을 물어야 한다. 그러나 최순실 사태를 빌미로 국정 공백을 장기화시키고 자신의 정치적 이익만을 추구하는 현 정치권 인사들은 어떻게 할 것인가? 이제는 국민이 중심을 잡아야 한다. 이번 사태로 가장 큰 피해를 볼 수밖에 없는 국민이 정치권의 책임을 물어야 한다.

경제와 안보가 동시에 위기에 봉착해 있는 이 어려운 시기에 자신의 권력욕만 앞세운 정치인과 정당들에 현명한 유권자들의 단호한 판단이 있어야 한다.

(서울신문, 2016년 11월 5일)

여론·갈등과
민주주의

여론·갈등과
민주주의

1. 인터넷 정책설문, '그들만의 여론조사'

　인터넷을 통한 여론조사는 빠르고 저렴하게 여론을 파악할 수 있다는 장점 때문에 정부 각 부처는 물론이고 언론기관과 사회단체들에 의해 수시로 이용된다. 조사결과는 '국민참여'란 이름으로 정책형성 과정에 반영되거나, 특정 사안에 대한 찬반, 혹은 특정 입장에 대한 지지의 근거로 활용되기도 한다. 문제는 인터넷 여론조사는 과학적 조사의 기본인 무작위 표본추출에 의한 대표성을 확보할 수 없다는 점이다. 응답자에 대한 규제가 불가능하여 반복적·조직적 참여가 가능하다. 따라서 다수가 아닌 소수의 견해를 여론처럼 포장하거나 극단적인 경우, 의도적으로 조작하거나 왜곡시킬 수 있다. 이것이 온라인 여론조사가 때때로 '묻지마 설문조사'니, '짝퉁 설문조사'니 하는 비판을 받는 주된 이유다.

인터넷 여론조사의 문제는 여기서 그치지 않는다. 대부분의 조사과정에서 네티즌의 응답내용을 실시간으로 공개함으로써 미처 자신의 견해를 형성하지 못한 사람들이나 젊은 청소년들의 여론형성에 영향을 미칠 수 있다. 이쯤 되면 온라인 여론조사가 존재하는 여론을 조사하는 것이 아니라 여론조사라는 행위를 통해 여론을 형성한다고 보아야 한다.

정보통신 일등 국가라고 자부하는 우리나라에서 여전히 존재하는 정보격차는 문제의 심각성을 더해준다. 회원들만 응답할 수 있도록 한 어느 인터넷 신문의 여론조사 응답자들의 배경 변인을 보면 정보이용 격차에 따른 여론의 왜곡 가능성을 쉽게 짐작할 수 있다. 약 3주간의 간격을 두고 반복되는 조사에 대한 응답자의 90%는 남자이고, 70%가 30-40대이며, 50% 이상이 서울 거주자이다. 이러한 응답자의 특성은 설문의 내용과 관계없이 2002년 3월 이후 거의 모든 설문조사에서 동일하게 나타난다. 이것은 특정 집단의 견해나 이해가 온라인 여론조사에 과도하게 반영되고 있다는 것을 단적으로 보여준다.

하지만 온라인 여론조사의 결과가 정책과정에 반영되는 것이 반드시 나쁘다고 할 수는 없다. 특정 정책이슈에 남다른 관심과 이해관계를 가진 사람들의 견해가 무관심한 다수의 견해에 비해 보다 정확하고 옳은 판단일 수도 있을 것이다. 또 온라인 조사를 통해 단기간 내에 여론의 동향을 파악하는 것도 때로는 필요하다. 그러나 조사결과의 왜곡 가능성이나 특정 이해관계의 과도한 반영으로 인한 정치사회적 결과는 심각할 수 있다. 그러면 온라인 여론조사의 문제점을 완화시킬 수 있는 방법은 없을까?

우선 균등한 참여기회에도 불구하고 불균등한 참여에 의한 온라인 여론조사의 결과는 참고자료라면 몰라도 정책형성의 과정에 직접적으로 반영해서는 안 된다. 온라인 여론조사에 반드시 조사결과의 왜곡이나 조작 가능성을 경고하는 문구를 삽입하도록 의무화하는 것도 필요하다. 회원제를 통해 로그인한 후에만 응답할 수 있도록 하고, 응답자의 배경 변인을 공개함으로써 과학적 여론조사의 결과가 아니라는 것을 재차 강조하는 것도 방법이 될 것이다.

보다 근본적으로 정치와 행정분야 등 우리가 사는 공동체의 집단적 의사결정과 관련된 참여에 대하여는 인터넷 실명제의 도입을 신중히, 그러나 적극 고려해야 한다. 과거 표현의 자유를 이유로 인터넷 실명제에 반대하던 네티즌들도 최근에는 익명성에 따른 부작용의 심각성을 깨닫고 찬성으로 돌아서고 있다. 사회 전체의 이해와 직접 관련된 정치행정 분야의 이슈에 대하여 실명으로 자신의 의견을 표현할 수 없다면 그것을 존중할 이유가 없을 것이다.

그동안 인터넷 여론조사에 참여하지 않았던 네티즌들이 보다 적극적으로 자신의 견해를 표현하는 것도 온라인 여론조사의 문제점을 완화시킬 수 있는 대안이 될 수 있다. 인터넷 여론조사를 유용하게 활용하기 위해서는 네티즌들 스스로가 노력하는 것이 궁극적인 방법이 될 것이다.

(동아일보, 2006년 6월 23일 A27)

2. 철 지난 반미구호와 종북테러

서울 한복판에서 주한 미국대사를 테러한 사건이 발생했다. 범인 김기종은 개인적으로 아무 관계없는 마크 리퍼트 대사에 대한 테러를 10여 일 전부터 준비했고, 민화협 조찬강연회 당일 이를 자행했다. 현장에서 그는 한·미 동맹을 비난했고 미국의 전쟁 준비로 이산가족이 만나지 못하고 있다는 철 지난 반미 구호를 외쳤다.

대다수 국민과 언론, 외신들은 '있을 수 없는 일', '반인륜적 테러', '한·미 동맹에 대한 테러' 등 비판적 견해를 쏟아내면서 배후세력에 대한 철저한 수사를 요구하고 있다. 우연일 수도 있지만 북한 조평통이 직접 운영하고 있다는 종북 웹사이트 '우리민족끼리'는 그동안 수차례에 걸쳐 리퍼트 대사에 대해 '북침 전쟁을 몰고올 흉악한 기도', '함부로

헛바닥을 놀리다가 종말을 맞이할 것', '리퍼트는 긴 혀는 제 목을 감는 다는 말을 깊이 새겨야 할 것'이라는 위협적 발언을 반복해왔고, 특히 사건 당일 새벽에는 '…명줄을 완전히 끊어놓아야 한다'고 주장했다. 사건 직후에는 마치 기다렸다는 듯이 이례적으로 신속하게 이 사건을 '정의의 칼 세례', '남녘 민심을 반영한 응당한 징벌'이라고 보도했다.

이를 두고 북한이 남한의 종북주의자들을 대상으로 리퍼트 대사에 대한 테러를 지속적으로 선동해온 게 아니냐는 의구심도 제기되고 있 다. 이번 사건이 종북세력에 의한 기획 테러인지는 수사의 결과를 지 켜봐야 하겠지만 분명한 것은 북한이 원하는 것을 수행할 극단적 종북 세력이 우리 사회에 존재하고 그것이 한·미 동맹과 국가안보를 위협할 수 있다는 것이다.

그러나 일부 언론은 이러한 반응에 대해 강한 의구심을 보이고 있 다. 한 언론은 '미 대사 습격사건, 드러난 것도 없는데 테러?'라는 제목 을 뽑았다. 검찰이 이번 사건을 '테러로 간주'하고 수사하는 것의 적절 성을 문제 삼은 것이다. 중국이나 야권도 외교관에 대한 테러로 정의 하는데도 재판을 시작하기도 전에 테러로 간주하는 것은 문제가 있다 는 주장이다. 또 미국 정부도 테러 대신 개인의 일탈행위나 공격, 폭력 이란 용어를 사용하고 있다는 것도 이러한 주장의 근거로 제시됐다.

미국이 테러라는 표현을 자제한 것은 이 사건의 본질이 테러가 아니 라는 의미가 아니다. 정치적, 이념적 입장에서 생각이 다른 사람들을 대상으로 한 폭력은 분명 테러행위다. 미국이 테러라는 표현을 피하는 것은 가장 안전한 우방국이었던 대한민국의 수도 서울 한복판에서 자 국 대사가 당한 테러가 공식화되는 것이 외교정책상 바람직하지 않기 때문이지, 결코 김씨의 행위가 테러가 아니어서가 아니다.

이 사건은 통일운동을 가장한 한 종북주의자에 의한 일탈적 행위라는 주장도 일리는 있다. 그러나 민주주의를 채택해 운영해온 지난 수십 년 동안 북한의 주장에 무조건 동조하고 자신의 정치적 이념을 확산시키기 위해 정치적 폭력이나 테러를 서슴지 않는 세력이 자라났고 그들은 통일운동, 독도지킴이 등 우리의 염원을 명분으로 내세우면서 한·미 동맹이 없어져야 한다는 북한의 주장을 무비판적으로 수용하고 있다. 그들이 소수라고 해서 그 위험도 별것 아닐까? 또 이러한 행위를 할 사람들이 김씨 하나만 있을 것이라는 보장은 어디에도 없는데도 '개인의 일탈행위'로 정의하고 말아야 할까?

물론 이 사건이 무분별한 공안정국으로 확대되거나 특정 정치세력의 이익을 위해 악용되어서는 안 된다. 그러나 핵무기로 무장하고 시도 때도 없이 우리 국가안보를 위협하는 북한을 머리에 이고 사는 우리로서는 아무리 작은 사건이라도 국가안보를 위협할 수 있는 것에 관용을 베풀 수 있는 입장이 아니다.

그나마 다행인 것은 당사자인 리퍼트 대사의 의연함과 한·미 양국의 성숙한 태도다. 김씨는 한·미 연합 군사훈련을 비난하며 사실상 한·미 동맹에 대한 테러를 자행했지만 오히려 비온 뒤에 땅이 더 굳어진다고 양국의 처리과정은 한·미 동맹을 더욱 공고히 하는 계기가 되고 있다. 이 사건을 보면서 우리 사회의 진보적 지식인들은 왜 이렇게 조용할까 하는 의문이 생겼다. 입만 열면 인권과 자유, 평화를 수호해야 한다고 주장하는 분들이 이번 사건에 대해서는 아무런 의사표시가 없다. 마치 북한의 3대 세습이나 북한 주민의 인권에 대해 입을 닫고 있는 것과 비슷한 것 같아 씁쓸하기만 하다.

(서울신문, 2015년 3월 9일)

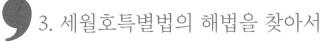

3. 세월호특별법의 해법을 찾아서

'세월호특별법'이 또다시 교착상태에 빠졌다. 합의가 이루어지지 않는다면 단 한 건의 법안도 처리하지 못한 채 후반기 19대 국회가 언제까지 개점휴업 상태를 계속할지 알 수 없다. 사정이 이런데도 여야 정치지도자나 보수와 진보 진영의 지식인들은 서로의 주장만 내세울 뿐 타협의 여지를 보이지 않는다. 그리고 오늘도 세월호 유가족들은 국회 앞에서, 광화문에서 농성과 단식투쟁을 계속하고 있다. 이제는 해법을 찾아야 한다.

합의를 이루지 못하는 근본 이유가 신뢰 부재라는 것은 재론의 여지가 없다. 그러나 문제를 더욱 어렵게 만드는 원인은 세월호 진상조사가 이념이나 가치의 대결, 혹은 정치적으로 보수와 진보의 대결로 비화되고 있기 때문이다. 여기엔 여야 정치권이나 보수 혹은 진보적 지식인 모두에게 책임이 있다. 다른 건 몰라도 세월호 참사의 진상을 밝혀야 한다는 것은 국민 모두가 동의하고 있다. 그런데도 정치권이나 지식인들은 마치 정부가 진실을 숨기려 한다는 잘못된 생각을 부추기고 있다.

유족들은 조사특위 구성에 자신들의 의사를 반영할 수 있는 대표를 포함해야 하고, 특위가 진실을 확인할 수 있도록 수사권과 기소권을 부여해야 한다고 주장한다. 특위의 조사과정에서 증인들이 묵비권을 행사하거나 위증을 해도 달리 방법이 없고 증거자료의 제출을 강제할 수도 없으니 수사권과 기소권이 없는 특위는 있으나마나라는 것이다.

세월호 유가족의 비통함, 정부의 어처구니없는 대응, 유병언 추적 과정에서 나타난 검경 비협조 등을 생각할 때 유족 측의 요구도 이해는 된다. 그러나 수사권·기소권을 특위에 부여하는 것은 소기의 목적을 달성하기도 어려울 뿐만 아니라 근본적으로 사법체제를 흔들어 향후 대형 사건사고의 피해자들이 자신들이 요구하는 특위 구성과 수사권 및 기소권을 요구하는 선례가 될 수 있다는 점에서 불가하다. 유족들의 주장대로 조사특위가 수사권과 기소권을 가진다면 정말 진실을 밝힐 수 있을까. 두 권한이 있다고 해서 특위의 조사과정에서 만일 진실을 은폐하려는 증인들이 있다면 묵비권을 행사하고 관련된 문서나 자료를 훼손하거나 빼돌리는 일을 할 수 없을까. 압수수색 영장의 청구는 특검을 통해서도 얼마든지 가능하지 않은가.

보다 근본적으로 조사특위에 수사권과 기소권을 부여하는 것은 자유민주주의와 법치주의 원칙에 부합하지 않는다. 사건의 수사나 판결에 있어 검사나 판사는 가장 중립적이어야 한다. 과거 권위주의 시절에 중립적이지 못했던 판검사들의 결정이 오늘날 재심을 통해 뒤집어지고 그로 인한 피해를 국가가 배상하고 있다. 유족들의 참담함을 깊이 이해하면서도 그들의 요구에 따라 지명된 특검이나 조사특위의 결정이 중립적이라는 것을 누가, 어떻게 보장할 수 있는가. 과거의 잘못을 오늘 다시 반복하자는 얘긴가.

일부에서는 특검을 야권에서 지명할 수 있도록 하자고 주장한다. 그 근거로 이명박 정부 말기 서울 강남구 내곡동 사저부지 매입사건에서 야당에 특검을 지명하도록 했다는 선례를 제시한다. 그러나 내곡동 사저부지 매입사건은 대통령 아들을 비롯한 친인척과 경호실 직원들이 대상이었기 때문에 대통령의 특검지명 자체가 중립성에 위배될 수 있었다. 같은 이유로 세월호 특검을 야권이 지명하는 것도 중립성을 해칠 수 있다.

필자도 세월호 참사의 진실을 명명백백하게 밝혀서 지위고하를 막론하고 책임이 있는 모든 사람들은 엄중 처벌해 유사한 일이 다시는 반복되지 않도록 모든 가능한 조치를 강구해야 한다고 믿는다. 하지만 '세월호특별법'의 해법은 이 나라의 자유민주주의와 법치주의를 훼손하지 않아야 한다. 이를 위해서는 여야가 국민과 세월호 유족 앞에 최선을 다해 진실을 밝힐 것을 서약하고 대통령도 관련된 모든 기관과 관계자들에게 세월호 조사특위의 조사활동에 최선을 다해 협조할 것을 국민 앞에 공개적으로 약속하고 유족들은 이를 수용해야 한다. 그리고 특별법에 위증이나 증거자료의 훼손 등 불법행위에 대해 우리 헌법과 법률이 허용하는 가장 강력한 처벌규정을 두어 누구도 감히 이를 시도하지 못하도록 해야 한다. 세월호 문제의 해법은 감정적 공감이 아니라 이성적 판단에서 출발해야 한다.

(서울신문, 2014년 8월 16일)

4. 역사교육의 정상화에 부쳐

중고등학교 역사교육이 비정상적 상황에 부닥친 것은 어제오늘의 일이 아니다. 오래전부터 학생들과 학부모들이 특히 근현대사 부분의 교육이 종북성향을 보이거나 우리의 정치 경제적 성과를 비하하는 모습을 고발하곤 했다. 이제라도 역사를 바르게 가르쳐 미래 세대가 우리가 살아온 과거를 정확히 이해하고 스스로 판단할 수 있도록 하는 것은 우리 세대의 책무다.

박근혜 대통령은 역사교육 정상화의 첫 번째 방법으로 교과서의 국정화를 선택했다. 국정교과서로의 회귀에 대한 찬반양론은 누구라도 가능하고 건설적인 반대라면 얼마든지 서로 논의할 필요가 있다. 그러나 작금의 반대론자들의 근거는 이성적이고 논리적 토론과 타협의 범위를 크게 벗어났다.

반대의 가장 두드러진 근거는 친일 및 독재의 미화 가능성이다. 박 대통령의 부친인 고 박정희 대통령이 일제강점기에 만주군관학교와 일본 육사를 나온 것이 친일파라는 것이고 유신독재를 했으니 그 시기를 미화할 것이라 지레짐작하여 반대하는 것이다. 그런 우려를 하는 것을 이해 못하는 것은 아니다. 하지만 우려는 우려로서 그쳐야 한다. 국정교과서를 편찬하면서 특정 인물이나 시기를 미화한다면 그것을 그냥 두고 보겠는가? 일어나지도 않은 범죄를 가능성만 가지고 형사 처벌하자면 동의하겠는가?

두 번째 근거는 국가가 역사 해석을 독점한다는 주장이다. 중고등학교에서 하나의 교과서를 쓴다고 해서 역사 해석을 국가가 독점한다는 것은 비논리적이다. 역사에 대한 해석은 교과서 집필자들만 하는 것이 아니다. 역사학자들만의 전유물도 아니고 우리 세대만이 할 수 있는 것도 아니다. 역사는 세월과 함께 끊임없이 재해석되어 특정 시대를 살아가는 사람들에 의해 천착(穿鑿)되는 것이다. 박근혜 정부가 국정화한다고 하여 이 정부가 교과서를 직접 쓰는 것도 아님은 물론, 앞으로 역대 정부의 국사편찬위원회가 다양한 이념과 가치관을 가진 많은 학자를 모아 합리적으로 편찬해간다면, 그래도 국가가 역사 해석을 독점했다고 하겠는가?

세 번째와 네 번째 근거는 선진국 중에서 역사교과서를 국정화한 사례가 거의 없다는 점과 과거 우리의 국정교과서가 권위주의 정권 시절에 탄생했다는 점이다. 선진국들의 역사교육은 다양한 문제를 토론식으로 진행하여 학생들 스스로 판단할 수 있게 하고 있지만, 우리의 경우 대부분 교사에 의한 일방적 지식 전수와 암기식 수업 위주로 진행되고 있다. 게다가 현재 실제 채택되고 있는 7종의 역사교과서들은 다양성보다 특정 이념이나 가치에 경도되어 있다는 평가도 있다. 그래서 만들어진 교학사 교과서를 채택하려는 학교에는 테러에 준하는 위협이 가해져 결국 채택을 취소했다. 이것이 반대론자들이 말하는 다양성인가? 지금 교육 현장에서 나타나고 있는 것이 바로 이런 특정 이념이나 가치에 입각한 역사 해석을 일방적으로 강요하는 주입식 교육의 부작용이다. 과거 박정희 정부 시절 국정교과서를 정권 홍보와 정당화에 이용한 것은 사실이지만, 그 당시와 지금은 민주주의의 발달 수준에서 근본적 차이가 있다. 현재 진행되고 있는 야권과 역사학 교수들의 반대만 보더라도 현재 우리 사회는 국정화의 부작용으로 지적되고 있는 정권 홍보나 미화를 충분히 걸러낼 수 있는 자정 능력을 갖추고 있다고 봐야 한다.

이렇게 본다면 국정화 반대는 논리적 합리성을 결여했다. 야권은 대통령이 우리 사회를 갈등으로 몰아간다고 비난한다. 필자가 보기엔 국정화 자체가 사회를 양분한 것이 아니라 국정화를 반대하기 위해 야권이 동원한 친일 독재 미화 프레임이 사회를 양분하고 있다.

필자는 국정화가 역사교육의 비정상을 정상화할 수 있는 최선의 대안이라고 생각하지 않는다. 지금도 교과서와 상관없이, 역사교육 시간이 아니어도 일부 교사들이 역대 대통령을 폄하하고 천안함 용사들을 비난하고 있으며, 세계가 부러워하는 우리의 성취를 부끄러워해야 한다고 가르치고 있다. 더 근본적인 문제는 교사들이 특정 이념에 사로잡혀 자신의 이념과 가치관을 어린 학생들에게 강요하는 것이다. 이번 기회에 역사교육의 정상화를 이루지 못한다면 그것은 곧 미래 세대에 죄를 짓는 일이라는 것을 명심해야 할 것이다.

(서울신문, 2015년 10월 29일)

5. 통진당은 해산되어야 한다

통합진보당 정당해산심판 청구에 대한 공판 절차가 모두 끝나고 헌법재판소의 결정만 남겨두고 있다. 최종 변론에서 통진당 이정희 대표는 통진당이 노동자 농민을 위한 정당이고, 대한민국 헌법에 규정된 민주주의 기본질서를 훼손한 적이 없으며, 정부와 보수 언론의 종북몰이 희생자라고 주장했다. 통진당의 전신인 민노당은 '평범한 사람들의 소박한 꿈이 모인 곳'이었고, '정직하게 살아가는 노동자, 농민들이 낸 돈이 민노당의 운영자금'이었기에 '금권과 비리, 편법'에 물든 기성 정당과는 차원이 다른 정당이었다는 것이다. 정부가 제시한 증거는 '아무리 뜯어보아도 의혹과 추측밖에' 없다고도 했다. 궁극적으로 통진당의 해산은 '진보당을 통해 실현돼온 국민 각자의 정치적 기본권을 본

질적으로 침해하는' 것이라는 주장이다·

필자는 이정희 대표의 주장에 동의하지 않는다. 아니, 동의는커녕 다음과 같은 이유에서 통진당은 반드시 해산돼야 한다고 믿는다. 먼저 이석기 의원과 RO 모임의 성격과 활동에 대해 이정희 대표 스스로 이미 곤지암과 마리스타 두 모임은 통진당 내 경기도당의 공식적 모임이고 활동이라는 것을 밝힌 바 있다. 즉 일부 당원의 일탈행위가 아니라 당에서 인정한 공식 활동이라는 것이다. 참여자의 대다수가 통진당원(89명)과 통진당 소속 국회의원(3명)인 당의 공식 모임에서 북의 안보위협에 부응하여 유류 탱크를 비롯한 기간산업 폭파 논의가 있었다는 것이 녹음 테이프에서 확인되고 입증됐다. 당의 공식 모임에서 민주적 기본 질서를 해치고 대한민국을 폭력으로 전복시키자는 논의가 대놓고 이루어진 것이다. 이래도 통진당이 민주적 기본 질서를 지켜왔다고 할 수 있는가?

이정희 대표는 '정부는 법안이나 공약에 대해서는 어느 것도 위헌이라 하지 못하면서 당이 정립하지도 않은 혁명론을 설정해 위헌 정당으로 단정했다'고 한다. 만일 통진당이 혁명론을 공식적으로 설정했다면, 통진당은 이미 정당으로 존재할 수 없었을 것이다. 그리고 혁명론은 당의 공식 활동인 RO 모임에서 논의되고 선동되지 않았는가? 또 통진당의 전신인 민노당 시절 발생했던 용공활동, 예컨대 일심회 사건, 6·15 소풍 사건, 김선동 사건이나 이후의 왕재산 사건 등은 통진당과 관계없는 활동, 혹은 개별 당원의 일탈행위로 치부한다. 이 대표는 통진당이 '당원 누구나가 참여해 당의 정책과 앞날을 토론하는 정책 당대회를 7년째 이어오는 곳이 민노당이고 진보당'이라면서 민노당과 통합진보당을 동일 정당으로 보고 있으면서도 민노당 시절의 문제는 통진당과 관계없다는 주장을 거리낌 없이 하고 있다. 변호사가 맞는 가?

이정희 대표는 보수 언론과 종편이 종북몰이를 통해 통진당의 이미지를 왜곡했다고 한다. 하지만 '종북'이라는 딱지는 보수 측에서 붙인 것이 아니다. 구 민노당과 함께 진보세력의 통합을 이루려 합당했던 진보적 인사들, 유시민, 노회찬, 심상정 등이 주사파 중심의 민노당 핵심 세력을 '종북주의자'로 비난한 것에서 비롯된 것이다. 오죽했으면 같은 진보적 인사들도 등을 돌렸겠는가? 북의 지령을 명시적으로 받은 바 없다는 이 대표의 변론은 그래서 참으로 딱하기만 하다. 지령을 받아 당을 운영했다면 그것은 이미 간첩이다.

이정희 대표는 특권과 금권, 비리, 편법에 찌든 기성 정치권과 통진당은 근본적으로 다르다고 한다. 그러면 지난 총선 비례대표 선출 과정에서의 편법과 반민주적 행태, 각종 선거에서 당선 가능성과 무관하게 국민의 혈세를 최대한 받아낸 것은 특권이나 금권이 아니었나? 더욱이 이를 이석기 의원이 운영한 회사에 몰아주어 돈을 벌게 해준 것도 통진당 내 이석기 의원의 위치를 짐작하게 한다면 무리한 주장인가? 정당 해산은 매우 엄중한 사안으로 신중에 신중을 거듭해야 한다. 그럼에도 통진당은 해산돼야 마땅하다. 그대로 두어도 국민이 선택하지 않을 것이라는 주장은 안이한 발상이다. 자유민주주의는 결연한 수호 의지를 통해서만 지켜질 수 있다. 통진당의 해산은 진보를 가장한 종북세력을 발본색원해 민주적 헌법질서 속에서 진정한 진보세력이 노동자, 농민의 이익을 대변하는 건전한 정치세력으로 성장할 수 있는 계기를 만들어줄 수 있을 것이다.

(서울신문, 2015년 11월 28일)

6. 그래도 통진당은 해산되어야 한다

　통진당이 미워 해산하자는 것도 아니고 '강제'로 해산하자는 것은 더 더욱 아니다. 통진당의 행위가 대한민국 헌법이 규정한 민주적 기본질서를 위협하니 헌법에 규정된 '엄격한' 정당해산 조건에 따라 해산하자는 것이다. 오동석 교수는 헌재 권력을 빌려 강제 해산하는 것은 주권자의 올바른 태도가 아니라고 주장한다. 이는 헌법에 규정된 국가의 합법적 강제력을 사적 폭력과 동일시하는 것이다. 오 교수가 법학 교수가 맞는가?

　오 교수는 민주적 기본질서 위배 판단의 핵심이 '정당의 강령이나 당헌이 아니라 민주주의를 파괴하려는 목적 아래 계획적·지속적으로 수행하는 정치활동'이라고 주장한다. 통진당을 해산해야 한다는 내 주장의 근거가 바로 그것이다. 통진당 의원들이 대한민국을 전복할 폭력적 수단을 논의하는 자리에 있었으면서도 아무도 이를 당국에 고발하거나 문제를 제기하지 않은 것만 보더라도 통진당은 민주적 기본질서를 파괴하려는 의도를 가지고 계획적·지속적으로 정치활동을 수행해 왔다고 보아야 한다.

오 교수는 정당은 '무장집단이 아니라 정치활동 단체'이니 '정당의 구성원이 행한 폭력적 행동은 형법으로 처벌하면 될 일'이고, '예방 목적의 명분'으로 정당 자체를 해산하는 것은 '기존 권력이 체제 유지만을 위해 악용하던 수법'이라고 주장한다. 통진당은 무장 폭력을 모의하고 선동하는 당의 공식 집회에서 핵심 당원들이 참여했으니 스스로 폭력집단임을 자인한 것이다. 이를 헌법에 규정된 정당해산심판을 통해 해산하자는 것은 대한민국의 헌법과 기본질서를 수호하려는 의지의 표현이다.

통진당이 태극기와 애국가를 존중하지 않았다는 주장에 대해 오 교수는 '국가의 상징에 대한 존경을 권력으로써 강요하는 것은 권위주의체제'이며 '유신체제가 그랬다'고 말한다. 오 교수의 주장이 맞다면 학교에서 성조기에 경례하고 국가를 부르게 하는 미국이야말로 가장 권위주의적 체제라고 해야 한다. 정치평론을 하는 내게 통진당은 그냥 여러 정당 중 하나일 뿐이다. 그런데 다른 정당들과는 달리 통진당은 헌법이 정한 민주적 기본질서를 위협하는 폭력행위를 지속적으로 모의하고 선동했다. 그래서 통진당은 정상적인 법 절차를 거쳐 해산돼야 한다는 것이지 미워서 해산하자는 것이 아니다.

(서울신문, 2014년 12월 10일, ※ 12월 2일 자,

오동석 아주대교수의 '통합진보당이 미워도 강제해산 안된다'는 칼럼에 대한 반론으로 기고한 글)

7. 종북은 더 이상 안 된다

    헌재는 8대 1의 압도적 다수로 통진당을 해산하고 소속 국회의원들의 지위를 박탈하는 결정을 내렸다. 이에 따라 대한민국의 정치지도에서 급진 주사파계열의 폭력적 사회주의 운동을 지향하는 정치세력은 사라지게 됐다. 헌재 결정에 대한 찬반은 국민 각자의 몫이지만 헌재의 결정을 수용하지 않거나 헌재의 권위 자체를 부정하는 어떤 행위도 바람직하지 않을 뿐만 아니라 국기를 문란하게 하는 행위라는 것을 잊어서는 안 된다. 마찬가지로 소수의견을 제출한 김이수 재판관의 견해와 이를 지지하는 진보적 지식인들의 평가도 존중돼야 한다. 그러나 그들이 헌재의 결정에 동의하지 못한다 해도 이를 수용하지 못하겠다는 것은 의견의 다양성을 넘어 자유민주주의 체제를 위협하는 일임을 명심해야 한다.

일부 헌법학자들은 헌법에 대한 법리적 해석과 베네치아(베니스)위원회의 규정을 근거로 헌재 결정의 효력에 의문을 제기하고 있다. 헌법학자들의 법리적 해석도 중요하고 정당 해산에 대한 베네치아위원회의 합의에 따른 보편적 원칙도 중요하다. 그러나 동시에 남북 분단의 현실에서 핵무기를 머리에 얹고 살면서 자유민주주의를 수호해야 하는 대한민국의 특수성도 그 못지않게 중요하다. 보편성에만 치중해 통진당을 해산하지 않아 우리 사회가 안에서부터 무너진다고 해도 베네치아위원회 회원국 중 어느 나라도 우리를 구해주지 못한다. 이것이 국제사회의 보편성과 우리의 특수성을 조화롭게 해석한 이번 헌재 결정의 진정한 의미다.

결정 직후부터 통진당 출신 전 의원들이나 지방의회 의원들의 운명에 대해 말들이 많다. 소속 의원의 의원직 박탈이 헌재의 권한을 넘은 것이라는 주장에서부터 별도의 법규정이 없고 법무부가 기초의원들의 의원직 박탈에 대한 청구를 하지 않아 전 통진당 소속 일부 기초의원들이 무소속으로 신분을 유지하게 된 것에 대한 반발도 만만치 않다. 위헌 정당으로 해산된 정당의 소속 정치인은 당연히 해당 공직에서 물러나야 한다는 주장과 법률이나 법원의 판결에 근거하지 않은 의원직 박탈은 국민의 대표권을 제한하는 불법이라는 주장이 팽팽히 맞선다.

위헌정당 심판 자체가 사상 초유의 일이니 이러한 후속조치에 대한 서로 다른 입장이 발생하는 것은 당연한 일이다. 그러니 홍분할 필요 없이 지금까지 그래왔던 것처럼 서로 다른 입장의 근거를 확인하고 우리의 헌법과 법률 체계 속에서 어느 입장이 채택돼야 할 것인가를 법원에 물어 결정하면 될 일이다. 우리가 성숙된 자유민주주의에서 헌법 규정에 근거해 합법적 의사결정으로 통진당을 해산했던 것과 마찬가지로 후속조치도 법치주의와 자유민주주의의 원칙에 따라야 한다. 그 과정에서 구 통진당 인사들의 소송이 빈발할 수도 있고, 정당 해산을 통해 박탈된 지역구에 대한 재보궐 선거에 출마할 수도 있다. 이들의 출마를 인위적으로 막기보다는 국민의 판단에 맡기는 것이 옳다. 지역구 유권자들이 구 통진당 인사 중 개인적으로 통진당의 위헌성과 관계가 없다고 믿을 수도 있다. 현행법에서 통진당 전 의원들의 출마가 허용되는데 재출마 제한법은 제정해도 소급입법은 안 된다. 그렇지 않다면 역사적 결정에 따른 올바른 선택의 결과를 희석시키는 우를 범하는 것이다.

끝으로 헌재의 이번 결정은 우리 사회에 진정한 진보정치세력이 자리 잡을 수 있는 계기를 만들었다는 또 하나의 의의가 있다. 그동안 일부 진보세력이 구 통진당 계열의 급진 주사파와 연합해 진보세력을 형성해봤지만 결과는 참담했다. 견디지 못한 진보세력이 구 통진당세력과 결별하며 그들을 무엇이라 불렀는가. '종북'(從北)이라는 용어는 바로 진보세력이 구 통진당 세력을 지칭하면서 만들어진 것이다.

종북세력이 제도권에 뿌리를 내리고 성장할 수 있었던 것은 선거에 이기겠다는 일념으로 종북세력도 마다하지 않은 우리 사회의 진보세력에도 그 책임이 있다. 이번 통진당 해산을 계기로 진보세력은 스스로 거듭나 진정한 진보정치세력으로서 국민의 선택을 받도록 노력해야 할 것이다.

(세계일보, 2014년 12월 24일)

8. 촛불, 그 후

    수없이 많은 촛불을 통해 우리는 민주공화국의 주인이 국민이라는 것을 웅변적으로 입증했다. 시민에 의한 광장정치는 그 자체로서 명예로운 혁명이었고 흥겨운 축제였으며, 축제의 끝은 시대착오적 혼주(昏主)의 교체였다. 이제 우리 앞에 놓인 과제는 어느 때보다 어려운 경제상황과 국가 안보의 위협이다. 불행하게도 우리 정치권은 촛불 이후 어떠한 대안도 내놓지 못하고 있다. 오히려 눈앞의 이익에 집착해 사사건건 반대만 일삼고 국민의 기대를 저버리고 있다. 대한민국호의 구멍을 막아 배를 구하려는 사람은 거의 없고 침몰하는 배의 선장이 돼 서로 키를 잡겠다고 아우성이다.

    황교안 대통령 권한대행은 비록 선출된 권력은 아니지만 헌법에 의해 대통령 권력을 위임받았다. 이런 헌법적 권력을 야권은 수시로 위협하고 있다. 여야 정치권과 정부가 합심해 국민을 위해 지금 당장 시급한 선택을 가려 시행해도 어려움이 극복될 수 있을지 자신할 수 없다. 그런데도 정치권은 건설적 대안 제시에는 관심이 없고, 자신들의 힘을 과시하기에 바쁘다.

소위 대권 주자라는 사람들의 행보를 보자. 그동안 개헌이 필요하다고 주장하다가 대통령 탄핵과 연계한 개헌은 절대 불가하다고 반대했다. 그러더니 탄핵하자마자 다시 개헌이 필요하다며 나서는가 하면, 어떤 이는 개헌은 필요하지만 지금은 적기가 아니라고 한다. 적어도 개헌에 관한 한 어쩌면 이렇게 똑같은 소리를 반복하는가. 개헌 필수를 외치다가 유력 주자로 부상하면 한사코 지금은 아니라고 하니 고장 난 레코드판처럼 반복되는 이 상황을 국민이 어떻게 이해할 수 있겠나.

문재인 전 대표는 지금은 개헌 대신 국가의 오래된 적폐를 대청소할 때라고 주장했다. 안철수 의원도 기득권 세력과의 전면전을 선포하고 나섰다. 추미애 대표는 황 대행에게 여당과의 당정협의를 중단하라고 요구했으며 야 3당 대표들은 이정현 대표를 제외한 자신들과 황 대행의 야정 협의를 하자고 나섰다.

야권은 마치 혁명을 통해 정권을 잡은 점령군인 것 같다. 국가 대청소, 부정부패 척결, 다 좋은 얘기다. 그러나 국민 입장에서 보면 야권도 여권 못지않은 기득권 세력이고 청소의 대상이다. 자신들은 청소의 대상이 아니라고 감히 생각하는 자신감은 어디서 나왔는가.

재벌의 경제력 남용과 정경유착은 반드시 해결해야 할 과제임이 분명하다. 그러나 우리나라의 초고속 성장과정에서 재벌의 긍정적 기능과 역할도 매우 중요했고, 앞으로도 대기업은 경제의 주요 행위자일 것이다. 어떻게 하면 재벌 구조의 장점을 살리고 단점을 개선해나갈 것인가에 주목해 구체적 해법은 제시하지 않고 재벌을 부패의 온상이요 청소의 대상으로만 낙인찍는 것은 무책임한 일이다.

사드 배치와 관련한 야권의 주장도 국가안보를 위협한다. 찬반은 있을 수 있다. 그러나 이는 이미 한·미 간 합의에 의해 결정된 사안이다. 대통령이 탄핵됐다고 해서 그 정부의 핵심 정책을 뒤집겠다고 나서는 것은 바람직하지 않다. 트럼프 정부의 출범과 함께 미·중 관계가 악화될 수 있는 상황에서 샌드위치처럼 중간에 끼어 있는 우리나라가 한번 합의한 정책을 손바닥 뒤집듯 번복한다면, 누가 대한민국 정부를 신뢰할 것인가. 그리고 한·미 동맹의 미래는 어찌 될 것인가.

과거 청산은 매우 중요하다. 세월호 참사 시 대통령이 나서지 않던 7시간에 대해 국민이 의구심을 갖는 것도 당연하다. 최순실의 국정농단 과정과 대통령 및 그 주변 참모들이 왜 이런 상황을 초래했는지를 파악하는 것도 반드시 필요하다. 소위 친박이라는 인사들의 봉건시대에나 있을 법한 박근혜에 대한 무조건적 충성을 단죄하고 민주공화국에서 충성의 대상은 오로지 국민이라는 것을 확인하는 것도 중요하다.

그러나 과거에만 집착해 미래를 잊는다면 과거 청산은 아무런 의미가 없다. 정치권은 선동적 구호에서 벗어나 5년마다 반복되고 있는 집권세력의 불행을 어떻게 끊어낼 것인가를 고민해야 한다. 그리고 급격히 추락하고 있는 경제와 위기에 봉착한 국가안보를 어떻게 바로 세울 것인가에 대한 구체적 해법을 제시해야 한다. 그것이야말로 촛불혁명을 통해 나타난 진정한 국민의 요구다.

(서울신문, 2016년 12월 15일)

9. 불법시위 무더기 특사(特赦)는 '법치농단'

3·1절 100주년을 맞아 대통령의 특별사면권 행사가 초미의 관심사로 떠올랐다. 특히, 이번 사면에는 한·일 위안부 합의 반대 집회, 사드(THAAD) 배치 반대 집회, 밀양 송전탑 건설 반대 집회, 세월호 관련 집회, 제주 강정마을 해군기지 반대 집회, 광우병 촛불집회 등에 참석했다가 처벌받은 사람이 대거 포함될 것이라 한다. 이들뿐만 아니라, 정치자금법과 선거법 위반으로 유죄를 선고받고 복역한 한명숙 전 총리나 이광재 전 강원도지사, 곽노현 전 서울시교육감도 사면 대상에 포함될 가능성이 있으며, 심지어 현 정부 지지기반인 진보좌파에서 불법 폭력시위를 주도한 한상균 전 민노총 위원장, 내란 선동 혐의로 유죄 판결을 받고 복역 중인 이석기 전 통진당 의원의 특별사면도 요구하고

있다고 한다. 사면은 왕조시대의 유물로, 3권분립을 원칙으로 하는 현대 민주주의에는 부적합하다. 대통령의 명령으로 사법부의 최종 판결을 무효화시키기 때문이다. 그런데도 현행 헌법 제79조 ①항은 '대통령은 법률이 정하는 바에 의하여 사면·감형 또는 복권을 명할 수 있다'고 규정해 대통령의 사면권을 규정하고 있다.

문제는, 흔히 특사(特赦)라고 줄여서 부르는 특별사면이다. 국회의 동의를 필요로 하는 일반사면과는 달리 특별사면은 특정인을 사면하는 것으로, 대상이나 횟수 등에 아무런 제한이 없다. 그래서 역대 대통령에 의한 특별사면권의 자의적 행사 가능성이 항상 문제로 지적돼왔다. 또, 정치인을 대상으로 한 특사의 경우, 진영 논리에 따라 특정 정권에 우호적 인사들을 집중적으로 사면하는 이른바 코드 사면이 문제가 되기도 했다. 그래서 특별사면권의 행사는 정치적 목적을 배제하고 국민 통합이나 공익에 부합하면서도 사법권 침해를 최소화할 수 있는 방향으로만 매우 제한적으로 행사돼야 한다.

현재 법무부와 청와대가 고려하고 있는 특별사면의 대상에 과거 여러 시국 집회에 참여했다가 유죄 판결을 받은 사람이 대거 포함돼 있다. 한·일 위안부 합의 반대 집회 참여자의 경우는 대체로 공익에 부합하는 측면이 높고 국민적 합의가 있어 큰 논란이 없을 것 같다. 그러나 사드 배치 반대 집회와 광우병 집회는 이념에 따라 견해 차이가 매우 컸던 사건이다. 제주 해군기지 반대 집회의 경우는 국가안보에 필요한 군항 설치를 일부 지역 주민과 진보좌파적 사회단체들이 물리력을 행사해 반대한 사건으로, 대법원을 통해 해군의 구상권까지 인정됐다.

밀양 송전탑 반대 집회는 공익을 위해 필요한 시설의 설치를 반대하는 과정에서 타협 없는 극단적 지역이기주의가 법치주의를 무력화시킨 사건이었다. 세월호 집회의 경우, 미처 꽃피우지 못한 어린 학생들의 안타까운 희생을 추모하고 애석하게 생각하는 것은 같지만, 정치적 입장에 따라 집회 및 시위 과정의 합법성과 의미에 대한 긍정적 평가와 부정적 평가가 극명하게 엇갈리는 사례이기도 하다.

만일 현재 검토되는 대로 대통령의 특별사면이 이뤄진다면, 3·1절 100주년은 국민 화합이나 통합이라는 특별사면의 본래 목적에 기여하기보다는 진영 간 갈등과 반목, 분열을 조장할 가능성이 더 커질 것이다. 또, 대통령과 집권세력이 자신들과 이념이나 생각이 같다는 이유로 이른바 코드 사면 및 복권을 시행한다면 그것은 인치(人治)를 하겠다는 '법치(法治)농단'과 다름없다. 민주주의의 근간인 법치를 흔들면 결국 민주주의 자체가 위태로워진다는 사실을 잊지 말아야 할 것이다.

(문화일보, 2019년 2월 13일)

10. 패스트트랙과 대국민 사기극

불과 며칠 전, 동물국회라는 오명을 쓰면서까지 더불어민주당은 선거법 개정안과 고위공직자범죄수사처 설치 법안, 검·경 수사권 분리 법안 등 3개 법안을 패스트트랙에 태웠다. 자유한국당이 반대하는 공수처와 검·경 수사권 분리 등 집권 여당이 사법개혁의 핵심으로 간주하는 법안들을 패스트트랙에 올리려다 보니 소수 정당들의 협조가 절대적이었고, 이를 얻기 위해 연동형 비례대표제 도입을 핵심으로 하는 선거법 개정안과 연계해 정개특위와 사법개혁특위를 동시에 열어 모두 패스트트랙에 올린 것이다.

이에 대한 찬반은 각자의 이념과 지지 정당에 따라 다를 것이니 논하고 싶지 않다. 다만, 제1 야당을 제외하고 소수 정당들과 야합해 선거법 개정을 숫자로 밀어붙인 것은 과거 문재인 민주당 대표 시절에도 그토록 강조했던 원칙을 스스로 부정한 것이란 점과 국민이 반대하는 의원 정수 확대 없이 비례성을 강화하겠다고 약속했던 점은 지적받아야 한다.

헌법 제41조 2항은 국회의원 정수를 법률로 정하되 200인 이상으로 한다고 규정하고 있다. 헌법이 200인 이상이라는 제한과 함께 의원 정수를 법률로 정하도록 한 취지는 최소대표의 의미임은 자명하다. 그러나 300인 이상으로 하려면 헌법이 군이 200인 이상을 규정하고 상한선을 두지 않은 이유를 고려해야 한다. 그렇다면 의원 수 300인을 초과할 경우, 헌법 불합치 가능성에 대한 고민이 필요하다.

이번 선거법 논의 과정에서 각종 여론조사를 통해 국민은 여러 차례 의원 정수 확대에 반대하는 의사를 분명히 했다. 이를 의식한 여(與) 4당은 한국당의 극력 반대에도 선거법 개정안을 패스트트랙으로 지정하면서도 절대로 의원 수를 늘리지 않겠다고 여러 차례 약속했었다.

하지만 바른미래당의 강제 사·보임 등 우여곡절 끝에 야간 국회에서 패스트트랙 지정을 강행한 여 4당은 곧바로 의원 정수 확대를 위한 군불을 때기 시작했다. 민주평화당은 '선거제도 개혁: 패스트트랙 이후의 전망과 과제'라는 국회 토론회를 열어 공개적으로 330인으로 확대해야 한다고 주장하고 나섰다. 무소속이라지만 여권 성향인 이용호 의원은 무려 360석으로 확대해야 한다고 주장하고 나섰다.

왜 그럴까? 이번에 여 4당이 합의한 연동형 권역별 비례대표제는 50% 연동률에 권역별로 석폐율까지 도입된 복잡한 제도다. 지역구를 225석으로 줄여야 하니 일단 패스트트랙에 태워진 선거법이 그대로 순항하면 자신들의 지역구가 사라질 운명에 처할 것이 걱정된 의원들이 너나없이 기득권 지키기에 나선 것이다.

　연동형 비례대표제는 정당과 의회정치에 대한 신뢰가 없이는 성공할 수 없다. 누가 왜, 어떤 자격과 능력이 있어 비례대표가 되는지도 모르고, 일단 비례로 입성한 의원은 지역구를 배정받기 위해 당 지도부에 충성을 다하는, 패거리 정치가 만연한 우리 국회에 적합한 제도가 아니다. 국민은 누굴 뽑는지도 모르는 깜깜이 투표를 강요받는 것과 마찬가지다. 가장 중요한 것은 여 4당이 국민과의 약속을 불과 며칠도 지나기 전에 손바닥 뒤집듯 배신하고 있다는 점이다.

　유리할 때는 약속을 지키라고 아우성치면서, 불리할 때는 자신이 했던 약속도 헌신짝처럼 버리는 여 4당의 이번 행태는 대(對)국민 사기극이다. 만일 이번 선거법 개정에서 국민과의 약속을 헌신짝처럼 저버리고 의원 정수를 확대한다면, 촛불이 아니라 횃불을 든 국민적 저항에 직면할 것이다. 국민이 그렇게 우습게 보이는가.

(문화일보, 2019년 5월 7일, 원제: 의원 증원론과 '패스트트랙 4興' 본색)

11. 운동권 세상, 무소불위 청와대 정부

    역대 정부 중 이번만큼 청와대에 의한 직접 통치가 이뤄진 적은 없었다. 장·차관들이 있지만, 거의 모든 영역에서 청와대가 먼저 결정해 통보하고 행정 부처들은 그저 이를 정당화하거나 집행을 담당할 뿐이다. 가장 중요하다는 헌법 개헌안도 법무부 장관이 아니라 민정수석이 발표했고, 공수처와 검·경 수사권 분리로 대표되는 사법개혁도 민정수석 외에는 누구도 독자적으로 추진하지 못한다.

    그뿐인가? 대통령은 권한의 범위와 상관없이 김학의, 윤중천에 대한 철저한 재수사를 지시했고, 검찰은 과거사위원회의 권고에 따라 이들뿐만 아니라 당시 민정수석이었던 곽상도 의원에 대한 강도 높은 재수사에 들어갔다. 외교가에서는 강경화 장관이 실종됐다는 말이 있을 정도였고, 8·2 부동산 대책은 청와대가 발표한 후에야 주무장관이 이를 알았다고 한다. 얼마 전에는 공기업이나 공공기관의 기관장이나 사외이사는 물론, 각 부처의 국장급들까지도 청와대가 임명한다는 보도가 있었다. 이로 인해 인사권도 없는 장관이 무슨 힘으로 공무원들을 통제할 수 있느냐는 한탄 섞인 비판도 나왔다. 보도의 진위(眞僞)보다 그만큼 청와대가 무소불위의 힘을 가지고 정부의 모든 일을 좌지우지한다는 뜻일 것이다.

그래서 문재인 정부를 문자 그대로 '청와대 정부'라고 부른다. 모든 것을 청와대에서 결정한다는 뜻이면서 동시에 청와대의 지시와 명령 없이는 움직이지 않는 정부라는 말이다. 청와대 정부는 많은 문제를 초래한다. 무엇보다 지금 청와대는 생각이 같은 사람들만 모여 있는 곳이다. 문재인 청와대는 586운동권, 노무현 정부, 부산인맥, 환경론자들이 중심이다. 그들은 경력이나 이념, 가치 등이 거의 같아 사회의 다양성을 반영하지 못한다. 정책이 한 방향으로만 치닫는 이유다.

특히, 운동권 출신들은 자신들이 옳다고 믿는 것은 진리이고, 생각이 다른 사람은 적폐라고 여기는 성향이 있다. 민주화운동 과정에서 교도소에 갔다 오거나 기득권 세력에 대한 저항감을 키워왔기에 과거 정권이나 재벌, 가진 자에 대한 증오는 크다. 그래서 대한민국은 정의롭지 못한 나라이고, 그것을 바로잡는 것이 자신들의 신성한 임무라고 여긴다. 적폐청산을 결코 멈출 수 없는 이유다.

청와대의 이런 행태가 일반 관료들에게 주는 메시지는 명확하다. 잘못을 지적하지 말고 철저하게 복지부동하라는 것이다. 더욱이 전 정권의 정책을 추진했다는 이유만으로 적폐로 몰려 징계당하는 선배 공무원을 보는 것은 관료의 자기보호 본능을 자극하기에 충분하다.

자신만이 옳다고 생각하는 사람들이 국회와 타협하거나 야당을 설득할 이유가 없다. 그들에게 야당은 정치적 이익만 생각하는 파렴치하고 부도덕한 사람들이다. 국회가 장기간 표류하고 많은 민생 법안과 추경안이 갈 길을 잃어도 정무수석이나 비서관은 야당을 설득하기보다 비난만 한다. 자신들의 길을 막는 야당은 대화와 타협의 대상이 아니라 청산의 대상일 뿐이기 때문이다. 그래서 국민에게 호소한다. 선거를 통해 야당을 없애 달라고.

가장 큰 문제는, 이들에겐 대한민국의 미래를 생각하는 능력이 없다는 것이다. 재집권만이 지상의 목표이며 선거에 이기기 위해 수단과 방법을 가리지 않는다. 계급갈등, 지역갈등, 이념갈등까지 선거에 도움이 되는 모든 갈등을 활용한다. 기업이 어찌 되든 세금을 올려 기득권 세력의 부를 뺏어 나눠주는 게 정의로운 재분배라고 믿는다. 나라의 미래가 걱정이다.

(문화일보, 2019년 6월 17일, 원제: '청와대 독주' 심화와 커가는 후유증)

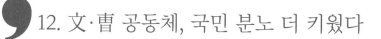

12. 文·曺 공동체, 국민 분노 더 키웠다

　지명된 지 한 달 만이던 9일 조국 전 민정수석이 법무부 장관에 취임했다. 사문서 위조 혐의로 이미 피의자가 된 부인이 기소되고 언제 자신도 피의자로 바뀔지 알 수 없는 상태에서 장관이 된 것이다. 여론의 싸늘함과 젊은 세대의 박탈감은 정점에 이르렀고, 또다시 촛불혁명이라는 밭에 정치 불신의 씨앗이 뿌려졌다.

　문재인 대통령은 '장관은 장관의 일을, 검찰은 검찰의 일을 하면 된다'는 이상한 논리를 내세우면서 언제 피의자가 될지 모르는 사람에게 검찰개혁 업무를 맡겼다. 국회에서의 후보자 기자회견과 가족을 증인으로 소환하는 것은 패륜이라는 억지까지 쓰면서 진행된 인사청문회 답변에서 조 장관은 거짓말로 일관했고, 대부분의 의혹에 대해 알지 못했다고 함으로써 비겁하기까지 했다.

딸이 서울대 환경대학원에 입학해 불과 3학점 한 과목만 수강하면서, 신청하지 않았는데도 2학기 동안 전액 장학금을 받았다고 주장한 것은 명백한 거짓말이다. 신청한 학생들에게 주기에도 턱없이 부족한 게 전액 장학금이다. 학점과 입학 성적, 경제 사정, 교수 추천서까지 종합적으로 검토해 극소수 학생에게만 돌아가는 게 전액 장학금이다. 대한민국의 어느 학교에서, 신청하지도 않은 학생에게 입학도 하기 전에 전액 장학금을 준단 말인가? 그런 것은 부모가 주는 향토장학금 외에는 결코 없다. 딸의 출생신고도 선친이 한 일이라더니 기본증명서에 신고인이 자신으로 돼 있었다. 진실만을 말하겠다고 선서한 사람이 거짓말을 밥 먹듯 하는데도 법무 장관 자격이 있는가?

인턴 품앗이와 병리학회지 논문, 동양대학교 총장 표창장, 사모펀드, 두 차례나 낙제하고도 부산대 의학전문대학원에서 6학기 연속 장학금을 받은 것 등에 관해서는 모른다고 일관하면서 아내가 알아서 한 일로 귀착됐고 결국 부인은 전격 기소됐다. 남편으로서, 아빠로서 모든 책임은 내게 있다고 하는 것이 당당하지 않은가.

문 대통령과 더불어민주당은 조 장관이 사법개혁을 완수할 유일한 사람이라고 한다. 현실은 오히려 반대다. 다른 사람은 몰라도 그는 결코 사법개혁을 수행할 수 없다. 사법개혁은 국회에서의 입법을 통해서만 완성될 수 있는데, 야권이 등을 돌렸다. 이제 정의당은 불의당이 됐고, 그가 법무 장관 자리에 있는 한 야 3당이 여당과 합의할 일은 없을 것 같다.

대통령은 윤석열 검찰총장을 임명하면서 집권 세력도 성역 없이 당당히 수사하라고 요구했다. 대통령의 명을 받들어 성실히 임무를 수행하고 있는 검찰을 민주당은 정치검찰의 복귀라고 비난하고 나섰다. 정치검찰이란 권력의 시녀가 돼 무조건 충성하는 것을 말한다. 집권 여당에 칼을 겨누는 것은 웬만한 자신감이 없이는 불가능하다. 민주당은 스스로 야당으로 착각하고 있는 듯하다.

문 대통령이 조국 법무 장관 임명을 강행한 걸 보면 두 사람은 특별한 관계가 있는 운명공동체라 할 수밖에 없다. 이제 조 장관과 함께 문 정부의 운명은 혹독한 시련기에 접어들 것이다. 정권의 무능과 최순실의 특권과 반칙, 불공정에 분노한 시민들이 박근혜 정부를 탄핵한 것이 불과 2년 전이다. 정권의 무능과 조 장관 일가의 특권과 반칙, 불공정에 분노한 시민들이 또다시 광화문광장에서 촛불을 들지 말라는 법이 있겠는가. 민주당과 정의당은 스스로 외쳐댔던 정의와 공정을 포기함으로써 자신들이 적폐임을 만천하에 알린 셈이다. 사람에게 충성하지 않는다는 '윤석열 검찰'을 믿어본다.

(문화일보, 2019년 9월 11일)

13. 조국 임명 이후 국정 혼란,
    대통령이 책임져야

　하루 전까지만 해도 무슨 일이 있어도 검찰개혁을 완수하고 말겠다던 조국 씨가 14일 법무 장관직을 사퇴했다. 장관 지명으로 시작된 66일간의 막장 정치 드라마는 불필요한 국정 혼란과 국민 분열의 상처만 남긴 채 막을 내리고 있다.

　야당 대표 시절, 작은 도덕적 흠결만으로도 총리나 장관이 돼선 안 된다고 목소리를 높였던 문재인 대통령은 정작 조국 씨의 경우에는 '의혹만으로 장관에 임명하지 않는 나쁜 선례를 남기면 안 된다'면서 임명을 강행했다. 이후 35일간 우리 사회는 극단적 갈등 속에 비틀거렸다.

　후세를 경계하기 위해서도 이번 사태의 전말과 이후 정치적 마무리를 분석할 필요가 있다. 애초부터 이 사태는 일어나지 말았어야 했다. 조국 씨의 후보자 지명 이후 나타난 각종 사안들(사모펀드 의혹, 자녀들의 인턴 증명 및 표창장 위조, 웅동학원 문제 등)은 2005년 이후 어느 인사청문회에서도 볼 수 없었던 메가톤급 불법 의혹들이었다. 그리고 이후 드러난 정경심 씨의 행보만으로도 보통 수준의 상식과 도덕성을 가진 사람이라면 누구라도 조국 씨의 법무 장관 임명에 찬성할 수 없을 일이었다. 그런데도 입만 열면 정의와 공정을 부르짖던 대통령은 임명을 강행했다.

문제 많은 조국 씨를 임명하고 지키려다 보니 진영 논리를 자극해 지지자들을 동원했고, 싸움은 진흙탕 속으로 빠져들었다. 웬만하면 그냥 집에 있었을 중도 성향의 국민이 조국 사퇴를 외치며 광화문에 모여들기 시작했다. 서초동에 집결한 여당 지지자들은 검찰개혁과 조국 사수를 외쳤지만, 역설적이게도 그들이 보통 사람들을 더욱 광화문으로 불러냈고 젊은이들이 분노하게 했다.

지지 세력은 검찰개혁을 명분으로 조국의 법무 장관 임명을 정당화하려 했지만, 많은 국민은 그 주장에 동의하지 않았다. 오히려 집권 세력이라도 칼을 겨누는 윤석열 검찰총장이 진정한 검찰개혁의 적임자라고 생각하는 사람이 늘었다. 유시민, 이해찬, 김어준, 공지영, 황교익 등의 인사들이 사력을 다해 조국 씨를 방어하려 했지만, 높은 대통령 지지도에도 불구하고 국민을 설득하는 데 실패했다. 국민은 조국 일가의 불법 및 탈법 행위를 상식과 양심, 도덕의 문제로 인식하는데, 무조건 조국을 보호하려는 진영 논리가 국민의 분노를 더 키운 것이다.

총선 6개월 전, 대통령 지지도는 당선 당시보다 떨어지고 여야 정당 지지도 격차는 1%포인트 미만으로 좁아진 여론조사 결과가 나왔다.

그것도 친여 성향의 리얼미터 조사 결과다. 대통령은 더 버티지 못하고, 갈등 조장의 원흉으로 언론을 지적하면서, 결과적으로 갈등을 일으킨 데 대해 사과하면서 조국 씨를 사퇴시켰다.

지난 2개월은 막장이었지만 속편은 더 희망적이어야 한다. 그러나 현실은 만만찮다. 정치적으로는 동북아 세력 균형이 근본적으로 변하고 있고, 경제적으로는 자유무역주의의 쇠퇴와 함께 강대국의 국익 우선 정책이 충돌하기 시작했다. 북한은 핵무력을 완성했고, 한·미·일 동맹관계는 흔들리고 있다. 이러한 때에 국민을 이기려 했던 집권자의 오만함이 나라를 극단적으로 분열시켰고 사회는 혼란에 빠졌다. 이제 국민은 무능한 국정 운영의 책임을 따져야 한다. 안보가 위태롭고 경제가 무너지는 상황에 대한 책임을 엄히 물어야 한다. 수없이 많은 자영업자가 문을 닫고 서민들은 일자리를 잃고 있는데 공무원 월급만 올라가는 이 답답한 현실에 대한 책임을 묻지 않을 수 없다. 국민의 현명한 판단만이 이 나라를 구할 수 있다.

(문화일보, 2019년 10월 15일, 원제: 위헌 비호한 권력의 책임 물어야 한다)

14. 분열의 DNA

　올해는 3·1 운동과 임시정부 수립 100주년이 되는 뜻깊은 해이다. 곳곳에서 나라를 잃은 슬픔을 뒤로하고 국내외에서 모든 것을 바쳐 독립운동을 전개한 의사와 열사, 지사들을 기리는 많은 행사가 열렸다. 수많은 애국지사들의 희생을 바탕으로 우리는 제2차 세계대전의 종료와 함께 나라를 되찾을 수 있었다. 대한민국 헌법은 전문에 임시정부의 법통을 계승한다고 명시하고 있다. 임정은 해외 독립운동의 중심이었지만 광복이 될 때까지도 항상 갈등과 분열에 시달렸다. 임시정부의 안살림을 맡아 애국지사들을 뒷바라지했던 정정화 여사가 쓴『장강일기(長江日記)』를 보면 참혹했던 그 시절에도 애국지사들이 힘을 합치지 못하고 드러낸 참담한 분열의 모습이 잘 나타나 있다.

나라의 독립을 추구하겠다는 일념으로 모인 사람들이었지만 서로의 입장과 이해관계의 차이로 단합하지 못했고, 그러다보니 일제의 탄압에도 단일한 행보를 보이지 못하는 경우가 허다했다. 임시정부의 초대 대통령으로 위촉된 이승만은 1920년 겨울, 상해로 가서 정식으로 집정관총재로서의 역할을 수행했지만 제각각 자기 주장을 굽히지 않고 자신만이 옳다고 싸우는 임정 인사들을 감당하지 못하고 불과 6개월 만에 미국으로 돌아갔다. 이때의 경험에 따라 이승만은 하와이에서 자신을 따르는 동포들을 중심으로 대한인동지회를 조직하면서 자신에 대한 무조건적 충성을 요구하기도 하였다. 대한인동지회는 당시 하와이 이민사회에 조직되어 있던 대한인국민회와 극심한 갈등을 겪었고 두 단체 사이에는 테러와 송사가 끊이지 않았다.

상해에 남은 김구에게도 임정과 뜻을 같이하지 못하고 떠나간 여러 애국지사들이 제각각 조직한 다양한 독립운동 집단들과의 통합은 근본 과제였다. 중일전쟁 발발 직후, 김구는 우파진영의 독립운동단체만이라도 통합을 이루기 위해 자신 주도의 한국국민당, 조소앙이 이끌었던 한국독립당, 이청천의 조선혁명당과 미주의 대한인국민회와 대한인동지회를 연합해 1938년 8월 광복진선(光復陣線)을 구축했다. 그 과정에서 김구는 왼쪽 가슴에 총탄을 맞아 하마터면 목숨을 잃을 뻔하기도 했다. 이후 백범은 김원봉이 이끄는 민족혁명당을 비롯한 좌파 4개 단체와도 통합하여 힘을 합해 항일운동을 추진하려 했으나 끝내 이루지 못했다. 이처럼 항일 독립운동 과정에서도 우리 민족은 단합하지 못했다. 그로 인해 제2차 세계대전에 참전하려 했던 임정의 광복군은 준비되지 못해 때를 놓쳤고, 이후 신탁통치 선언과 남북분단으로 이어져 결국 다른 나라의 힘에 의해 독립을 얻는 결과를 초래했다.

그래서 오늘날 정치권의 분열과 대립, 막말과 분노는 어제오늘의 이야기가 아니라 뿌리 깊은 분열의 DNA 때문이라는 생각이 든다. 일제 강점에서 벗어난 지 75년이 넘었음에도 친일파의 후예를 거론하고, 민주주의를 확립한 지 30년이 지났음에도 여전히 상대를 독재자의 후예로 비난하는 것을 보면 이 나라 이 민족에게 분열의 DNA가 있지 않고서는 이해하기 힘들다. 서로를 인정하지 않고 조상까지 들먹여가며 부모 죽인 원수보다 더 심한 욕설과 망언을 퍼붓는 정치권을 보면서 대한민국의 미래가 불안하기만 한 것은 당연한 일 아닌가?

　칭기즈칸에 의해 통합된 몽골족은 인류 역사상 가장 넓은 영토를 차지한 정복국가를 이루었고, 누르하치에 의해 하나가 된 만주족은 자신들보다 100배나 인구가 많고 풍요로웠던 명나라를 멸망시키고 대청제국을 건설했다. 반면, 제국의 멸망에는 반드시 내부의 분열과 갈등이 있었다. 로마가 그러했고 몽골이 그러했으며, 명나라도 마찬가지였다.

　지금 대한민국은 어떤가? 안보와 경제, 4차 산업혁명이라는 인류사 신기술문명의 전개 등 내우외환 속에서 하나가 되기는커녕 보수와 진보의 갈등과 대립을 넘어 노사, 노노, 이익집단 간 갈등과 분열이 첩첩산중이다. 법치주의는 찾을 수 없고, 오직 집권 세력의 정의감과 그들의 가치만이 법이고 진리다. 이를 반대하는 어떤 의견도 용납되지 않으며, 생각이 다른 사람들은 모두 친일파나 독재자의 후예로 비난받는다. 이런 나라의 미래가 어떠했는지는 역사가 증명한다. 분열의 DNA를 바꾸지 못한다면, 단언컨대 대한민국의 미래는 없다.

(디지털타임스, 2019년 6월 11일)

15. 분열 부추기는 광복회장의 충격적 기념사

기상관측 이래 최장기간 계속된 장마의 끝자락에 맞이한 75주년 광복절, 나라를 되찾은 그 날의 기쁨과 함께 순국선열의 희생을 되새겨 감사한 마음으로 맞이해야 마땅한 그 날, 필자는 무거운 쇠망치에 머리를 맞은 것 같은 충격에 빠졌다.

코로나19의 창궐 속에 장맛비가 퍼붓는 광화문광장에 모인 수많은 반문 시위대 때문이 아니다. 정치적 견해와 입장은 서로 다를 수 있으니 시위는 민주주의 사회의 일상 중 하나일 뿐이다. 필자를 충격에 빠뜨린 것은 대통령과 3부 요인이 참석한 광복절 기념식에서 김원웅 광복회장이 한 기념사 때문이었다. 보다 정확히 말하면 기념사 자체보다는 이를 듣고도 그대로 앉아 박수를 치고 묵시적 동의를 표시한 대통령과 집권 세력의 몰지각한 역사관과 가치관 때문이었다. 그것은 자신들이 하고 싶은 말을 김원웅에게 대신 시키고 있는 것 같았다.

그는 우리 국민이 수많은 고난과 시련을 뚫고 오늘의 대한민국을 만들었다고 하면서 제주 4·3사건을 비롯해 오직 민주화와 관련된 것만 사례로 들었다. 그러나 제2차 세계대전의 막바지에 참전국 지위를 확보하지 못한 우리의 건국은 태생부터 쉽지 않았다는 것, 자유민주주의를 기반으로 한 대한민국의 건국은 국제정세를 정확히 판단한 이승만 대통령의 과감한 결단과 김구 등 애국지사들의 헌신적 노력의 결과였다는 것, 그리고 건국 2년 만에 무력 남침을 자행한 공산주의자들로부터 이 나라를 지키기 위해 희생한 호국장병들은 아예 언급조차 하지 않았다.

굶기를 밥 먹듯 하면서도 오직 후세에 가난을 물려주지 않겠다는 신념 하나로 산업화를 위해 매진한 산업화 세대의 희생은 독재로 폄하하고, 오로지 민주화 세력만이 대한민국을 만든 것처럼 주장했다.

그들은 또 이승만 대통령과 안익태 선생을 친일파라고 비난했다. 임시정부의 초대 대통령이었고, 평생 독립운동에 헌신했으며, 건국 직후 대한민국의 초대 대통령으로서 한·미 동맹을 이끌어내 나라의 안전을 지켜낸 분을 반민특위의 활동을 방해했다는 이유만으로 친일파라고 비난했다. 애국가를 작곡한 안익태 선생은 베를린에서 만주국 건국 10주년 음악회에서 지휘를 했다는 것을 이유로 친일파로 단죄되어야 한다고 주장했다. 그 행위가 칭찬받을 일은 아니라 해도 세계적 음악가이며 70년 이상 불러온 애국가 작곡자를 친일파로 단죄해야 할 이유가 될까.

그러기로 말하면 민정당에 부역하고 보수 정당 공천을 받아 국회의

원까지 지낸 김원웅은 단연 독재자의 후예로 단죄되어야 할 것이다. 그 밖에도 김일성의 남침으로부터 이 나라를 지켜낸 수많은 호국영웅들을 국립묘지에서 파묘해야 한다고 아우성쳤다. 그들 중 일부는 친일행적이 입증되기도 했지만, 이후 그들은 목숨을 걸고 대한민국을 지켜낸 공이 있다. 공과가 함께 존재하는 사람들을 과오만을 강조해 파묘해야 한다면, 후일 민주화운동가 중 과거 독재에 부역했던 사람들을 가려내 모두 부관참시해야 할 것이다.

집권 세력의 친일 프레임 덮어씌우기는 여기서 그치지 않는다. 전국 학교의 교가 중 소위 친일파 음악가들이 작곡한 것을 모조리 바꾸어야 하고, 친일행적이 의심되는 인사가 심은 나무는 모두 뽑아버려야 한다고도 한다. 작곡된 교가에도 친일, 반일이 있는가. 심겨진 나무는 또 무슨 죄인가. 김구 선생의 『백범일지』는 백범이 직접 쓴 것이 아니라 그의 메모와 구술을 받아 자타가 공인하는 친일파 작가 춘원 이광수가 대필한 것이다. 그러면 『백범일지』도 버려야 하는가.

75년 전 광복의 그 날, 우리 민족은 너나없이 나서 대한독립 만세를 외쳤다. 광복절 하루만이라도 그 날의 감격을 오롯이 되새길 수는 없는가. 친일행위는 그것이 명백히 이 나라의 정기를 훼손하고 민족에 해를 끼친 경우에만 단죄되어야 한다. 언제까지 이 나라를, 이 국민을 갈기갈기 찢어 알량한 정치적 이익을 취할 생각인가. 사람은 죽어 이름을 남긴다고 했다. 후세의 판단이 두렵지 않은가.

(디지털타임스, 2020년 8월 18일)

16. 秋 구하기 접고 정치혁신 나서라

2020년 정기국회는 추미애 사태로 사실상 개점휴업 상태에 놓여 있다. 집권 4년 차에 176석을 차지했을 뿐만 아니라 역대 정부 중 가장 높은 국정 지지도를 보이면서도 일방적 국회운영으로 협치는 사라졌다. 코로나19 대유행의 영향이 심각하다고 해도 이처럼 무기력한 정부를 본 적이 없다. 하는 일이라고는 오로지 급속도로 부채를 쌓아가면서 현금을 살포하는 것밖에 없다. 대신 정부 여당과 청와대의 관심은 온통 추미애 구하기에 쏠려 있다.

여당 의원들은 대정부 질문에서 코로나 대책의 효과성이나 무너지는 경제를 어떻게 회생시킬 것인가에 대하여는 단 한마디도 없이 추미애 옹호에 바빴다. 어느 의원은 13분 동안 단 하나의 질문도 없이 추 장관 변호만 하다가 의장으로부터 주의를 받기까지 했다. 추 장관 문제는 군복무 때 아들 서씨의 특혜성 휴가 사용에 당시 여당 대표로서 부당한 청탁이나 압력을 직간접적으로 행사했는지의 여부를 판단하는 일이다. 담당 동부지검은 지난 1월에 사건을 배당받고도 수사를 하지 않았다. 여론이 악화되자 뒤늦게 국방부를 압수수색하고 관계자들을 소환하고 있으나 수사의지와 독립성에 깊은 의심을 받고 있다. 추 장관이 떳떳하다면 여당이 먼저 특검을 요구하면 된다. 그것이 진정으로 추 장관은 물론, 국민을 위하는 길이다.

정부 여당은 나라와 국민의 미래를 위한 근본 대책을 강구해야 한다. 재난지원을 위한 추경을 말하는 것이 아니다. 포스트 코로나시대를 위한 실현 가능한 비전과 대책을 조속히 강구해야 한다. 위기가 곧 기회라는 격언처럼 지금이 아니면 어려웠던 일을 과감히 추진해야 한다. 정부는 디지털 뉴딜이니 그린 뉴딜이니 하는 이름으로 코로나19 이후 경기회복을 위한 '한국판 뉴딜 종합계획'을 발표한 바 있다. 이에 따르면 2025년까지 디지털 뉴딜, 그린 뉴딜, 안전망 강화 등에 투자 및 일자리 창출을 강조한다. 디지털 뉴딜은 ICT 기반의 디지털 초격차를 확대하고, 그린 뉴딜은 친환경·저탄소 등 그린 경제로의 전환을 가속화하는 것이다. 사회안전망 강화는 경제구조 재편 등에 따른 실업불안 및 소득격차를 완화하고 지원하는 것이다. 정부는 관련 분야에 2025년까지 160조 원을 투입해 일자리 190만1000개를 창출하겠다고 한다.

그러나 예산을 투입하면 좋은 일자리가 그냥 만들어지는가. 이 계획은 김영삼 정부 이후 추진되어온 정보화정책이나 이명박 정부에서 추진된 녹색성장정책과 큰 차이가 없다. 사회안전망 강화도 고령화의 급속한 추세를 고려할 때 이미 해왔던 일을 정리한 것에 불과하다. 문제는 경제 활성화를 위한 핵심이 빠져 있다는 점이다. 국민의 삶은 좋은 일자리의 창출에 달려 있고 일자리는 기업의 투자에 의해 만들어진다. 따라서 정부의 직접적 투자보다는 민간의 투자가 물 흐르듯 나올 수 있도록 가로막은 장애를 없애고, 자본가들이 투자에 적극 나설 수 있는 환경 조성에 중점을 두어야 한다. 특히 우리나라는 수많은 규제로 인해 다른 나라에서는 가능한 일을 하지 못하는 일이 수없이 많다. 이래서는 이 나라에 투자할 사람이 그리 많지 않을 것이다.

노동의 경직성과 노사관계의 불합리성은 외국 자본의 국내 투자 저해 요인이나 국내 자본의 유출 원인으로 손꼽히고 있다. 합리적 노조활동은 보장돼야 하지만 과도한 노동권 보장이나 불합리한 노동관행은 차제에 반드시 개혁해야 한다. 사용자의 부당노동행위와 함께 노조의 부당한 경영간섭도 막아야 한다. 국내 기업이 외국 기업에 비해 역차별을 받는 것도 시정해야 한다.

세금도 마찬가지다. 국경이 의미 없는 세계에서 기업은 투자할 나라를 선택한다. 세금을 높이기보다 투자유치를 통해 일자리를 창출하고 수출증대에 기여하여 경제 활성화를 이루어야 한다. 4차 산업혁명은 지금까지 우리가 살아온 방식과는 다른 사회구조와 삶의 방식, 그리고 새로운 사회관계망의 형성을 요구한다. 코로나19는 지지부진했던 비대면 경제사회활동의 보편화를 자극하면서 오히려 변화의 기회가 되고 있다. 정치는 이를 이끌어내는 필요조건이지만 집권 여당은 자기편 변호에 몰두하여 도무지 정치혁신을 생각지 않는다. 이런 정치로는 대한민국의 미래는 없다.

(디지털타임스, 2020년 9월 21일)

17. 집단사고에 빠진 문재인 정부

　문재인 대통령은 취임사에서 "제 가슴은 한 번도 경험하지 못한 나라를 만들겠다는 열정으로 뜨겁고, 제 머리는 통합과 공존의 새로운 세상을 열겠다는 청사진으로 가득 차 있다"고 했다. 그리고는 "문재인과 더불어민주당 정부에서 기회는 평등할 것이고, 과정은 공정할 것이며, 결과는 정의로울 것"이라고 천명했다. 그러나 3년 4개월이 지난 현재, 조국과 추미애의 부모 찬스로 기회는 더욱 불평등해졌고, 집권 세력의 부정부패 의혹 수사를 담당해온 검찰을 와해시키고 합의 없는 일방적 국회 운영으로 과정은 더욱 불공정해졌으며, 우리법연구회 출신으로 채워진 대법원과 헌법재판소로 인해 사법 판결조차 결코 정의롭지 못한 나라가 되었다.

그래서 사람들은 문재인 정권을 흔히 5무(無) 정권이라고 조롱하고 있다. 무오류를 주장하면서 한없이 무능하고, 무책임하며, 무관용할 뿐만 아니라 심지어 무례하기까지 하다는 것이다. 정권 초기 이념에 치우쳐 현실을 무시한 정책들을 마구 쏟아내 그토록 위하겠다는 서민들의 일자리를 빼앗았고, 자영업자와 소상공인을 폐업의 나락으로 떨어뜨렸다. 세금을 천정부지로 올려 평생 애써 내 집 한 채 마련한 사람들까지 한꺼번에 죄인으로 만들었다. 기회 있을 때마다 국민을 내 편 네 편으로 갈라 쳐 갈등을 부추기고 내 편은 무조건 옹호하는 패거리 문화 속에 자신들만 정의로운 척하는데 신물이 날 지경이다.

코로나19 대유행으로 국민 건강이 위협받고 경제가 악화된 상황에서도 정책 추진을 위해 헌신적으로 검진과 치료에 임한 의료인들마저 편을 가르면서도 비판하는 사람들만 야속하다며 무엇이 잘못됐는지 알지 못하는 청와대다. 추미애 법무부 장관의 아들을 위한 부적절한 청탁사건 수사에서 관할 서울 동부지검은 8개월 넘게 미적거리다가 지검장과 관련 검사들이 모두 영전했다. 이젠 하루가 멀다 하고 증거가 쏟아져도 외면하면서 무죄추정의 원칙에 따라 검찰 수사를 기다려보잔다. 그런 사람들이 스스로 검찰개혁의 최고 적임자라며 임명한 윤석열 검찰총장이 울산선거 하명수사 사건을 비롯해 유재수, 조국 등 정권 실세들의 범죄 의혹을 수사하자 검찰 쿠데타라면서 인사권을 남용해 수사팀을 모두 해체시켰다. 그러고도 모자라 채널A 기자가 취재 과정에서 만난 한동훈 검사장과의 대화는 검언 유착의 증거가 차고 넘친다며 유죄로 추정하고도 증거를 찾지 못해 기소조차 하지 못했다.

왜 이런 일이 반복되는 걸까? 그 근본 이유는 문재인 정권이 강한 집단사고에 빠져 있기 때문이다. 집단사고(集團思考)란 강한 응집력이 있거나 가치를 공유한 사람들로 구성된 집단일수록 의사결정 과정에서 획일성을 추구하는 경향이 커지며 다양한 가능성을 배제한 채 자신들에게 유리한 정보만 취사선택하여 결국 실패할 가능성이 커진다는 이론이다. 집단사고의 위험은 집단 능력에 대한 과신, 집단의 폐쇄성, 획일성 압력 등이 높을 때 더 커진다.

문재인 정부는 협치의 대상인 야당을 청산되어야 할 적폐로 간주해 왔고 친일파와 토착왜구 프레임으로 자신들만 옳다는 사고를 강화시켰다. 그러다 보니 철석같이 믿는 소득주도성장 정책의 효과가 정반대로 나타나도 기다리라는 말만 반복했고, 그래도 안 되니 대중 영합적 퍼주기와 자신들에게 유리한 통계만 선택적으로 채택하여 정당화하려 했다. 도덕적 우월성에 빠져 집단의 폐쇄성이 극도로 높아졌고, 부도덕한 행태가 나타나면 모든 수단과 방법을 동원해 옹호한다. 그뿐만 아니라 금태섭 전 의원의 예에서 보듯 집단 내 획일적 사고에 대한 압력이 극도로 높아지면서 다른 가능성이나 정책 실패를 인정하지 못하는 상태에 이른 것이다.

집단사고의 결과는 결국 불합리한 의사결정을 통한 정책 실패로 이어진다. 지금이라도 이러한 집단사고에서 벗어나야 한다. 무엇보다 시급한 것은 정책 과정에 자신들과 생각이 다른 사람들을 참여시켜 다양한 가능성에 귀를 기울이는 일이다. 그것이 어렵다면 집단 내 역지사지(易地思之)의 역할을 수행할 사람을 두어야 한다. 현재와 같은 획일적 집단사고에서 벗어나지 못한다면 문재인 정부는 결코 성공할 수 없을 뿐만 아니라 그로 인한 막대한 피해는 오롯이 국민과 미래 세대의 몫이 될 것이다.

(매일신문, 2020년 9월 10일)

선거와
한국정치

CHAPTER
04

선거와
한국정치

1. 선거와 정치개혁

　우리나라 국회에서 진정한 정치개혁은 가능할까. 국민 열 명 중 여덟 명으로부터 제 역할을 하지 못한다는 평가를 받는 국회가 정치개혁을 추진하고 있다. 이번엔 교육감 직선제와 기초선거에서의 정당공천제 폐지, 그리고 자치구 의회 폐지가 대립의 이유다.

　사실 선거를 앞두고 룰을 바꾸자고 논의하는 것 자체가 문제다. 권투에서 선수를 링 위에 올려놓고 규칙을 바꾸자고 하는 것과 무엇이 다른가. 굳이 바뀌어야 한다면 바뀐 규칙은 다음부터 적용하는 것이 보다 합리적이다.

　정치개혁특위는 의석수에 따라 위원을 배분하고 대부분의 이슈에 대하여 당론에 의한 선택을 피할 수 없으니 주고받는 것이 엇비슷할 때나 여야의 이해관계가 맞아떨어지는 경우 외에는 합의를 기대하기 어렵다. 지난 총선을 앞두고 여야가 소위 국회선진화법이라 불리는 국회법 개정에 합의한 것은 누가 여당이 될지 모르는 상황에서 소수당의 입지를 강화하자는 데 반대할 이유가 없었기 때문이다. 정치인들이 따라야 할 규칙을 정치 전문가나 비정치인들이 정할 수도 없는 노릇이다. 그들도 사실상 특정 정당이나 이념에 가까운 경우가 많아 누가 규칙을 만들어도 여야 정치권이 동의하지 않으면 소용이 없다.

선거규칙을 논할 때 중요한 것은 당면한 선거에서의 유불리를 따지기보다 무엇이 국민의 뜻을 더 공정하고 정확하게 반영할 수 있느냐이다. 그러나 선거를 앞둔 정당과 정치인들에게 이 말은 귀에 들어오지 않는다.

기초선거에서 정당공천제를 폐지하자는 것과 자치구 의회를 폐지하자는 주장에서 우리는 현실 정치에서의 자기 혁신의 한계를 실감한다. 지방자치가 도입될 때 기초선거에서는 정당공천제가 없었다. 그러다 보니 지역의 토호 세력이 지방의회에 집중적으로 진출하여 부패의 온상이 됐다. 급기야 여야는 책임정치 구현을 위한 정당공천제의 도입에 합의했다. 그런데 이제는 지역구 국회의원이나 중앙정치의 과도한 영향력을 이유로 정당공천제를 폐지하자고 한다. 대의민주주의가 보편적인 현실 속에서 정당공천제에 문제가 있다고 해서 이를 아예 없앤다면 과거 겪었던 문제들이 재현될 것이다. 얼마 후에 토호 세력의 발호나 소수 계층의 이익을 반영하지 못한다며 또다시 정당공천제를 부활하자고 할 셈인가.

기초의회의 효율성이 낮으니 자치구 의회를 없애자는 것도 문제다. 지방자치의 역사가 오래되지 않아 지방의원들이 많은 문제를 일으키고 비효율적인 것도 사실이지만 그렇다고 기초의회를 없애자는 것은 풀뿌리 민주주의 자체를 포기하자는 것과 다르지 않다.

도덕성을 갖추고 존경과 신뢰를 받아야 하는 교육감을 가장 정치적 방법인 직선제로 선출하면서 교육의 정치적 중립성을 기대할 수는 없다. 혹자는 선거제를 실시해서 진보적 교육감이 당선되었기 때문에 교육계의 개혁이 이루어졌다고 한다. 과연 그런가. 교육개혁이 이루어졌다면 그것은 선거제에 따른 결과가 아니라 선출된 교육감이 어떤 교육정책을 취했느냐에 따른 결과다. 임명제 교육감이 바른 교육정책을 추진하지 못한다는 근거는 어디에도 없다.

직선제는 진보와 보수의 편을 가르고 교육계 인사들에게 줄 서기를 강요하는가 하면 막대한 선거비용으로 각종 부정선거의 가능성을 현실화시켰다. 선출된 교육감의 이념 정향에 따라 아이들의 이념적 정체성이 다르게 형성되는 것도 심각한 문제다. 직선제는 고매한 인격과 도덕성을 갖춘 경륜 있는 인사의 교육감직 진출을 억제하는 문제도 있다. 단 한 차례의 선거를 치렀으니 직선제를 개선하는 것이 더 낫다는 의견도 있다. 하지만 직선제를 선택했던 국가들이 대부분 임명제로 돌아선 것은 개선만으로는 교육감 직선제의 근본적 한계를 치유할 수 없었기 때문일 것이다.

선거제도를 비롯한 정치개혁은 특정 시점에서의 당파적 이익과 관계없이 바르게 이루어질 때 정치권은 국민으로부터의 믿음을 회복할 수 있다. 정당과 정치인들에게 국민의 믿음은 선거에서 몇 자리 더 얻는 것과 바꿀 수 없는 가장 귀중한 자산이라는 점을 명심해야 할 것이다.

(서울신문, 2014년 1월 21일, 원제: 정치개혁은 가능한가)

2. 정권 탄생과 낙하산 인사

정권이 바뀌면 대통령이 직간접적으로 임명할 수 있는 자리가 약 1만 개에 이른다고 한다. 대통령은 인사권을 통해 정권창출에 기여한 사람에게 '감사의 표시'를 하거나 우호적인 인사에게 정치적 영향력을 유지하기도 한다. 그러다 보니 공공기관장이나 임원의 자리는 실질적인 엽관제(獵官制)로 운영되고 낙하산 논란이 불거질 때가 많다.

박근혜 정부는 출범하기 전부터 낙하산 관행을 없애려 노력했다. 무늬만 공모제를 실질적 경쟁이 이뤄질 수 있도록 하고 임원추천위원회의 독립성을 강화해 전문성 높은 인사가 공정한 경쟁을 통해 기관장에 임명될 수 있도록 하겠다는 것이다. 옳은 말이다. 그러나 낙하산 인사가 그렇게 나쁜 것이라면 왜 계속되고 있는 것일까.

낙하산 인사 관행은 한마디로 민주적 정치과정과 이익집단, 그리고 공공기관의 거버넌스(통치)체제가 만들어낸 구조적 문제다. 민주적 정치과정에서 선거는 수많은 사람이 함께 치르고 대통령은 이들을 외면하기 어렵다. 50대 초반이면 퇴직해야 하는 고위공무원이나 낙선한 정치권 인사에게 공공기관은 쉬어가는 자리이기도 하고 자신의 능력을 발휘할 수 있는 기회이기도 하다. 학계 인사에게도 이론을 현실에 적용할 기회이기도 하고 국책 연구원장 자리는 경력관리에 매력적일 수 있다. 공공기관도 낙하산의 인적 네트워크를 활용할 수 있기에 스스로 원하는 경우도 있다.

문제는 전문성 없는 인사가 정권 탄생에 기여했다는 이유만으로 공공기관에 자리를 잡게 되는 것인데 이것도 사실 큰 문제가 아닐 수 있다. 기관장이나 임원의 전문성이 부족해도 직원이 업무의 지속성을 유지하고 공공기관의 자율권이 크게 제한돼 있기에 현상유지에는 문제가 없다. 그리고 문제가 있으면 경영평가를 통해 감시 및 통제하거나 심하면 문책할 수 있다. 그런가 하면 낙하산을 통해 기관을 혁신할 수도 있고 정권 차원의 정책의제를 적극 추진할 수도 있다.

그러나 낙하산 인사는 근본적으로 '공정'하지 못하다. 평생 전기전자 분야에서 일한 사람을 예술 분야의 기관장에 보내거나 30대 정치권 인사를 전문기술인이 20년 이상 열심히 일해도 오르지 못하는 기관장으로 임명하는 것은 누가 봐도 옳지 않다. 학자 중 전문성이 그리 높지 않은 사람을 연구원장에 임명하면 전문성 높은 연구원이 그 원장을 마음속으로부터 따르겠는가. 낙하산 인사 폐해는 여기서 그치지 않는다. 기관장은 전문성 있는 사람으로 보내놓고 그를 통해 다수의 임원 자리에 전문성 없는 정치권 인사를 심는 것이 더욱 큰 문제다. 사정이 이러하니 무늬만 공모인 현 제도를 믿지 않는 인재들은 아예 공모에 응할 생각조차 갖지 않는다. 우수한 인재가 공공기관을 경영하지 못하면 그 피해는 국민의 몫이다.

　박 대통령은 과거에 비해 선거과정에서 신세 진 사람이 많지 않고 도와준 사람에게도 '자리'를 기대하지 말라는 것을 누누이 얘기한 만큼 낙하산 인사를 고칠 수 있는 좋은 기회다. 무엇보다 전문성의 객관적 기준을 명확히 설정하고 투명하고 공정한 경쟁이 될 수 있도록 공공기관장 및 임원추천 과정을 재정비해야 한다. 제도의 개선만이 능사가 아니라 개선된 제도가 소기의 목적을 달성하도록 청와대는 물론 장·차관이나 정치권의 영향력을 구조적으로 차단해야 한다. 또 정권과 이념적 성향을 공유하고 대통령의 정책의제에 공감하는 유능한 인재를 발굴해 경쟁에 참여시켜야 한다. 이것만으로는 충분치 않다. 국민적 합의를 거쳐 대통령이 대선과정에서 신세 진 사람에게 보은할 수 있는 합법적 길을 열어둠으로써 탈법적 인사권의 행사를 막아야 한다.

(세계일보, 2013년 3월 4일)

3. 세월호 참사와 6·4 지방선거

2014년 4월 16일 아침, 우리 모두는 일찍이 경험하지 못했던 대참사 앞에 망연자실해졌다. 미처 피어보지도 못한 어린 학생들이 어른들의 탐욕과 부정, 정부의 무능과 무책임 앞에 스러져갔다. 자리를 지키라는 방송으로 승객들을 선실에 남겨둔 채 선장과 선원들은 침몰하는 배에서 제일 먼저 빠져나왔다. 동서고금을 막론하고 이처럼 기가 막히고 어처구니없는 장면은 없었다. 천인공노할 집단학살이라고 해도 과언이 아니다.

국민들은 분노했다. 자식을 잃은 부모, 부모를 잃은 어린아이, 학생을 잃은 선생님, 선생님을 잃은 제자들…. 어느 누구도 이 말도 안 되는 상황 앞에 제정신을 차릴 수 없었다. 누가 시키지 않아도 우리 모두는 유가족들에 대해 깊은 위로와 조의를 표했다. 사후처리에 우왕좌왕하는 정부에 분통을 터뜨리면서도 이 참사가 발생한 근본적 원인을 찾고 책임이 있는 사람들을 모두 처벌하는 데 깊이 공감하고 있다. 정치와 경제, 사회와 문화의 모든 활동은 국민의 마음처럼 위축됐고 대한민국은 정신적 공황상태에 빠져버렸다.

세월호 참사가 일어나기 직전, 정치권은 기초연금과 방송통신법 개정안을 두고 대치하면서 두 달도 채 남지 않은 6·4 지방선거를 향해 달려가고 있었다. 기초단체 공천폐지 문제를 둘러싼 정치권의 지루한 갈등은 결국 안철수 공동대표가 당원과 국민을 대상으로 한 여론조사로 결정하는 데 동의함으로써 출구를 찾았다. 새누리당은 일찍부터 기초공천 폐지공약을 지킬 수 없음을 천명하고, 4월 30일까지 모든 공천을 마무리한다는 계획이었다. 바로 그때, 예기치 못한 세월호 참사가 일어났다.

마치 4차원의 세계에 빠진 것처럼 모든 것이 정지됐다. 공천이나 경선과정은 전면 중지됐고 선거운동도 금지됐다. 생때같은 자식을 찬 바닷물 속에 두고 찾지 못하는 부모들 앞에 정치과정을 진행할 경우 국민의 지탄이 두려웠던 것이다. 그러나 일주일이 넘고 열흘이 지나자 더 이상 정치과정을 미루기만 할 수는 없었다. 일부에서는 지방선거를 연기하자는 의견도 제시됐지만, 선거 후 이어지는 정치과정도 있기에 조용한 경선을 표방하면서 6·4 지방선거를 향한 여정은 다시 시작됐다.

그런데 여기서 구태정치가 다시 나타나고 있다. 세월호 참사를 정치적 이익을 위해 활용하기 시작한 것이다. 정치권보다 먼저 세월호를 정치에 이용하기 시작한 것은 사실 일부 진보적 인사들이었다. 박근혜 대통령이 '대통령이 되지 말았어야 할 이유'라든가 이 참사의 책임을 지고 하야하라는 요구가 그것이다. 지성인이라는 도올 김용옥은 하나부터 열까지 박근혜 대통령의 책임이니 물러나라고 주장한다. 있어서는 안 될 사고였고, 그 처리과정에서 보여준 행정의 난맥상에 대한 총체적 책임이 대통령에 있다는 점에 동의한다고 해도 이를 빌미로 대통령의 하야를 요구하는 것은 민주주의를 부정하는 것이요, 스스로 이 시대의 지식인임을 포기하는 것과 다르지 않다. 세월호 참사를 지난해부터 이어온 대통령 불인정 주장의 근거로 활용하는 것도 민주주의를 위협하는 자기부정이다. 박 대통령이 국무회의를 빌려 간접적인 사과를 표명한 것을 사과로 받아들이지 못하는 데 동의한다고 해도 일반국민이면 몰라도 정치권 인사가 세월호 참사를 이용해 대통령과 정부를 비난하는 것은 옳지 않다. 적어도 우리 사회의 지도층에 속한 인사들이라면 우리 모두가 이 참사에 대해 도의적 책임으로부터 자유롭지 못하다는 것을 알아야 한다.

스스로 반성해보자. 우리는 그동안 매사에 안전수칙을 지켜왔는가. 작은 이익을 위해 적당히 일을 처리한 적은 없었나? 조금 빨리 가기 위해 교통법규를 위반하지는 않았는가. 항공기 안전점검 때문에 출발시간이 연기됐을 때 제때에 가지 못한다고 항의한 적은 없었는가. 그동안 모든 일을 빨리빨리, 대충대충 해온 것이 세월호 참사의 근본 원인은 아닌가.

이 시대를 살아가는 우리 모두는 세월호 참사에 대해 크고 작은 책임이 있다. 지금은 아직 물속에서 찾지 못한 승객들을 하루라도 빨리 가족들 품으로 보내드리는 것이 가장 시급하다. 아울러 이 참사의 모든 과정에 대한 정밀 분석과 조사를 통해 지위고하를 막론하고 반드시 책임을 물어야 한다. 그러나 국가적 비극을 자신들의 작은 정치적 이익을 취하기 위해 악용하는 것을 결코 용납해서는 안 된다.

(서울신문, 2014년 5월 10일)

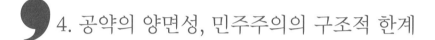

4. 공약의 양면성, 민주주의의 구조적 한계

　기초연금 대상자 축소를 놓고 공약파기니 변경이니 논란이 뜨겁다. 유권자의 표를 얻자니 공약을 남발하게 되고 당선 후 이를 그대로 실천하자니 능력이 모자란다. 신뢰를 유지하려면 공약을 지켜야 하고 경제를 생각한다면 공약을 수정해야 하는 상황, 데자뷔처럼 익숙한 이 상황은 우리나라에서 5년마다 반복되고 있다.

　노무현 정부에서는 지역 균형발전을 위한 공약의 대표 격인 행정수도 이전과 공공기관의 지방 이전을 내용으로 한 혁신도시 공약은 지역의 기대를 극대화함으로써 이후 정부가 변경시키지 못하게 문자 그대로 '대못'을 박았었다. 그 중에서도 행정수도 이전 공약은 공약이행 논란 중 최대 사건이라 할 만하다. 충청권 표를 의식한 행정수도 공약은 위헌판결까지 받았지만 노 대통령은 위헌 논란을 피하기 위해 행정중심복합도시로 재추진했다. 이어진 이명박 정부도 행복도시로 인한 막대한 행·재정적 비효율을 알고 있었지만 역시 충청권의 표를 의식해 원안 추진을 공약했었다. 정운찬 총리의 취임과 함께 행복도시사업의 수정을 시도했지만 당시 가장 강력한 대선 후보로 부상했던 박근혜 의원의 반대에 부딪혀 실패했다.

그런가 하면 국민의 반대에 부딪혀 공약이행이 좌절된 경우도 있었다. 이명박 정부의 한반도 대운하사업은 정권 초기부터 야당과 시민단체의 강력한 공약이행 반대에 부딪혀 4대강사업으로 축소됐고, 추진 과정 내내 대운하사업의 전 단계라는 의혹이 따라다녔다. 이렇게 보면 공약은 정치세력의 입장이나 정치적 상황에 따라 이행에 대한 입장이 달라지기도 한다. 상황이 이런데도 여야가 공약 수정이니, 폐기니, 혹은 연기니 하면서 논란을 벌이는 것은 국민을 위한 정도가 아니다.

민주주의는 지배를 받는 사람이 자신을 통치할 사람을 결정하는 인류 역사상 가장 아름다운 정치제도지만 완벽한 제도는 결코 아니다. 선거를 통해 주기적으로 통치 세력을 교체할 수 있다는 것은 민주주의가 갖고 있는 최대의 장점이다. 그러나 민주주의는 정치 세력이 집권을 위해 국가와 사회의 중장기적 미래는 고려하지 않고 단기적 당리당략에 집착해 대중 영합적 공약을 남발하게 하는 구조적 한계도 있다.

대중 영합적 공약은 국민을 도덕적 해이에 빠지게 하여 열심히 일하지 않아도 먹고 살 수 있다는 환상을 갖게 한다. 돈으로 표를 사는 공약으로 집권한 정치 세력이 이를 열심히 실천하면 할수록 국고는 낭비되고 국민은 가난의 질곡을 벗어날 수 없다. 유권자의 현명한 판단만이 무책임한 정치 세력으로부터 우리나라를 지켜낼 수 있을 것이다.

(세계일보, 2013년 9월 30일)

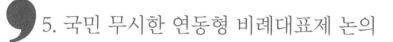

5. 국민 무시한 연동형 비례대표제 논의

　최근 정치권에서 논의되고 있는 연동형 비례대표제의 가장 큰 장점
은 유권자 의사와 그들을 대표하는 국회의원 수와 비례성을 높일 수
있다는 데 있다. 아직은 제1야당인 자유한국당의 결사반대와 여당인
더불어민주당의 당내 반발도 만만치 않아 결과를 예단할 수는 없지만,
자유한국당을 제외한 정치권은 대체로 전체 의원 수는 그대로 두고,
연동형 권역별 비례대표제를 도입하되 정당투표와의 연동비율을 50%
로 하고 석패율 제도까지 도입하는, 상당히 복잡한 형태의 제도 도입
에 합의를 이뤄가고 있는 것 같다.

　중앙선관위도 2015년 연동형 권역별 비례대표제를 도입할 것을 제
안한 바 있다. 권역별이라는 제한을 둔 것은 고질적인 지역주의 완화

를 위한 보완책이며 이 제도를 도입하려면 적게 잡아도 50명 정도의 의원 수가 늘어난다는 것도 밝혔다. 전문가들도 연동형 비례대표제 도입을 찬성하는 쪽이 많다. 연동형 비례대표제가 사회적 균열과 갈등을 완화하고, 다원화된 이익을 대표하는 데 효과적이라는 점과 이 제도를 도입해야만 승자독식 구조를 없애 고질적인 지역주의를 타파할 수 있다는 것이 주요 근거다.

연동형 비례대표제 도입이 진정한 정치개혁일까? 적어도 정의당과 바른미래당은 그렇게 믿고 있는 것 같다. 지난 연말 손학규 대표는 예산법안을 볼모로 단식투쟁까지 하면서 연동형 비례대표제 검토 약속을 받아냈을 정도로 이 제도 도입에 사활을 걸고 있다. 여당인 더불어민주당은 공수처를 비롯한 11개 법안을 끼워 연동형 비례대표제 도입을 위한 선거법 개정을 이른바 패스트트랙으로 추진하려 하고 있다.

어떤 선거제도가 가장 좋은가에 대한 정답은 없다. 선거제도는 역사적 경험과 정치문화, 공동체의 의식수준 등이 종합적으로 결합된 산물이기 때문이다. 이를 고려할 때, 필자는 연동형 비례대표제 도입의 기대효과는 과장되어 있는데 반해 부정적 효과는 축소돼 있다고 생각한다.

우선 연동형 비례대표제는 정당정치에 대한 신뢰가 높아야 성공 가능성이 있다. 우리 국민은 정당과 국회를 신뢰하지 못한다. 비례대표가 아니라 비리대표라는 말이 있을 정도였다는 점은 차치하고라도, 지금도 각 정당이 선정한 비례대표 의원들이 공정하고 합리적 과정을 거쳐 선발된 것인지, 의원으로서의 품위와 자격이 있는지에 많은 의구심이 있다.

비례대표가 사회의 다양한 이익을 반영하고 갈등구조를 완화시킨다는 것은 교과서적 얘기일 뿐 실제 그렇다는 보장은 없다. 다당제여야만 다양한 이익이 반영된다면, 민주주의의 본산인 미국이나 영국은 왜 양당제인가? 다당제는 작은 정당들이 캐스팅보트를 행사할 가능성을 높여 궁극적으로 다수 이익보다 편향된 소수이익이 반영될 가능성이 높아진다. 특정 이익집단이나 직군을 대표해 선택된 비례대표 의원들도 궁극적으로 재선이 목적이어서 다음 선거에서 지역구를 배정받기 위해 정당 지도부나 유력 정치인에 충성하는 경향이 높아진다. 또 그들이 대표할 이익은 정당의 정책으로도 충분히 반영할 수 있으며, 이미 다원화된 이익집단이 자신들의 이익을 활발히 정치과정에 반영하기 위해 노력하고 있다.

연동형 비례대표제 도입의 가장 중요한 근거는 민주주의의 핵심인 표의 등가성과 비례성 제고 및 지역주의 완화 가능성에 있다. 과연 그럴까? 수도권에 막대한 인구와 경제력이 집중된 현실을 고려할 때, 연동형 비례대표제 도입으로 지금보다 더 많은 의원이 수도권에 배분될 가능성이 높다. 또 선거제도를 지역주의 완화를 위한 수단으로 보는 것은 동의할 수 없다. 지역주의는 어느 나라에나 존재하는 문화적 현상이며 좋게 보면 지역 간 경쟁으로도 이해할 수 있다. 과도한 지역주의는 지역주민들 스스로 이익 극대화를 위한 선택으로 해결해야지 선거제도를 인위적으로 바꿔 해결할 문제가 아니다.

무엇보다 지금의 선거제도 개편논의는 가장 중요한 당사자인 국민이 논의과정에서 배제돼 있다. 비례대표제 자체의 존립을 포함해 3권분립을 위협하는 의원의 국무위원 겸임 등 다양한 문제를 대상으로 한 국민 공론화과정을 거쳐 다음 개헌에 반영한 후 개편하는 것이 바람직하다.

(디지털타임스, 2019년 4월 5일)

6. 흔들리는 대한민국, 누가 중심을 잡을 것인가

　1993년 세계은행 총재였던 폴 울포위츠는 한국의 존재 자체가 개도국의 희망이라고 지적한 바 있다. 그만큼 한국의 발전은 불가능을 가능으로 만든 기적과 같은 역사였다. 1960년대 이후 한국의 발전은 강력한 국가에 의한 장기간에 걸친 일관된 경제 및 산업정책, 높은 교육열, 안목 있는 정치지도자, 그리고 무엇보다 기꺼이 허리띠를 졸라매고 자신을 희생해온 국민이 있었기에 가능했다. 안타깝게도 이렇게 이룬 모든 것이 흔적도 없이 사라질 위기에 처해 있다.

　대다수 선진국이 1인당 국민소득 2만 달러에서 3만 달러 수준으로 올라서는 데 평균 8년이 걸렸지만, 한국은 13년째 2만 달러의 늪에 빠져 있다. 1970년대 중화학공업화 이후 성장을 거듭해온 주력 산업들이 여기저기서 경고음을 울리고 있지만 정부는 선제적 구조조정은커녕 시장 원칙을 고수한다면서 손을 놓고 있다.

왜 이렇게 됐을까. 고도성장기와 비교해보면 그 답은 명백하다. 5년 주기로 정권 교체가 이루어지다보니 정책의 일관성을 잃은 지 오래다. 오히려 정권이 교체되면 앞 정권의 정책과 업적을 지우기에 바쁘다. 선진국과 개도국 사이의 샌드위치 신세가 됐는데도 경제주체들은 각자의 이익만 추구한다. 재벌기업은 3세를 넘어 4세까지 물려주기에 바빠 미래를 대비한 투자에 관심이 없다. 노동생산성은 선진국에 미치지 못하면서 임금은 훨씬 더 받고 있는데도 노조는 같은 일을 하면서도 저임금에 시달리는 비정규직 노동자는 아랑곳하지 않고 제 주머니만 채우려 든다.

정치권은 세월호 사건, 밀양 송전탑 사태, 제주 해군기지, 사드 배치 등 불의의 사고나 국가안보 관련 갈등을 해결하기는커녕 자신의 정치적 이익을 위해 오히려 부추긴다. 정치인들은 오로지 재선에만 관심이 있지 정작 중요한 국가와 국민의 미래엔 관심이 없다. 오히려 현 정권이 실패해야 다음에 자신들이 정권을 잡을 수 있다는 생각이 앞서 모든 이슈에 무조건 반대한다. 정치 지도자들도 오기싸움, 감정싸움에 빠져 누구도 양보하지 않는다. 국가와 국민을 위한 선택은커녕 입에 담지 못할 저질 언어로 서로 비난하면서 자신만이 옳다고 강변한다. 국민도 마찬가지다. 북한 핵과 미사일이 현실화돼 방어할 무기체계를 도입해 배치하려 해도 내 고장에는 절대 안 된다고 우긴다. 미래 세대를 위하기는커녕 그들이 감당할 수 없는 부담을 지우더라도 나만 살겠다고 각종 무상복지정책을 요구한다.

이쯤 되면 오히려 이만큼이나마 유지하고 있는 것이 신기할 정도다.

어떻게 한 세대 만에 세계가 부러워하던 이 나라, 이 국민이 이렇게까지 추락했는가. 많은 원인이 있겠지만 단 두 가지만 지적한다면 하나는 교육의 실패요, 다른 하나는 신뢰받는 정치 지도자의 부재다.

경쟁에서 이겨내고 남을 밀쳐내는 것만 가르쳤으니 누구도 자신 외에 돌아보는 사람이 없다. 나보다 우리가 중요하다는 공동체 의식이 사라지니 자신의 이익이 침해당하는 것을 참지 못한다. 국가안보가 백척간두에 서 있어도 내가 사는 지역의 부동산 가격이 떨어지는 것은 못 참는 어처구니없는 현실이 우리 교육의 총체적 실패를 웅변적으로 말해준다.

계파나 당파의 이익을 넘어 국민의 눈높이에서 신뢰를 받는 정치 지도자가 나오지 않고 있는 것도 위기의 원인이다. 바른 지도자는 먼저 양보하고 희생함으로써 상대가 양보하지 않으면 안 되도록 만들어야 한다. 번지르르한 공약으로 국민을 일시적으로 속여 당선된다 한들 신뢰받지 못하는 정치 지도자는 아무 일도 할 수 없다. 교육은 일조일석에 되는 일이 아니니 제쳐놓고라도 작금의 위기를 벗어나려면 국민이 신뢰할 수 있는 품격과 미래에 대한 혜안을 가진 지도자가 나와야 한다. 대소와 경중, 선악과 미추를 따질 줄 알아 작은 것은 양보하고 나라를 위해 꼭 필요한 일은 무슨 일이 있어도 실천할 수 있는 지도자가 나와야 한다.

내년이면 우리는 또다시 미래를 좌우할 중대한 선택을 해야 한다. 정치 경력에서 상황에 따라 말을 바꾸거나 행동을 바꾼 사람은 믿을 수 없다. 항심(恒心)을 가지고 늘 일관된 언행을 보여온 사람을 선택하자. 그런 사람이야말로 흔들리는 대한민국의 중심을 잡아줄 수 있을 것이다.

(서울신문, 2016년 10월 1일)

7. 이런 후보들, 믿고 찍어도 되나

　국민은 3개월에 걸친 평화적 시위를 통해 모범적인 민주주의를 실현했건만 정치인들의 민주주의 수준은 또다시 국민을 실망시키고 있다. 19대 대선은 대통령 궐위로 인해 선거가 조기에 실시되는 특수성이 있기는 하지만 지역주의의 영향이 적어 참된 민의를 통해 대통령을 선출할 수 있는 기회임에도 정치권은 정책보다 네거티브에 열을 올리며 선거판을 진흙탕으로 만들고 있다.

　특히, 지금까지 개최된 대선후보 토론회의 결론은 한마디로 실망 그자체다. 후보들 스스로 '수준 이하의 토론회', '실망하는 국민 생각에 오금이 저릴 정도'라니 더 무슨 할 말이 있으랴. 문자 그대로 초등학생보다 나을 것 없는 인신공격이나 동문서답, 주제와 상관없는 막가파식 논쟁, 백기사나 되는 것처럼 옆 후보를 감싸는 모습에 기가 막힐 따름이다.

애당초 거창한 비전이나 미래에 대한 확신을 기대한 것은 아니었다. 그래도 그중 정치·외교·안보를 주제로 한 토론회라면 적어도 북핵 위기로부터 국민을 어떻게 보호하고, 나라를 지켜낼 것인가에 대한 신중한 담론이라도 있어야 했다. '한·미 동맹을 공고히 하고 중국을 설득해 북한의 도발을 억제하겠다'는 정도는 학생들도 내놓을 수 있는 답변 아닌가. 지금까지도 늘 그렇게 해왔지만 북한은 다섯 차례에 걸쳐 핵실험을 감행했고, 수도 없이 미사일을 쏴대고 있다. 그런데 주한미군이 자신들을 보호하기 위해 도입하겠다는 사드(THAAD·고고도미사일방어체계) 배치를 반대해온 후보조차 한·미 동맹을 공고히 하겠다고 얘기하는 것을 보면 도대체 이분들이 자신이 주장하는 말을 이해나 하고 있는가 싶을 정도다.

한·미 동맹과 한·중 관계가 북핵 위기 극복을 위한 핵심 수단이라는 점에 반대할 사람은 없을 것이다. 그러니 적어도 대통령이 되겠다는 사람은 지금의 위기를 극복할 수 있는 구체적인 실천 방안을 제시해야 한다. 그것이 아무리 어렵고 힘들어도 또 성공 가능성이 어떻든 북한의 비대칭 전력에 대항할 수 있는 억지력 강화를 위한 자신만의 고심의 흔적을 제시하고 이를 위해 필요한 조건, 국민의 협조, 고통 분담의 필요성 등의 얘기가 있어야 한다. 70년 동맹국이며 지금의 북핵 위기를 헤쳐나가는 데 반드시 협력을 이끌어내야 할 미국이 자국 국민을 보호하기 위해 자신의 비용을 들여 배치하려는 사드에 반대해도 한·미 동맹은 변함없이 공고할 것이라는 확신의 근거도 제시해야 한다.

인구절벽의 시기에 병사의 복무기간을 줄인다면 그렇게 해도 국방력의 공백을 막을 수 있는 대안도 함께 제시하고, 그 대안의 사회경제적 실현 가능성을 토론해야 한다. 사병의 월급을 현재 최저임금의 15% 수준에서 임기 말 50% 수준까지 끌어올리겠다면 월급 수준을 올리는 데 필요한 재원 방안도 제시해야 한다. 그리고 급격한 고령화와 함께 증가할 복지지출을 고려해도 국가의 재정 건전성이 유지될 수 있는지도 검토해야 한다. 그러나 대통령이 되겠다고 나선 후보 중 어느 누구도 이런 문제를 심각하게 고민한 흔적을 찾기 어렵다.

후보 간의 각종 의혹과 자질, 능력에 대한 검증은 반드시 필요하다. 45년 전이라 해도 후보의 자질이나 대통령이 됐을 때 의사결정에 영향을 미칠 수 있는 사안이라면 그것은 반드시 검증하고 답을 들어야 한다. 하물며 10년 전의 일은 어떻겠는가. 도를 넘은 비난과 의혹 제기, 품위 없는 막말, 본질을 벗어난 지엽말단적 논쟁은 지켜보는 국민을 실망시킬 뿐이다. 국민의 마음이 떠난 자리에 나라의 미래가 있을 수 없다.

이제 더 이상 국민을 실망시키지 말아야 한다. 국민도 후보의 이미지만으로 표를 던질 것이 아니라 미래 대한민국을 위해 꼭 필요한 리더십을 갖춘 사람을 선택해야 한다. 투표는 해도 후회하고 안 하면 더 후회한다는 말이 있다. 스스로 올바른 선택을 한 후에 책임을 묻는 민주적 시민의 자세가 필요하다.

(세계일보, 2017년 4월 26일, 원제: 이런 후보들 믿고 찍어도 될까)

8. 19대 대선과 철학 없는 정치

인도의 국부 마하트마 간디의 추모 공원인 야무나 공원에는 평소 간디가 주장했던 7가지 악덕이 적혀 있다. 그 첫째가 '철학 없는 정치'요, 둘째가 '도덕 없는 경제'다. 나머지 다섯 가지 악덕은 '노동 없는 부(富)', '인격 없는 교육', '인간성 없는 과학', '윤리 없는 쾌락', 그리고 '헌신 없는 종교'다. 하나같이 마음을 울리는 명언이 아닐 수 없다. 불과 2주도 남지 않은 19대 대통령 선거에 나선 후보들은 저마다 자신이 대통령이 돼야 한다며 국민의 지지를 호소하고 있다.

지지율 40%를 넘나들며 자신도 대세임을 인정하고 있는 더불어민주당 문재인 후보부터 생전 처음 보는 후보까지 다들 뭔가 할 말이 많고 나라와 국민을 위해 대통령이 되겠다고 나섰을 것이다. 그런데 수

차례에 걸친 토론회를 모두 보았지만 도대체 후보들이 내세우고 실천하려는 철학과 가치가 무엇인지, 그들이 꿈꾸는 대한민국은 무엇이 어떻게 다른지 알 길이 없다.

북핵과 미사일 발사로 한반도의 안보 상황은 최악으로 치닫고 있다. 주요 후보 5명은 '한·미 동맹을 강화하고 중국을 설득해 북한의 비핵화를 추진하겠다'는 원론적 답변만 되풀이할 뿐 안보 위기를 해결할 구체적 비전이나 대안을 고민해본 흔적조차 보이지 않는다. 예산 부족으로 아직 민간업자들의 동전 세탁기를 사용하고 있는 군을 비난하면서도 사병 월급은 대폭 인상하겠다고 약속한다. 사병 월급을 최저임금의 50% 수준으로 올리면 병장 월급이 현행 20만원에서 80만원대에 이른다. 문제는 이렇게 군 장병에게 보편적 혜택을 주는 것이 바람직한가, 아니면 국가를 위해 희생한 사람들이나 군 전력 강화에 집중하는 것이 좋은가를 선택하는 철학에 대한 고민이 없는 것이다.

재벌개혁을 내세우고 경제민주화를 주장하지만 경제주체 간 대립과 갈등을 조장할 뿐 자본주의의 발전 과정에서 파생한 양극화 문제를 해소할 구체적 비전이나 대안들은 그다지 설득력이 없다. 그저 법인세 인상과 재벌개혁, 그리고 무엇인지 분명하지 않은 경제민주화만을 강조할 뿐이다.

자본주의의 아버지 애덤 스미스가 『국부론』을 쓰기 이전에 『도덕감정론』을 집필해 경제주체들의 도덕성을 강조했던 것을 조금이라도 이해한다면, 도덕성 회복이야말로 재벌개혁과 노동개혁의 핵심이 돼야 함에도 이를 위한 실천적 대안은 없다. 비정규직에 대해 정규직과의 임금 격차 해소라는 대증요법만을 제시할 뿐 문제를 근본적으로 해결할 대안으로서 공동체의 도덕성 회복에 기초한 나눔과 공생의 가치는 외면한다.

그뿐인가. 국가의 백년대계인 교육은 정권이 바뀔 때마다 정책의 근간을 흔들어왔지만 수십 년이 지난 오늘날에도 대학입시 위주 교육의 폐해는 여전하다. 아니 오히려 악화돼왔다는 것이 정확한 평가일 것이다. 교육 관폐가 이토록 심화된 것은 인격을 갖추게 해야 할 교육을 입시와 입신양명의 도구로만 보고 있는 학부모들의 잘못이 크지만, 근본적으로는 나라의 교육철학 부재 때문이다.

복지나 청년 일자리 문제도 마찬가지다. 어떤 공약이라도 기본적으로 사회의 구성원이 동의하고 우리가 채택하고 있는 시장자본주의의 지속적 발전과 분배의 정의를 실현할 수 있는 원칙을 확인할 수 있어야 한다. 후보들이 제시하는 공약들은 그저 유권자의 '표'를 얻기 위해 무엇이 유리한가만을 고민했을 뿐 우리 사회의 지속 가능한 발전과 공정한 자본주의, 복지 수혜자와 청년들의 도덕성을 회복시켜야 한다는 가치와 철학이 없다. 실업수당을 받기 위해 해고한 것으로 해달라는 거짓말을 아무렇지도 않게 생각하는 사람들이 다수인 사회에서는 어떤 분배정책도 공정할 수 없다.

진정한 선진국으로 발돋움하지 못하고 있는 대한민국의 근본 문제는 철학 없는 정치와 도덕 없는 경제, 인격 없는 교육에 있다. 문재인이 집권하면 안철수가 집권하는 것과 무엇이 어떻게 달라질까.

가능성은 별로 없지만 홍준표나 유승민, 심상정이 집권하면 대한민국의 모습은 진정 문재인이나 안철수가 집권한 대한민국과 다를까. 그들이 과연 철학 있는 정치를 실현하고 도덕 있는 경제, 그리고 인격 있는 교육을 지향하고 있는가.

(서울신문, 2017년 4월 26일)

9. 일방적 선거법 개정의 사생아: 비례정당

적반하장(賊反荷杖)이란, 도둑이 도리어 몽둥이를 들고 주인을 도둑으로 모는 상황을 이르는 말이다. 더불어민주당의 비례정당 참여 결정이 꼭 이와 같다. 4·15 총선이 30일 앞으로(D-30) 다가오면서 보수세력 단일화로 창당된 미래통합당은 이미 공언(公言)한 대로 지역구만 공천하고 미래한국당이라는 자매 정당을 통해 비례후보를 공천하는 방식을 택했다. 이에 민주당은 미래통합당이 의석을 도둑질한다고 강력히 비난했고, 검찰에 선거법 위반 혐의로 고발까지 했다.

그러나 현실적으로 미래한국당이 비례의석 중 20석 이상을 가져갈 것으로 예상되자 그토록 비난했던 비례정당 창당을 독자적으로 시도하면 받게 될 비난을 피하려고 진보적 시민사회단체를 중심으로 한 비레연합정당에 참여하는 방식으로 비례정당을 도입하기로 했다. 그러고는 정의당과 민생당 등 소수 정당을 초대하고 나섰다. 의석을 도둑질하는 미래통합당을 응징하기 위해서, 통합당이 총선 결과 다수 의석을 차지하면 추진한다는 대통령 탄핵을 막기 위해서라는 명분을 내세운다. 대통령이 탄핵당할 만한 일을 하긴 한 모양이다. 그렇지 않고서야 탄핵을 겁낼 이유가 없지 않은가. 이것이 민주당의 '적반하장' 현상 관련 경위이다.

선거법은 선거라는 게임의 규칙을 정하는 법이다. 그래서 역대 국회에서는 선거법 개정만큼은 비록 시간이 걸리더라도 여야가 합의를 통해 개정하곤 했다. 문재인 대통령이 야당 대표 시절에, 선거법은 반드시 여야의 합의로 통과시켜야 한다고 강조한 이유도 여기에 있다.

통합당이 만일 준연동형 비례제 도입에 찬성했다면 자매 정당을 통한 비례의석 확보 노력은 공당으로서 해서는 안 될 꼼수이며 그것은 비난받아 마땅하다. 그러나 지금의 선거법은 민주당과 소수 정당이 이른바 '4+1' 합의체를 구성해 막무가내로 통과시킨 법이고, 그 과정에서 비례 자매 정당 출현 가능성을 충분히 경고했었다. 그런데도 여당인 민주당은 스스로 손해를 감수하겠다면서 준연동형 비례제를 도입한 것이다. 그래 놓고 막상 비례정당이 현실화하니까 스스로 범죄라며 고발까지 한 비례정당에 참여하면서 '범죄'가 아니라 '응징'이라고 우긴다.

어떤 선거제도가 바람직한지에 관한 정답은 없다. 선거제도는 역사와 정치문화의 산물이기 때문이다. 준연동형 비례제가 지역구의 사표(死票)를 줄인다고 하지만, 비례대표 선출을 위한 정당득표를 정당지지율로 간주한다. 지역구 후보의 사표가 왜 정당지지율을 통해 되살아

나야 하는지에 논리적 합리성도 문제다. 반면, 도·농 간의 인구 격차가 큰 상황에서는 오히려 표의 등가성 제고가 더욱 민의를 정확히 반영하는 것일 수도 있다.

그리고 민의를 정확히 반영하기 위해 반드시 소수 정당의 원내 진출이 있어야 한다는 주장에도 동의하기 어렵다. 그런 논리와 다르게, 미국과 영국 등 민주주의 선진국은 왜 양당제와 소선거구제를 유지하면서도 민의를 잘 반영하고 있는가. 소수 정당이 많아지면 오히려 이들이 캐스팅보트를 행사함으로써 민의가 왜곡되는 결과를 초래할 수도 있다. 그래서 준연동형 비례제 도입을 정치개혁으로 포장하는 것에도 쉽게 동의할 수가 없다.

선거에서의 승리가 목적인 정당들이 바뀐 선거제도에서 최다 의석을 차지하려고 노력하는 걸 나무라고 싶진 않다. 상대는 예고한 일을 하는데, 자신은 도둑질이라고 비난하면서 상대는 도둑이고 나는 경찰이라고 우기는 게 기가 막힐 뿐이다.

(문화일보, 2020년 3월 16일, 원제: '총선 D-30' 국민 우롱하는 비례여당)

10. 자유민주주의를 위한 유권자의 선택

선거는 자유민주주의를 정의하는 데 가장 중요한 요소다. 주기적 선거를 통해 집권 세력을 교체하거나 재집권하도록 허용하는 것이야말로 민주주의의 요체다. 그래서 선거에 임하는 후보와 정당들이 뭐라 주장하든 선거는 결국 정권에 상을 주느냐 벌을 주느냐를 선택하는 행위이다.

문득 대학가에서 한때 유행했던 대자보의 질문, "안녕들 하십니까"가 생각난다. 4·15 총선을 불과 50여 일 앞둔 지금 유권자들이 해야 할 질문도 이와 다르지 않다. 정말 안녕들 하십니까? 취임사에서 문재인 대통령은 2017년 5월 10일을 진정한 국민통합이 시작된 날로 역사에 기록될 것이라 약속했었다. 국민통합을 위해 문재인 정부가 지난 3년간 시행한 정책으로 무엇이 있었는가. 이념이나 세대, 지역, 계층 간 갈등과 분열을 해소하는 데 기여한 정책이 있다면 그것이 곧 국민통합을 위한 정책일 것이다. 아무리 생각해봐도 갈등을 줄이기는커녕 오히려 더 키운 정책만 기억난다. 대표적인 것이 적폐청산인데, 이는 과거 보수우파 정부들이 해온 정책을 부정하거나 그에 참여했던 공무원들까지 찾아내 징계와 고소·고발을 남발함으로써 갈등과 분열을 부추겼다. 각 부처의 적폐청산위원회는 진보좌파 인사들만으로 구성하여 더욱 사회를 분열시키기만 했을 뿐이다. 오죽하면 조선시대 사화 수준이라는 비판이 있는가.

문 대통령은 거짓으로 불리한 여론을 덮지 않고 특권과 반칙이 없는 세상을 만들겠다고 약속했었다. 현실에서는 소득주도성장의 영향으로 소득양극화가 더욱 벌어지자 통계청장까지 교체하면서 불리한 자료를 덮기에 급급했다. 과도한 최저임금 인상과 주 52시간 근로제 등 소득주도성장 정책의 부정적 영향으로 자영업자들이 대폭 감소하고 소득양극화가 더욱 심해졌다. 그만큼 일자리가 줄어들자 무차별한 현금살포형 복지정책을 통해 억지로 60대 이상 노인의 임시 일자리를 만들어놓고는 경기가 좋아지고 있다고 떼를 쓴다. 사실은 막대한 부채를 다음 세대로 떠넘기면서도 곳간의 돈을 써야 한단다. 시장을 무시한 부동산정책으로 풍선효과가 더욱 심각해지자 이전 보수 정부 탓으로 돌리기에 바빴다. 코로나19 사태로 급격한 경기 위축이 오니 이번엔 언론이 너무 부정적으로 보도해서 소비가 위축되었다며 언론을 탓한다.

대통령에 대한 지지와 관계없이 능력 있는 사람을 적재적소에 쓰고 삼고초려를 해서라도 훌륭한 인재를 활용하겠다고 했었다. 현실에서는 능력과 상관없이 이념과 가치에 입각한 언론정책과 인사가 대원칙이 된 지 이미 오래다. 선거에 도움을 준 사람들을 공기업과 공공기관에 낙하산으로 내려보내는 것이 역대 정부보다 더 많았다. 공영방송은 정권의 나팔수가 되어 친여 인사들이 진행자 자리를 꿰차고 앉아 돈벌이하는 곳으로 전락했다. 동네 약국을 운영하던 대통령 친구를 식약처장에, 동네 의원을 운영하던 지지자를 국립 의료원장에 앉히고서도 인재를 썼다고 강변한다.

대통령은 불가능한 일을 하겠다고 큰소리치지 않고 잘못한 일은 잘못했다고 인정하겠다고 약속했었다. 현실은 달랐다. 다른 나라들은 다시 원전으로 돌아오는데 뜬금없는 탈원전 선언으로 원자력산업의 생태계를 하루아침에 무너뜨렸다. 친구를 시장으로 당선시키기 위해 경찰과 청와대를 동원해 선거에 개입한 의혹에도 묵묵부답이다. 기생충 뺨치는 문서위조를 비롯한 각종 반칙과 특권을 누리고 청와대에 앉아 사모펀드에 투자하는 등 불법을 저지른 조국 씨를 법무부 장관에 앉히고는 조국 수호가 검찰개혁이라는 해괴한 논리를 폈다. 결국 기소된 조국 전 장관에 대해 국민께 사과하기는커녕 그를 놓아주자면서도, 매주 주말마다 정의를 바로 세우겠다고 광화문에 모여 목이 터져라 외치는 태극기부대 어르신들에겐 눈길 한 번 주지 않는다. 대통령을 지지하지 않으니 그들은 국민이 아닌가.

지난 3년을 아무리 돌아봐도 나라다운 나라, 한 번도 경험하지 못한 나라를 만들겠다는 문재인 대통령의 약속이 지켜진 것 같지 않다. 그래도 문재인 정부에서 정말 기회는 평등했고 과정은 공정했으며 결과가 정의로웠다고 생각한다면 더불어민주당을 찍어 상을 주어야 한다. 그렇지 않다면 벌을 주어 마땅하다. 만일 이번에도 지연, 학연, 인연

등 불합리한 기준으로 투표한다면, 그것은 유권자 스스로 민주주의를 포기하고 사회주의 인민공화국의 길을 선택하는 것이다.

(매일신문, 2020년 2월 27일)

11. 어떤 미래를 선택할 것인가

    선거는 과거를 심판하여 미래를 준비하는 일이다. 지금 우리는 한 번도 경험하지 못한 바이러스의 팬데믹 현상, 즉 범세계적 창궐 속에 살고 있다. 정부와 기업, 시민사회 등 모두가 너나없이 최선을 다해 바이러스 극복을 위해 노력하고 있지만 아직은 뚜렷한 희망이 보이지 않는다. 이번 선거에서 우리는 어떤 미래를 선택할 것인가.

    코로나 사태는 국민의 안전문제로 시작했지만 본질적으로 경제위기로 전환될 수밖에 없다. 바이러스 창궐을 막기 위해 사회적 거리두기와 이동 제한이 보편화되면서 경제시스템이 무너지는 사태에 직면하고 있기 때문이다. 소상공인과 자영업자들은 이미 회생 가능성이 없을 정도로 처참한 상황에 내몰렸다. 대기업들도 마찬가지다. 대부분의 국가에서 사실상의 국경폐쇄가 진행되면서 항공산업은 승객의 90% 이상을 잃었다. 항공산업과 연관된 전후방 기업의 어려움은 피눈물이 날 정도다. 기내식을 생산하던 기업은 이미 비정규직 근로자를 모두 해고했고, 정규직도 절반 이상을 무급 휴직시킨 상태다. 무역에 의존하는 우리나라의 타격은 다른 나라에 비해 훨씬 더 클 수밖에 없다. 결국 향후 예상되는 상황은 엄청난 규모의 대량 실업사태일 수밖에 없다.

정부와 지방자치단체는 다투어 재난구호지원금을 준다고 한다. 당장 먹고 살기 어려운 상황에 처한 수많은 서민들에게 작지만 도움이 될 것이다. 그러나 중앙정부의 지원은 아직 기준조차 모호하고 어떻게 집행할 수 있을지 확정되지 않았다. 지방자치단체들은 각자 판단에 따라 중구난방이다. 시급히 재난지원을 하는 것이 필요하고 시급해 보이지만, 문제는 이후의 상황이다. 특히 지방자치단체들은 재정자립도가 열악한 상황에서 긴급구호자금을 총동원해 재난구호지원금을 지급하겠다는 입장이어서 한 번 이상 지원이 불가능한 상황이다. 앞으로 대부분의 산업에서 동시다발적으로 대량 실업사태가 발생한다면 무엇으로 감당할 것인가.

사실 코로나 사태 이전부터 우리 경제는 문재인 정부의 소득주도성장정책과 탈원전정책으로 기초체력이 크게 약화되었었다. 30%를 훌쩍 넘는 급격한 최저임금 인상은 자영업자와 소상공인의 무덤이 되었다. 인상된 임금을 감당하지 못한 자영업자들이 사람을 내보내고 영업시간을 줄이며 대응하다가 더 이상 감당할 수 없는 상태에 이르렀을 때 코로나바이러스가 덮쳤다. 갑작스런 탈원전 추진으로 더 이상의 원전 수출이 어렵게 되고 국내 원전 건설도 백지화되면서 두산중공업을 비롯한 원전 관련 업체들은 사실상의 파산선고를 맞았다. 정부가 1조 원의 긴급 지원을 결정했다지만 수요가 없는 기업이 생존할 수는 없다.

코로나 사태에 대한 우리의 대응에 세계가 찬사를 쏟아내고 있다. 청와대는 하루가 멀다하고 이를 언급하면서 여러 나라에서 진단키트를 비롯해 우리의 지원을 요청하고 있다고 자랑하고 있다. 이게 정부가 잘했기 때문인가. 우리 모두가 아는 사실이지만 이것은 의료인의 희생적 투쟁과 기업의 대응, 국민의 마음이 이루어낸 성과다.

이번 선거는 국가적 위기 이후 어떤 미래를 선택할 것인가를 결정하는 중차대한 선거다. 소득주도성장과 탈원전정책의 즉각적 폐기와 기업의 발목을 잡는 각종 규제의 혁신이 없으면 지금의 코로나 사태는 극복할 수 없다. 동시에 당장 먹고 살기 어려운 사람들을 보듬는 것과 함께 민간의 창의가 사업화되고 경제 전체가 살아날 수 있도록 중장기적 입장에서 정책을 강구해야 한다. 소액을 다수에게 살포하는 것도 필요하지만 불요불급한 예산사업을 신속히 조정해 주요 기업들이 중장기적 경쟁력을 상실하지 않도록 산업정책을 과감히 추진하는 것이 필요하다. 유권자는 어느 정당과 후보가 이러한 과제를 과감히 추진할 수 있을지를 판단하여 선택해야 한다.

창업이 어렵다고는 하지만 수성은 더욱 어렵다는 말이 있다(易創業, 難守成). 당 태종이 평생 통치의 철학으로 삼았다는 말이다. 대한민국의 오늘을 쉽게 이룬 것은 아니지만, 이를 지켜나가는 것은 더욱 어렵다. 이번 선거는 수성의 어려운 일을 해낼 수 있는 정치 세력을 선택하는 일이며, 동시에 이 나라의 미래를 선택하는 일이다. 유권자 선택의 무게가 느껴진다.

(디지털타임스, 2020년 4월 14일)

12. 4·15 총선 결과에 따른 여당 독주체제의 위험

코로나19의 창궐 속에 치러진 '역사적인' 4·15 총선에서 국민은 집권 3년 차 여당에 대한 정권 심판보다 보수 야당에 대한 엄중한 경고를 선택했다. 결과적으로 더불어민주당을 비롯한 여권은 180석을 확보해 안정적 국정 운영을 위한 동력을 확보했다. 반면, 미래통합당은 여당을 견제할 수 있는 최소한의 의석도 확보하지 못해 개헌을 제외한 모든 의제에서 여당의 독주를 막을 수 없게 됐다.

이에 따라 제21대 국회는 원 구성부터 사실상 정부와 여당에 의해 주도적으로 운영될 것이다. 새로 구성될 국회에서는 첫 번째 과제로 지난 국회에서 패스트트랙을 통해 제정된 공수처법에 따라 공수처 구성을 시도할 것이다. 공수처장 임명 과정이 청와대의 울산 지방선거 하명 수사 사건에 대한 검찰 수사와 맞물리면서 윤석열 검찰총장이 공수처의 1호 수사 대상이 될 수도 있다. 여당이 공수처를 통해 윤석열 검찰의 청와대 울산선거 개입사건 수사에 제동을 걸고 나선다면 국회에서의 갈등은 물론, 거리에서 분열과 갈등의 정치가 재현될 가능성이 커진다.

코로나19로 인한 경제위기가 닥쳐오면서 문재인 정부는 매우 적극적이고 광범위한 대응 정책을 신속히 채택하고 처리해야 한다. 여당이 압승한 만큼 코로나19 이후 경제위기를 극복하기 위해서도 신속한 입법 등 국회는 전폭 협조할 것이다. 그것은 청와대와 여당이 향후 2년간 국정 운영에서 무한책임을 져야 함을 의미한다. 중앙정부, 지방자치단체, 의회 권력까지 모두 장악한 상황에서 세계적 경제위기에 대한 대응은 오롯이 문 정부의 몫이 될 것이기 때문이다. 더는 지난 정부를 탓하거나 야당에 책임을 돌릴 수도 없다.

그러나 문 정부가 이번 총선의 의미를 지금까지 추진해온 정책 전반에 대한 국민의 동의와 승인으로 판단한다면 이번 승리는 자칫 승자의 저주로 바뀔 수도 있다. 소득주도성장, 탈원전, 부동산 규제 등 문 정부의 주요 정책은 지난 3년간 일자리를 계속 줄여왔고, 자영업자·소상공인들을 한계적 상황으로 몰아갔다. 재난구호지원금 같은 일시적 지원만으로는 코로나19발 위기를 극복할 수 없다. 심각한 위기에 처한 기간산업에 대한 대규모 지원이나 정부 보증이 필수다. 또, 노동이나 환경 분야의 규제를 일시적으로라도 과감히 철폐해 신산업들이 쉽게 창업할 수 있는 투자 환경을 조성해야 한다. 지지 기반인 주요 이익집단의 반대나 저항을 무릅쓰고 미래를 열어가야 한다.

보수 야당은 이번 총선을 계기로 새롭게 태어나야 한다. 총선을 앞두고 급히 하나로 통합됐지만, 국민의 신뢰를 회복하기엔 역부족이었다. 황교안 대표가 사퇴했지만, 이번 패배가 어찌 대표 한 사람의 책임이겠는가. 모든 기득권을 버리고 보수주의의 가치와 명예, 공동체를 위한 희생정신을 되살려 유권자의 신뢰를 얻지 못하면 2년 후 대선에서도 희망이 없다. 북한의 핵 위협이 상존하고 한·미 동맹이 흔들리고 있다고 아무리 외쳐도 폭주하는 문 정부를 견제할 가치와 비전, 도덕성과 리더십을 갖추지 못한다면 결코 국민의 신뢰를 얻을 수 없음을 알아야 한다.

이번 4·15 총선이 '역사적'이라고 하는 것은 대한민국의 미래가 달렸기 때문이다. 총선에서 국민은 민주당과 문 정부가 제시하는 미래를 선택했다. 정치적 선택이 시장에서의 선택과 다른 점은, 선택의 주체가 아니어도 공동체에 속한 모든 사람이 그 선택의 영향을 받는다는 것이다. 모든 선택에는 책임이 따른다. 그 엄중한 책임의 무게가 더 크게 느껴진다.

(문화일보, 2020년 4월 16일, 원제: 국정 브레이크 파열과 더 커진 與 책임)

13. 후보단일화의 진정한 의미

　4·7 보궐선거의 서울시장 범야권 후보 경선이 막바지에 이르고 있
다. 3월 8일 발표된 중앙일보 여론조사에 의하면 국민의힘 오세훈, 국
민의당 안철수 두 후보가 단일화되면 누가 나서도 모두 박영선 더불어
민주당 후보를 이길 수 있지만, 만일 각각 출마한다면 모두 10% 포인
트 내외 차이로 박 후보에 패하는 것으로 나타났다. 물론 윤석열 전 검
찰총장의 사퇴 직후 이뤄진 조사여서 그 영향을 배제할 수 없으나 단
일화가 아니면 이길 수 없다는 것만은 분명하다.

　선거 한 달을 남긴 3월 7일, 두 후보 단 둘이 만나 90여 분간 맥주잔
을 기울이며 단일화의 필연성과 시기, 실무협상 관련 내용을 포함해
여러 얘기를 나누었다고 한다. 두 사람 모두 분위기가 좋았다고 하지

만 세부 논의단계에 들어서면 서로 자신에게 유리한 조건을 관철시키려는 샅바 싸움으로 치열한 신경전을 벌일 것이 틀림없다.

문제는 후보단일화만 이루면 그들을 지지했던 유권자들이 함께 지지해줄 것인가의 여부다. 무엇보다 정치판의 단일화 협상은 '1+1'이 '2'가 되지 않는다는 것은 상식이다. 작금의 상황은 윤석열 총장의 사퇴와 함께 LH공사 직원들의 신도시 부동산 투기라는 초대형 악재가 터져 더불어민주당과 문재인 정부의 도덕성에 심각한 타격을 준 결과이다. 하지만 보궐선거는 지금 당장이 아니라 한 달 후라는 점에서 상대의 실책에만 편승해 승리를 기대할 수는 없다.

이번 서울시장 보궐선거의 후보단일화는 오세훈, 안철수 두 사람만의 1회성 단일화에 그쳐서는 의미가 없다. 보다 근본적으로 이번 후보단일화는 지난 4년간 문재인 정부의 실정과 부패, 무능을 심판하고 나라의 새로운 미래를 여는 정치판 갈이의 시작이어야 한다. 그래서 두 사람의 후보단일화는 서울시장은 물론, 내년 대선에서의 보수와 중도유권자를 묶어 정권교체를 이루는 기반이 되어야 한다.

솔직히 국민은 단일화를 위한 여론조사의 문구나 시기, 방법에 큰 관심이 없다. 그보다는 이번 단일화 과정이 지긋지긋했던 문재인 정권 4년의 적폐를 청산하고 젊은 세대들의 희망찬 미래를 열어갈 수 있는 유능한 보수중도 정치세력 탄생의 계기가 될 수 있느냐의 여부에 더 큰 관심이 있다.

두 사람이 큰 잡음 없이 흔쾌히 합의하여 멋진 경쟁을 통해 후보단일화에 도달한다면 그동안 제1야당인 국민의힘에 실망했던 유권자들도 이들이 함께 만들어갈 미래에 작은 희망을 갖게 될 것이다. 그러나 그것만으로 의회권력과 지방권력에 대통령권력까지 거머쥐고 모든 정책과 입법을 좌지우지하는 더불어민주당을 견제할 수는 없다.

　보다 근본적으로 안철수 후보는 제2의 3당 합당이라 부를 만한 정치적 결단을 내려야 한다. 안 후보는 자신의 정치노선이 국민의힘과 다르며 함께할 수 없다고 생각한다. 그렇다면 묻고 싶다. 3당 합당을 결행할 당시 YS가 민정당과 노선이 같아서 합당을 결행했을까. 그는 당시 호랑이를 잡으러 호랑이 굴로 들어간다고 자신의 결단을 표현했었다. 3당 합당은 그 길만이 이 땅에 궁극적인 민주주의 실현과 문민화를 달성할 수 있다고 믿었던 YS에 의해 가능했고, 그것이 이 땅의 민주주의를 열었다. 안 후보에게 묻는다. 국민의힘이 당시 전두환, 노태우 정부의 민정당보다 더 함께할 수 없는 정당인가.

　지금 대한민국은 무슨 짓을 해도 자기들은 정의롭고 공정하다고 믿는 사람들에 의한 극단적 패거리정치로 인해 70년 쌓아온 노력이 물거품이 되고 있다. 보수중도 세력의 그 누구라도 서로 협력하고 양보해 다시 이 나라의 미래를 밝혀야 한다. 오세훈, 안철수 두 사람의 결단에 대한민국의 미래가 달려 있다. 무엇을 망설이는가.

(아시아투데이, 2021년 3월 9일)

14. 민주주의 죽이는 여(與) '후안무치' 매표

　더불어민주당 당헌 당규에 따르면 이낙연 대표가 내년 대선에 출마하려면 오는 9일까지 대표직에서 물러나야 한다. 이 대표 입장에선 사퇴 전에 당 대표로서의 확고한 리더십과 실적을 내놓지 못하면 이재명 경기지사에 크게 밀리고 있는 후보 경쟁 구도를 바꾸기 쉽지 않을 것이다. 그러니 이 대표는 모든 행보를 온통 대선 시간표에 맞춘다.

　당·정에서 4차 재난지원금 논의가 한창일 때 홍남기 경제부총리는 급증하는 국가부채 규모를 고려해 12조 원 이상은 불가능하다고 못을 박았다. 그러나 지지율을 의식한 이 대표는 전 국민에 대한 보편적 지원과, 피해가 큰 자영업자에 대한 선별적 지원을 동시에 해야 한다면서 재난지원금 규모를 20조 원 수준으로 끌어올렸다. 남이 낸 세금으로 인심을 써서 대선 후보로서의 존재감과 지지율을 높이려는 시도다.

　4·7 재·보궐 선거를 앞두고 민주당은 대통령까지 나서서 부산 가덕도 신공항을 선물로 제시했다. 이 대표는 압도적 다수 의석을 바탕으로 이미 결정된 김해 신공항을 무산시키고 가덕도 신공항 특별법을 통과시켰다. 그래도 부산 민심이 여의치 않자 이 대표는 다시 부산을 방문해 2024년 착공과 8년 이내 완공을 약속했다. 부산시는 가덕도 신공항의 소요 예산이 7조4000억 원이라 추정했지만, 국토교통부는 28조 원이 넘을 것으로 추산했으며 모든 기준에서 가덕도의 부적합성을 지적한 보고서를 냈다. 일을 똑바로 하라는 대통령의 경고에 꼬리를 내리긴 했지만, 보고서에는 공무원으로서 부당함을 지적하지 않으면 직무유기라는 표현까지 포함돼 있었다.

　보궐선거가 진행되는 울산을 방문한 이 대표는 선거 승리를 위해 또다시 희떱게 큰 예산이 필요한 사업을 선물했다. 500억 원 이상의 공공사업에 꼭 필요한 예비타당성 조사를 울산의 공공의료원 사업에는 면제하겠다고 선언한 것이다. 이 사업에는 약 1500억 원에서 2500억 원이 들 것으로 추정된다.

　불과 10여 일 사이에 이 대표는 20조 원이 넘는 국민의 혈세가 들어갈 사업을 지역민들에게 선물하며 매표(買票)에 앞장섰다. 재·보궐 선거에서 승리해야만 하는 이 대표의 입장은 이해가 되지만, 총리까지 지낸 인사가 국가 미래는 조금도 걱정하지 않고 막대한 예산을 남발하고 법규를 무시하는 약속을 하는 데는 아연실색할 수밖에 없다. 과거 민주당은 예비타당성 조사나 환경영향평가를 이유로 4대강 사업이나 제주민군복합미항 등을 막았었다. 그랬던 사람들이 선거를 앞두고 예타 면제를 남발하고 환경영향평가는 아예 무시한다. 참으로 후안무치하고 무지막지하다.

　이제 모든 유권자는 선거 때마다 지역의 숙원사업을 내세워 이를 약속하지 않으면 표(票)를 주지 않으려 할 것이다. 필요성이나 비용 대비 효과에 관계 없이 표를 얻는 대가로 지역 민원을 들어주지 않을 수 없는 상황을 이 대표와 여당 스스로 만들었다. 지금은 수십조 원이지만 수백조, 또 그 이상으로 늘어나는 건 시간문제다. 정치지도자들이 대중 영합적 행태로 표를 사려 한다면 민주주의는 이미 죽은 것이다. 후세 사가들은 자칭 민주화 세력이 이 땅의 민주주의를 죽였다고 쓸 것이다. 아무리 '동냥벼슬'이라지만 이러고도 유권자들의 선택을 받는다면 단언컨대 나라의 미래는 없다.

(문화일보, 2021년 3월 25일)

보수우파의 좌절과 반성, 그리고 미래

CHAPTER
05

보수우파의 좌절과 반성,
그리고 미래

1. 보수 정치인에 고함

　보수통합의 시동이 걸렸다. 통합이 아니면 공멸이라는 인식이 바탕에 깔려있음은 물론이다. 그러나 선거를 앞두고 합치지 못하면 진다는 인식에도 불구하고 지금까지 보수우파의 통합 성적표는 낙제점이었다. 가깝게는 지난 대선에서 문재인 후보가 41%의 득표로 당선될 수 있었던 것은 홍준표, 유승민, 그리고 조금 결은 다르지만 안철수로 나뉜 보수우파의 분열 때문이었다. 멀리는 매번 교육감 선거에서도 진보좌파 후보들은 대부분 후보 단일화를 이루었는데 반해, 보수우파 후보들은 단 한 차례도 통합을 이루지 못했고, 그 결과는 항상 진보좌파의 승리로 나타났다.

　질 것을 뻔히 알면서도 합치지 못하는 것은 자신이 아니면 안 된다는 오만과 헛된 욕심 때문이었다. 자신은 기득권을 포기하지 않으면서 다른 사람은 물러서기를 기대해온 것이 지금까지의 보수우파들이었다. 통합에 이런저런 조건이 맞아야 한다고 주장해온 것이 지금까지 그들의 통합 방식이었다. 과거와 지금, 무엇이 달라졌는가. 이래서야 설혹 통합된다 해도 유권자들을 설득할 수 있겠는가. 썩은 물이 가득 찬 물통을 비우지 않고 새 물을 채우면 어떻게 되겠는가. 새로 부은 물도 금방 부패한다는 것은 누구나 아는 상식이다. 하지만 썩은 물 한 통에 맑은 물 한 바가지 부으면서 통 속의 물이 모두 맑아지기를 기대하는 것이 작금의 보수 정치인들이 생각하는 보수통합이다. 그렇게 해서 대한민국을 살릴 수 있다고 보는가.

이번 보수우파의 통합은 무능하고 부패하기까지 한 진보좌파의 손에 의해 위기에 처한 대한민국을 더 이상 맡겨둘 수 없다는 절박한 인식에서 출발한 것이다. 해도 되고 안 되면 그만이라는 그런 통합이 아니다. 반드시 이루어야 하고, 그것도 선거에 이기기 위해 일시적으로 합치는 것이 아니라 보수의 핵심 가치를 공유하고 잃어버린 보수의 품격과 철학을 회복하는 통합이어야 한다. 이런 보수통합이 이루어지려면 통합에 나선 사람들은 누구나 공동체를 위해 언제든 자신을 희생할 준비가 되어 있어야 한다. 그것이 황교안이든 유승민이든, 박근혜든 상관없다. 대의를 위해 누구든 자신을 버리고 기꺼이 희생하려는 공동체 정신이 있을 때만 보수통합은 이루어질 수 있다.

그러나 이러한 명분도 필수조건에 불과하다. 대한민국을 살리려면 현재의 시대가치를 반영한 보수통합이라는 충분조건이 맞아야 한다. 스스로 자신만이 옳다고 여기고 변화하는 시대가치를 반영하지 못하면 유권자들의 선택을 받을 수 없기 때문이다. 대한민국의 오늘을 관통하는 시대가치는 누가 뭐라 해도 정의와 공정, 그리고 자유다.

문재인 정부는 정의와 공정이라는 시대가치를 적시에 반영하여 집권에 성공했다. 그러나 반칙 없는 사회를 이루겠다고 나선 집권 세력이 스스로 반칙과 불공정에 빠진 이중성에 국민은 분노하고 있다. 이런 때에 진정한 반칙 없는 사회, 누구나 노력하면 성공할 수 있는 사회를 만들겠다는 원칙과 비전을 제시하고 유권자에게 공감과 감동을 일으켜야 한다. 말로만 제시한다고 유권자들은 믿어주지 않는다. 유권자들이 한두 번 속았는가. 지금까지 반칙과 불공정에 빠진 구시대 정치인들을 일소하고 진정한 시대가치와 품격으로 무장한 도덕적 새 정치세대의 등장만이 잃었던 국민의 신뢰를 조금이라도 회복할 수 있다.

정치권에 몸담고 있는 모든 보수 정치인께 간곡히 호소한다. 그대들이 먼저 자신을 희생하지 않으면 대한민국의 미래는 없다. '모두 기득권을 버려라, 나만 빼고'를 주장하는 한 어떤 감동도, 공감도 얻지 못한다. 소장파든 중견이든 보수통합에 대해 말하는 사람들을 보라. 유민봉 의원을 제외하고 누가 기득권을 버렸나. 영남권·강남 3선 이상 험지 출마를 요구한 김태흠 의원은 스스로 불출마 선언부터 하고 남의 희생을 요구하라. 지금 보수통합을 이루지 못하면 대한민국은 사회주의로 길을 바꾼다. 그런데도 통합 주체들이 서로 이런저런 조건을 내세우면서 자신의 기득권을 지키려 들고 있다. 경고한다. 당신들은 모두 보수우파로서 통합을 논할 자격조차 없는 자들이다.

(디지털타임스, 2019년 11월 12일)

2. 보수우파가 살 길

조국 사태로 나라가 시끄럽다 못해 두 동강이 나버렸다. 서로 자신이 옳다고 주장하는 것을 나무라고 싶지는 않다. 그러나 과거 여야가 바뀐 상태에서 그토록 비난하던 일을 천연덕스럽게 똑같이 자행하는 뻔뻔함까지 이해할 수는 없는 일이다. 더욱이 그토록 입바른 소리만 해왔던 조국은 상식과 도덕을 무시하고 법제도의 맹점을 교묘히 활용해 불법적이고 불공정한 방법으로 자식을 위한 미래의 문을 열었다. 권한 남용이 의심되는 사모펀드를 통해 막대한 이익을 불법적으로 편취하려 했고 동생 내외는 웅동학원 공사채무 셀프소송을 통해 50억 원이 넘는 채권을 확보했다. 공사를 했으면 있어야 할 테니스장이 없는데도 말이다.

이 모두를 그가 대통령이 생각하는 검찰개혁을 추진할 사람이니 묻어버리자고 한다. 불과 두 달 전, 자신들이 최고의 검찰총장감이라며 추켜세웠던 윤석열 검찰을 '정치검찰'이라고 비난한다. 임명장을 줄 때 살아있는 권력이라도 칼을 대라고 당부했던 대통령이 이제는 공개적으로 수사를 방해하고 나섰다. 그것도 모자라 친문 세력은 검찰청 앞에 수만~십 수만 명의 지지자들을 모아 대대적인 시위를 펼쳤다. 범죄라도 내 편이니 수사하지 말라는 압력이 아니면 무엇인가?

타인의 작은 허물에는 분노하면서 자신의 대형 비리에는 한없이 관대한 불공정함, 국민이 분노하는 것은 바로 이것 때문이다. 입으론 정의를 부르짖던 사람들이 행동으로는 불의를 서슴지 않았다는 것을 깨달았기 때문이다. 진정한 검찰개혁은 검찰이 집권 세력의 충견 노릇을 하는 것을 막는 것에서 비롯된다면 윤석열 검찰은 검찰개혁의 첫발을 내디뎠다고 봐야 한다. 대통령과 더불어민주당의 지지도가 떨어지고 있고, 정의의 대명사였던 정의당도 조국 지지 선언과 함께 불의당으로 전락하고 있는데도 보수 정당의 지지도는 높아지지 않는다. 왜 그럴까? 어떻게 해야 보수 정당이 국민의 지지를 회복해 좌우 균형을 이룰 수 있을까?

집권 3년 차에 경제는 파탄 지경에 빠지고 안보 불안은 증가하고 있다. 공공부문이 일자리를 만들어야 한다면서 밑 빠진 독에 물 붓기처럼 세금을 퍼부어도 실업수당 지급액은 매달 사상 최대를 경신하고 있다. 문재인 케어라는 이름으로 막대한 의료지원을 하니 감기에도 MRI 찍자고 덤비는 몰지각한 사람들이 늘어나 건강보험 재정이 적자로 돌아서는 것은 시간문제다. 인구구조를 고려하면 지금 비교적 건전하다는 국가재정이 부도사태에 직면하는 것은 시간문제다. 상황이 이런데

제5장 보수우파의 좌절과 반성, 그리고 미래

도 보수 정당이 국민이 선택할 대안 정당으로 뚜렷하게 부상하지 못하는 것은 오로지 보수 정당 자신의 책임이다.

상대의 잘못에 따른 반사이익으로 얻을 수 있는 지지를 바탕으로 보수 정당이 집권 여당을 견제할 정도의 의석을 확보할 수는 없다. 자신들의 힘으로 국민의 선택을 받으려면 어찌해야 하는가? 이 질문의 대답은 그리 어려운 것은 아니다. 보수주의의 본질인 도덕성과 희생정신을 회복하는 것이다. 대다수 보수우파 정치인들도 그 답을 알고 있다. 문제는 실천이다. 다른 사람의 희생을 요구하려면 자신이 먼저 모든 것을 버려야 한다.

보수 세력이 겉으로는 탄핵 책임을 이유로 갈라져 있지만, 사실은 자신의 정치적 이익 때문이라는 것을 아는 사람은 다 안다. 황교안 대표는 모든 것을 내려놓겠다고 했지만 정작 그 모든 것이 무엇이라는 얘기가 없다. 그 무엇은 바로 차기대선 출마 포기여야 한다. 지금이라도 황 대표는 자신의 대선출마 포기 선언과 함께 자유한국당의 모든 현역 의원들에게 차기 총선의 경선 입후보 포기를 요구해야 한다. 동시에 유승민 의원을 비롯한 바른미래당도 차기 총선의 경선 포기와 함께 조건 없는 보수 단일화를 선언해야 한다. 우리공화당도 마찬가지다.

모든 보수우파 정치인들이 한마음으로 자리를 비울 때 비로소 젊고 유능한 인재들이 그 자리를 채울 수 있다. 작금의 국가적 위기를 벗어나고 사회주의 개헌을 막아 자유민주주의와 시장경제라는 헌법 가치를 지키기 위해서는 보수주의자의 덕목인 희생정신이 없이는 불가능하다. 지금 버리지 않으면 내년 총선에서 국민에 의해 버림을 당할 것이다.

(디지털타임스, 2019년 10월 1일, 원제: 보수우파 지도자들, 모든 걸 버려라)

3. 보수통합, '가치 중심' 돼야 가망 있다

　보수통합의 시동은 걸렸으나 아직은 가시적인 성과를 보이지 못하고 있다. 한 번도 가보지 않은 길이니 더듬어 갈 수밖에 없다는 점을 이해는 하지만, 총선이 불과 70일 앞으로 다가온 상황에서 언제까지 암중모색만 하고 있을 순 없다.

　진행 중인 통합 과정은 중도 보수를 내세우면서도 실제로는 인물을 중심으로 논의되고 있다. 황교안과 유승민, 안철수, 그리고 이런저런 기성 정치인들이 연일 거론되면서 국민에게 기성 정치인들이 또 한자리하겠다고 나서는 것으로 비친다. 이래선 감동도 희망도 기대도 없다.

　지금 대한민국에 범(汎)중도 보수 세력의 통합이 필요한 이유가 무엇인가. 통합에 참여하는 사람들이 국회에 진출해 의석을 확보하는 데 이용하려는 것이라면 통합의 이유도 명분도 없다. 보수 정당의 적자라는 자유한국당이나 꼬마 보수 정당에 의석을 주자는 건 더더욱 아니다.

국민이 통합을 기대하는 것은, 피땀 흘려 만들어온 60년 대한민국의 성과를 현 집권 세력이 불과 3년여 만에 무너뜨리고 있기 때문이다. 그들은 한 번도 경험하지 못한 나라를 만들겠다면서 무차별적 현금 살포형 정책으로, 일하지 않고도 잘살 수 있다는 환상을 심어줄 뿐만 아니라, 막대한 부채를 쌓아 다음 세대에 빚더미를 넘겨주는 파렴치한 정부다. 또, 북한 핵이 기정사실화했음에도 북한 정권을 지원하지 못해 안달이 난 정부다. 그들은 수단과 방법을 가리지 않고 청와대를 향한 수사를 방해하면서도 입증하지 못하면 책임지라고 하는 뻔뻔스러운 정권이다.

보수중도 통합 신당을 출범시키겠다고 앞장선 혁신통합추진위원회의 박형준 위원장은 "혁통위에서 통합 신당의 가치를 세웠다. (그것은) 헌법 정신인 자유·민주·공화·공정과 창조성·휴머니티"라고 밝혔다. 대한민국 헌법 정신에 나타난 가치를 바탕으로 범중도보수 세력의 통합을 추진한다는 걸 명확히 한 것이다. 그렇다면 사람이 아니라 가치 중심으로 통합 논의가 이뤄져야 한다. 자유민주주의와 시장경제의 원칙을 지키고 자율과 창의를 통한 경제·사회 발전을 추구하되, 사회적 약자들을 보듬어 함께 잘사는 나라를 만드는 일이야말로 한국 보수주의가 지향해온 가치들이다. 여기에 동의하는 이들은 조건 없이 통합에 참여해야 한다. 그리고 이 가치를 실현할 새로운 인물들을 발굴해 유권자의 선택을 받아야 한다.

대한민국은 1960년대 이후 처음으로 장기적 쇠퇴기를 경험하고 있다. 외부 충격이 없었는데도 국민총소득은 줄어들었고, 수출과 투자는 20개월 가까이 감소하고 있다. 이런 때에 가장 어렵고 힘든 사람들은 저소득층과 일자리를 찾을 수 없는 청년들일 수밖에 없다. 이번 4·15 총선은 집권 세력의 무능과 정치적 폭주를 막아 이들이 잘살 수 있다는 희망을 되살려야 하는 중차대한 선거다.

상황이 이렇게 엄중함에도 통합 노력에서 자신의 역할이나 목소리가 반영되지 않는다는 이유로 별도 신당들을 추진하는 사람들이 나타난다. 자신만이 보수 세력의 적자이고, 문재인 정부를 무너뜨릴 수 있다고 착각하는 사람들이다. 이미 역사가 된 박근혜 전 대통령의 탄핵에 찬성했느냐 반대했느냐를 가지고 통합에 나설지 말지를 결정하겠다는 것은 과거에 매달려 있으면서 미래를 준비한다는 착각에 불과하다. 작은 정파적 이익과 알량한 자존심을 내세우면서 통합 대신 분열을 획책하는 사람들이다. 대한민국을 살리기 위한 중도보수 가치 앞에 모든 것을 버리고 동참하지 않으면 역사의 죄인이 될 것이다.

(문화일보, 2020년 2월 4일, 원제: 통합신당, '가치중심' 돼야 가망있다)

4. 역사의 죄인이 되려 하는가

세상은 복잡해도 시간은 어김없이 흘러 2020년 새해가 되었다. 새해에는 이웃과 덕담을 주고받으며 새로운 희망과 의지를 다지는 것이 관례지만 올해는 우울하기만 하다. 경제적 어려움으로 국민의 삶은 피폐해지고 있는데도 정치가 문제를 해결하기는커녕 오히려 악화시키고 있기 때문이다.

2019년의 한국정치는 '조국 사태'로 얼룩졌다. 많은 의혹이 있음에도 불구하고 '의혹만으로 (장관직에) 임명하지 못하는 선례'를 남길 수 없다면서 조국 씨를 법무 장관에 임명하면서 소위 강남좌파의 위선과 불법행위가 백일하에 드러났다. 검찰이 조국 씨를 불구속기소하자 청와대는 즉시 '태산명동서일필'(泰山鳴動鼠一匹)을 인용하며 '수사의 의도마저 의심하게 만드는 결과'라고 비판했다. 대통령이 국기 문란이라면서 철저한 수사를 하명했던 박근혜 전 대통령 탄핵 시기 기무사의 계엄령 검토 문건 사건에 대해 1심에서 관계자 전원에 대해 무죄 판결이 나왔을 때 어떠한 논평이나 사과도 없었던 청와대와 비교하면 달라도 너무 다르다.

2019년 12월, 국회는 한국정치사에서 잊지 못할 선례를 남겼다. 국회선진화법에 의해 패스트트랙으로 지정된 공직선거법 개정안과 공수처법이 제1야당의 참여가 없는 상태에서 수적 우위를 점한 소위 '4+1' 결사체에 의해 본회의를 통과한 것이다. 야당 시절 문재인 대통령은 선거법은 게임의 규칙이므로 야당의 참여 없는 일방적 개정은 있을 수 없다며 목소리를 높였었다. 그 문재인은 어디로 갔는가.

공수처법은 고위 공직자, 특히 검찰의 특권적 행태를 견제한다는 측면도 있지만, 제왕적 대통령에게 수사권과 기소권까지 갖는 최고위 특수검찰을 하나 더 선물한 것이라는 심각한 문제도 있다. 공수처가 권력에 의해 어떻게 사용되느냐는 두고 봐야 할 일이지만 세상은 돌고 도는 것이라 향후 정권이 교체되었을 때, 정치권에서 공수처를 어떻게 해야 한다고 할지 자못 궁금하다.

이 두 사건은 헌정 사상 처음으로 여당이 군소 정치 세력과의 합의를 통해 제1야당을 무력화시킨 선례가 되었다는 점에서 향후 의회정치 과정은 근본적으로 변화할 것이 예상된다.

정치보다 더 국민을 우울하게 만드는 것은 경제다. 특히 소득주도성장 정책의 부정적 영향은 중산층에 직격탄을 날렸다. 수많은 자영업자들이 최저임금을 견디다 못해 폐업하고 있고, 더 많은 청년들과 저소득층이 일자리를 찾지 못해 정부로부터의 이전소득에 의존하고 있다.

다른 나라는 기업 투자를 활성화시키기 위해 다투어 법인세와 상속,

증여세를 인하하고 있는데 우리만 법인세 인상과 노동개혁 회피, 규제 강화 등 기업 투자를 막는 정책을 남발하고 있다. 어려워진 저소득층을 위한다고 사상 최대인 512조원 슈퍼 예산을 통과시키고 재정자립도가 50%도 안 되는 지방자치단체들조차 경쟁적으로 현금 살포형 복지사업을 확대하고 있다. 청와대 대변인은 곳간에 쌓인 쌀도 그냥 두면 썩는다는 비유로 재정이 튼튼하다고 강조한다. 그렇게 재정이 튼튼해서 막대한 국채를 발행해 미래 세대에 부담을 떠넘기고 있는가.

2020년, 대한민국은 발전이냐 퇴보냐의 기로에 서 있다. 오늘의 대한민국을 건설한 주체인 보수 정치 세력은 바른 보수주의 가치와 이념 아래 과거 일시적인 잘못을 통렬히 반성하고 계속되는 정책 실패로 고통을 겪고 있는 국민을 행복하게 만들어야 할 역사적 소명이 있다. 보수 정치 세력이 이 소명을 수행하려면 무엇보다 잃었던 국민의 신뢰를 회복해야 한다. 이를 위해서는 각자가 기득권을 모두 버리고 오직 문재인 정부의 정책 실패로 신음하고 있는 국민을 살리겠다는 일념으로 뭉쳐야 한다. 보수의 품격과 도덕성, 공동체 정신이 그 바탕이 되어야 함은 물론이다.

대권을 거머쥔 이후 실시된 지방선거에서 압도적 승리로 지방 권력을 확보한 문재인 정부는 언론 권력, 사법 권력에 이어 공수처를 통해 검찰 권력까지 확보했다. 4월 총선에서는 마지막 남은 의회 권력을 확보하여 사회주의 인민공화국으로의 개헌을 시도할 것이다. 이를 막지 못하면 이 땅의 보수 정치인들은 모두 역사의 죄인이 된다. 보수 정치의 본산이라는 대구의 보수 정치인들이여, 그대들은 역사의 죄인이 되려 하는가?

(매일신문, 2020년 1월 1일)

5. 보수 정치의 마지막 기회

국정감사의 계절이 돌아왔다. 언론에서는 정부나 공공기관의 비리나 문제, 실정이나 방만 경영이 심심치 않게 보도되고 있다. 일부 상임위에서는 여야 의원들이 고성을 내며 서로 다투는 모습도 보인다. 비록 곱게 보이지는 않으나 시끌벅적한 이 모습이 사실은 민주주의의 기본 원리인 견제와 균형이 작동되고 있다는 것을 의미한다. 어느 한쪽이 독주한다면 그것은 곧바로 자의적 국정 운영으로 연결되며 그 피해는 고스란히 국민의 몫이다.

지난 2년간 한국의 보수 정치는 국민으로부터 철저히 외면당했다. 집권 여당으로부터는 모든 악의 근원인 적폐 세력으로 몰렸고, 보수 유권자들조차 보수 정당에 등을 돌렸다. 이는 온전히 보수 정당과 보수 정치인들의 잘못에서 비롯된 것이다. 자신들이 만든 대통령이 탄핵을 당했는데도 어느 한 사람 책임을 지고 사죄와 함께 정계를 떠난 사람이 없다. 그저 눈치만 보면서 진보좌파에 의한 일방적 국정 운영에 들러리만 섰다.

진보좌파의 현실을 외면한 정책 추진 결과, 일자리는 사라지고 경제는 파탄 지경에 몰리고 있으며, 오로지 세금으로 공무원과 공공기관 직원만 늘려 미래 세대의 부담만 늘어나고 있다. 정부는 평화가 왔다면서 북한의 비핵화는 별 진전 없는데도 국제사회의 제재를 약화시킬 여러 제안을 쏟아내고 있다. 진정한 평화가 온다면 다행이지만 북한의 선의에 의존한 평화를 믿지 못해 불안해하는 국민이 많다.

사태가 이 지경인데도 보수우파는 여전히 한줌도 안 되는 극단적 지지자에 의존해 자신의 정치적 이익을 저울질하고 있다. 만일 이 나라와 국민이 어려움에 빠진다면 그 일차적 책임은 국정을 맡은 진보좌파가 져야겠지만, 이들을 견제해야 할 보수우파 세력도 그 책임을 면할 수 없다. 건강한 견제를 통해 국정의 균형을 잡아야 할 보수우파의 능력 상실은 대한민국 발전의 커다란 걸림돌이 되고 있고, 그로 인해 국민은 상상을 넘어선 큰 고난을 겪어야 할지 모른다.

지난 10월 8일, 자유한국당 가치좌표 재정립 소위원회가 새로운 보수가치와 좌표를 발표했다. 소위원장을 맡았던 필자는 지난 2개월간 다양한 활동을 통해 탄핵 이후 갈 길을 잃은 보수 정당이 지향해야 할 좌표와 방향을 고민해왔다.

결론부터 말하면 소위원회는 큰 국민·작은 국가, 힘찬 성장·공정 분배, 튼튼한 안보·당당한 평화, 따뜻한 공동체·준비된 미래라는 4대 모토 아래 도덕성을 중심에 두고 자유와 민주, 공정과 포용이라는 4대

기본가치를 그대로 가져가되, 하위 가치로서 핵심가치와 혁신가치를 각각 6개씩 선정하였다. 이 가치들을 실천하는 3대 원칙으로 책임성, 진정성, 투명성을 제시하였으며, '우리의 믿음'이라는 제목으로 11대 강령을 선정하였다. 그리고 이러한 보수우파의 가치가 진보좌파의 그것과 어떻게 다른지를 13개 분야에 걸쳐 비교적 관점에서 제시하면서 활동을 마감하였다.

이에 대한 평가는 예상했던 대로 싸늘하다. 과거와 크게 다르지 않은 그 밥에 그 나물이라는 것이다. 하지만 보수 정치의 역사 속에서 진정 새로운 가치나 좌표가 있을까? 그보다는 보수 몰락의 근본 원인인 도덕성 회복을 중심에 두었다는 점과 앞으로 이러한 내용이 어떻게 실천되어가느냐가 이번 보수가치 재정립의 핵심이다. 그래서 보수가치 재정립은 보수혁신의 시작이지 결코 끝이 아니다. 보수 정치의 재정립은 스스로 보수주의자라고 생각하는 정치인들의 자각과 행태의 변화, 그리고 참신한 보수 정치인의 등장을 통해 환골탈태하여 국민의 신뢰를 회복하고 기대를 받을 수 있을 때 비로소 가능한 것이지 가치와 좌표를 재정립했다고 이루어지는 것은 아니다.

한 가지 분명한 것은 지금이 보수 정치의 마지막 기회라는 점이다. 지금 일어나지 못한다면 2020년 총선에서 보수 정치는 철저하게 버림받을 것이다. 개헌 저지선 확보에 실패하여 진보좌파 세력에 의한 일방적 개헌을 막지 못할 것이고, 그로 인해 헌법정신인 자유민주주의와 시장경제의 근본 원칙을 지키지 못할 것이다.

지금 작은 이익을 모두 버리고 국민의 신뢰를 회복할 것인가, 아니면 다음 총선에서 국민에 의해 버림을 받고 이 나라의 사회주의화를 지켜볼 것인가. 선택은 보수 정치인들의 몫이다.

(디지털타임스, 2018년 10월 19일, 원제: 지금이 보수 정치의 마지막 기회다)

6. 보수의 본질과 가치

2017년 헌정 사상 최초의 대통령 탄핵 이후 한국정치는 진보 세력에 의해 일방적으로 운영되고 있다. 그들은 평등을 좌우명으로 삼아 신념에 바탕을 둔 국정운영을 시도하고 있다. 이전 보수 정권의 모든 정책은 청산의 대상인 적폐일 뿐이며, 자신들만이 정의라고 주장한다. 일부 비현실적 정책의 오류에도 불구하고 최근 하락하긴 했지만 문 대통령과 집권 여당에 대한 지지도는 여전히 높은 편이다. 그 주된 이유는 탄핵 이후 보수 정치가 길을 잃고 헤매고 있기 때문이다.

새가 두 날개로 나는 것처럼 우리 사회의 진보와 보수 세력이 균형 있는 양 날개가 되어야 한다는 것은 당연하다. 더 중요한 것은 새의 머리가 어디를 향하고 있느냐다. 활발한 날갯짓은 날기 위해 꼭 필요하지만 머리가 나아갈 방향을 제대로 잡지 못하면 새는 이리저리 헤맬 수밖에 없다. 이런 의미에서 보수 정치를 바로 세워야 하는 것은 보수라는 날개를 고치는 것과 함께 대한민국의 미래를 위해 나아갈 방향을 제대로 잡아야 한다는 점에서 매우 중요하다.

오늘날 대한민국의 많은 국민들에게 '보수'는 기득권과 부패, 반칙, 부도덕 등 온갖 부정적 이미지로 점철되어 있다. 특히 젊은 세대들에게 보수 세력은 기득권을 지키는 데 혈안이 되어 필요한 개혁을 외면하는 세력으로 각인되어 있다. 그러나 이는 보수주의 혹은 보수 정치와 정반대의 모습이다.

보수주의가 역사와 전통을 존중하는 것은 사실이지만 그것은 기득권을 지키려는 것과는 관계가 멀다. 오히려 보수주의자는 경쟁의 가치를 인정하고 노력의 차이에 따른 결과를 존중한다. 기회는 평등해야 하지만 결과는 불평등할 수 있다는 것을 인정한다. 진정한 공정성은 무조건적 평등이 아니라 노력에 따라 다른 결과의 차이를 받아들이는 것에서 비롯된다. 개인의 자유로운 선택을 중요시하지만 동시에 그것은 절대적인 것이 아니라 공동체의 이익에 부합해야 한다. 이 점에서 보수주의는 공화주의와 궤를 함께한다. 공화주의의 입장에서 보수는 화합과 통합을 중요시하고 경쟁에서 뒤처져 인간다운 삶이 어려운 사람들을 공동체가 보호해야 하며 극단적인 빈부 격차를 배격한다.

보수주의의 본질은 도덕성이다. 보수는 특히 명예와 봉사, 공동체를 위한 희생을 중요시한다. 이는 흔히 노블리스 오블리주라 불리는 것이다. 대한민국의 오늘이 있기까지 자신을 희생한 모든 애국지사와 순국열사들을 기억하고 그 후손들이 명예롭게 살 수 있게 돌봐야 할 의무가 바로 도덕성의 대표적 사례다. 이런 의미에서 일제 식민시대를 거처 광복을 이루기까지 희생한 순국선열들, 공산주의 침략에 맞서 이 나라를 구한 애국 전사들, 가난을 물리치기 위해 피와 땀을 흘리면서도 허리띠를 졸라매고 오늘날 눈부신 경제발전을 이룩한 산업화의 역군들, 그리고 독재로부터 이 나라의 민주주의를 지켜낸 민주열사들 모두 우리가 기억하고 자손만대 보답해야 할 순국선열이다.

보수의 가치는 고정불변의 교조적 이념이 아니라 우리 사회의 역사와 전통과 함께 성장하고 끊임없이 재창조되어왔다. 보수주의는 이념보다 현실을 더욱 중요시하고 문제 해결을 위한 기제로 작동한다. 보수적 가치가 현실의 문제를 해결하지 못한다면, 보수주의자들은 당면한 문제 해결을 위해 새로운 가치를 찾아 나선다.

자유민주주의와 시장경제는 보수주의가 지향하는 제도적 가치지만 고정된 것이 아니라 우리가 처한 현실의 문제를 보다 더 잘 해결하기 위해 끊임없이 변화한다. 경제민주화 조항을 헌법에 포함한 것도 바로 이러한 자율성과 적응성의 반영이다.

무더위 끝에 선선한 바람이 불기 시작했다. 날씨의 변화처럼 보수 정치의 앞날에 변화의 가능성을 볼 수 있을까? 보수 정치 바로 세우기는 한국 보수 정치의 미래만이 아니라 대한민국의 미래를 위해서도 반드시 필요하다. 그것은 잘못 알려진 보수주의와 보수 정치에 대한 바른 이해로부터 출발해야 한다.

(디지털타임스, 2018년 9월 13일, 원제: 保守, '수구기득권' 오해에 분노해야)

7. 지금의 위기는 보수주의자들의 책임이다

정기국회의 국정감사는 흔히 '야당의 시간'이라고 한다. 그러나 21대 국회의 첫 국정감사에서 야당은 별다른 성과를 보이지 못하고 있다. 한편에서는 야당의 투쟁성이 떨어지고 지엽적인 문제에 얽매여 제 역할을 못했다고 비판하고, 다른 쪽에서는 여당의 방탄국회 운영으로 사실상 국정감사가 공전되었다고 한다.

175석의 절대다수 의석의 여당에 비해 야당의 의석이 매우 적고 상임위원장 모두를 여당이 독식한 구조에서 야당의 투쟁이 한계가 있음은 부인할 수 없지만 그것이 야당의 면죄부가 될 수는 없다. 야당은 국정감사를 통해 정부 여당의 책임을 부각시키고 창의적 비전과 정책을 제시하여 야당의 집권 가능성을 높여야 했다. 이런 점에서 국민의힘은 총체적으로 실패했다. 그러니 서해상에서 실종 공무원 사살 및 시신 소각 사건과 라임 및 옵티머스 펀드 사기 사건에 청와대 행정관 관련 의혹 등 여당의 악재가 쏟아져도 국민의힘 지지도는 오르지 않는다. 무엇이 이처럼 야당을 무기력하게 만들었는가.

김종인 비대위는 5·18 광주민주화운동에 대한 전향적 태도와 당명 변경, 경제민주화 등 변화를 시도했지만 그뿐이었다. 이름을 바꾸고 정강정책을 수정해도 국민들은 그 밥에 그 나물로 본다. 문재인 정부의 임기가 불과 1년 반 남았음에도 국민의힘이 대안으로 부상하지 못하는 것은 야당의 실패를 넘어 이 나라 보수주의자들의 본질적 문제 때문이라고 보아야 한다.

미국에서는 연방 대법관 후보 에이미 코니 배럿(Amy Coney Barret)의 인사청문회가 시작되었다. 배럿은 대부분의 대법관이 졸업한 명문 하버드나 예일대학 출신이 아니라 지방 대학인 인디애나주 노틀댐대학 출신이다. 명문대 진학이 충분할 정도로 뛰어난 능력이 있었던 배럿 스스로 노틀댐을 선택했다고 한다. 그녀는 법 해석 시 그 법이 제정될 당시의 역사적 배경과 상황, 입법 의도 등을 문구를 통해 충실히 해석하는 원전주의에 충실한 문언주의자(textualist)이다.

그런 배럿이 연방대법관 후보로 지명된 것은 트럼프 대통령의 즉흥적 판단이 아니었다. 1987년 레이건 대통령이 지명한 로버트 보크 대법관 후보가 인준에 실패했고, 1990년 아버지 부시 대통령이 지명한 데이빗 수터 대법관은 진보 성향으로 바뀌었다. 연방대법원이 다수의 진보파에 의해 구성되자 위기를 느낀 미국 보수 지식인들은 로펌, 학계, 기업, 연구소 등에 흩어진 법조인 중 최고의 자질과 능력을 지닌 젊은 보수주의 법학도를 찾는 네트워크를 구성했고, 이에 발탁된 사람이 배럿이었다. 보수주의자들은 그녀의 논문과 판결을 면밀히 분석하여 보수주의를 대표할 법조인으로 낙점했고 로스쿨 졸업 후 꾸준히 각종 요직에 추천하여 경력을 쌓도록 기회를 부여했다. 그렇게 성장한 48세의 배럿이 상원 법사위의 인준 청문회에 선 것이다.

연방대법관 한 사람을 지명하기 위해 30년을 꾸준히 키워온 미국 보수파 법조계의 노력에 비하면 우리나라 보수주의자들의 사람 키우는 노력은 없는 것과 마찬가지다. 보수 정당의 정치 신인 발굴 노력이 없었던 것은 아니지만, 영입된 사람들이 정말 보수주의를 대표할 최고의 자질과 능력을 보유한 보수주의자인지 검증조차 없었다. 정계에서는 경쟁 상대로 인식하여 능력 있는 보수 정치인으로 성장하는 것을 오히려 견제하고 막는 데 급급했다. 지금 보수우파가 진보좌파 집권 세력을 효과적으로 견제할 능력을 완전히 상실하고 이 나라의 미래가 바람 앞의 등불처럼 위태로워진 것은 보수주의자들의 인재 발굴 및 양성 체계의 부재와 무관하지 않다.

지금 이 나라는 70년에 걸친 노력이 물거품이 될 위기에 처해 있다. 보수주의자들은 위기를 극복할 사람을 키우지 않으면서 비판과 한탄만 하고 있다. 아이 하나를 잘 키우려면 마을 전체가 함께 노력해야 한다는 속담이 있다. 미래를 짊어질 최고의 자질과 능력을 지닌 보수 정치인들을 키우지 못한 이 땅의 보수주의자들은 역사 앞에 그 책임을 통감해야 한다. 지금이라도 유능하고 품격 높은 보수 정치인을 양성할 체계를 만들어야 한다. 시작이 반이라고 하지 않는가.

(매일신문, 2020년 10월 15일)

8. 윤석열은 진정 보수우파의 대안인가

　한길리서치가 11월 7~9일 전국 만 18세 이상 유권자 1천22명을 대상으로 조사한 '여야 차기 대선후보 지지도'에서 윤석열 검찰총장은 24.7%의 지지율로 이낙연, 이재명 등 두 여권 후보들에 앞서 처음으로 1위에 올랐다. 정작 본인은 대선후보 여론조사에서 빼달라고 했고, 지금까지 단 한 번도 정치 참여 의사를 밝힌 적이 없는데도 말이다.

　윤 총장이 높은 지지를 받게 된 것은 단연 추미애 법무부 장관의 공이 크다. 추 장관은 검찰에 대한 인사권 행사를 통해 윤 총장의 수족을 잘라내 고립시켰고, 윤 총장에 대한 수사지휘권, 감찰권 등 예외적으로만 행사되어야 할 권한을 수시로 행사하여 검찰총장을 무력화시켰다. 기회가 있을 때마다 윤 총장을 비난했고 그것도 모자라 수시로 윤석열 검찰의 살아 있는 권력에 대한 수사를 방해했다. 급기야 국정감사에서 검찰 특수활동비를 윤 총장이 쌈짓돈 쓰듯 하면서 자신이 임명한 이성윤의 중앙지검에는 보내지도 않았다고 했다가 오히려 법무부와 청와대, 국정원의 특활비를 조사하자는 여론의 뭇매를 맞고 있다.

이것이 추 장관 개인의 판단일까. 검찰총장 지명 시 여권은 윤 총장을 검찰개혁의 최고 적임자라고 추켜세웠다. 정확한 판단이었으나 그들은 윤 총장이 사람이나 정권에 충성하지 않는 진짜 검사라는 사실을 간과했다. 아니, 그보다는 자신들은 항상 옳다는 도그마에 빠져 자신들만 선이고 정의이며, 윤 총장도 한편이라고 믿었다고 해야 옳다.

윤 총장은 살아 있는 권력이든 죽은 권력이든, 고위층이든 서민이든 상관없이 법은 공평해야 하며 범죄로부터 국민을 지키는 것이 검사의 의무라고 믿는다. 그런 그가 적폐청산 수사에 나선 것은 정책의 시시비비를 따진 결과가 아니라 정책 추진 과정에서 불법 의혹 때문이지 한편이어서가 아니었다. 국정원 특수활동비 20억 원이 청와대에 전달된 것도 그것이 불법이기 때문에 수사 후 기소한 것이지 문재인 정부가 요구해서 그리 된 것이 아니었다. 그럼에도 청와대와 여권은 윤 총장이 적폐청산의 도구로서 자신들이 기대한 바를 충실히 이행해준다고 생각했을 것이다.

그런 윤 총장이 지방선거 당시 울산에서 대통령 친구인 송철호 현 울산시장 당선 과정에서의 청와대 하명수사 의혹을 그냥 넘어갈 리 없었다. 유재수 감찰 무마 의혹도, 조국 전 법무 장관의 인사청문회 과정에서 불거진 불법 의혹도 마찬가지다. 불법행위의 수사와 기소는 검사의 신성한 의무이며 개인의 친소 관계나 정권과의 관계에 좌우될 수 없다는 윤 총장이 자신은 항상 정당하다는 여권과 갈등을 일으키는 것은 당연하다. 그런 윤 총장에 대한 압박이 그를 정치적 거물로 만들고 있는 것이다.

대검찰청에 대한 국정감사에서 퇴임 후를 묻는 질의에 대해 국민과 사회를 위해 무엇을 할 수 있나 고민하겠다고 대답한 것을 두고 정치권과 언론은 그가 정치 참여 의사를 밝힌 것으로 해석했다. 신임 부장검사와 차장검사들에 대한 훈시에서 검찰개혁의 당위성을 이야기하면서 공정한 검찰, 국민의 검찰, 검찰의 주인은 국민, 살아 있는 권력에 대한 수사를 강조한 것을 두고는 윤 총장이 전국 유세를 하며 정치행보를 하고 있다고 비난했다. 월성 1호기 관련 압수수색은 법원이 영장을 발부하지 않으면 할 수 없는 일이다. 그런데도 이낙연 더불어민주당 대표까지 나서서 수사 중단을 요구했다. 수사하면 현 정권에 치명적 타격이라도 입을 것을 염려한 것인가. 검찰이 만일 수사를 멈춘다면 그것이야말로 스스로 정권의 충견임을 자백하는 일이다.

살아 있는 권력에 대한 수사가 칭찬받을 일이지 비난받을 일은 아니다. 역대 어느 검찰이 살아 있는 권력에 이처럼 칼을 들이대고 수사한 적이 있는가. 현직 검찰총장인 윤 총장이 대선후보로 거론되는 것은 분명 잘못된 일이지만 이는 청와대와 여당이 만든 것이다.

윤석열 총장이 보수우파의 대안이 될 수 있을까. 현재로서는 아무도 모른다. 분명한 것은 윤 총장에 대한 압박이 거세질수록 그를 보수 우파의 대안으로 생각하는 유권자가 늘어날 것이라는 사실이다. 대검과 대전지검 앞에 늘어나는 화환의 수처럼 말이다. 그를 지지하는 사람들은 이렇게 외친다. 땡큐 추미애, 땡큐 더불어민주당!

(매일신문, 2020년 11월 12일)

개헌과
적폐청산

CHAPTER
06

개헌과
적폐 청산

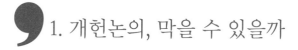

1. 개헌논의, 막을 수 있을까

개헌논의를 두고 집권 여당의 대표와 청와대 간에 볼썽사나운 싸움이 벌어졌다. 싸움의 시초는 김무성 대표가 제공했다. 중국 방문 중 기자 간담회에서 행한 뜬금없는 개헌논의 봇물 발언은 누가 봐도 부적절했다. 그것도 대통령이 정상외교를 위해 국내를 비운 사이에 정기국회가 끝나면 대통령이 명시적으로 반대한 개헌논의가 봇물 터지듯 나올 것이라 주장한 것은 어떤 이유로도 이해하기 어렵다.

조금이나마 위안이 되는 것은 바로 다음날, 김 대표 스스로 이를 철회하고 대통령에게 직설적으로 사과했다는 점이다. 하지만, 이미 뱉은 말을 어찌하랴. 오히려 야당에 제왕적 대통령의 모습을 그대로 보여주었다는 강한 비판의 빌미를 제공한 꼴이 되고 말았다.

그런데 이어서 더욱 해괴한 일이 벌어졌다. 이번엔 청와대의 고위 관계자라는 사람이 스스로 기자실에 들러서 김 대표의 발언이 실언이라고 생각지 않는다고 직격탄을 날렸다. 이미 사과까지 나온 개헌논의 발언에 대해 청와대가 여당 대표를 직접 비난하고 나선 것이다.

필자는 수년간 정치 관련 평론을 해왔지만 이처럼 황당한 일은 일찍이 본 적이 없다. 대통령과 여당 대표의 의견이 서로 다를 수는 있지만, 국민과 야당 앞에 드러내놓고 여당 대표를 면전에서 면박을 주는 것은 정치도의가 아니다. 그렇게 한 청와대의 계산은 무엇일까.

1987년 민주화 과정에서 제정된 현행 헌법에 대하여 오래전부터 여야 정치권은 물론 많은 전문가도 개헌의 필요성에 대하여는 공감해왔다. 국회는 수차례에 걸쳐 개헌특위를 운영해왔고 학계에서도 이에 부응하여 권력구조를 비롯해 개헌의 핵심적 이슈들에 대해 많은 연구 결과를 쏟아냈다.

그러나 현실 정치에서는 개헌문제가 나타날 때마다 집권 세력은 이에 반대해왔고, 야당이나 여당 중 비주류는 항상 개헌을 논의하자고 주장해왔다. 이번에도 다르지 않았다. 여느 때처럼 몇몇 의원들이 개헌의 필요성을 주장했고, 필요성에는 공감하지만, 그것이 왜 하필 지금이어야 하는가를 두고 설왕설래했다.

개헌논의의 확산을 조기에 차단하기 위해 박 대통령은 개헌논의가 다른 모든 정책 논의를 일시에 빨아들일 블랙홀이 될 것을 우려하며 공개적인 반대를 천명했다. 그러자 야권에서는 기다렸다는 듯이 제왕적 대통령이다, 월권행위다 하면서 강력히 비난하기 시작했다.

여기까지는 과거 수차례에 걸친 개헌 관련 논의 과정과 별 차이가 없다. 그러나 김무성 대표의 중국 발언과 이에 대한 청와대의 직격탄은 상황의 심각성을 크게 더하면서 피하고 싶은 개헌논의를 오히려 정국의 중심으로 몰아가고 있다.

대통령으로서 임기 중반을 향해 가는 시점에 개헌논의가 본격화되는 것이 반가울 리 없다는 것은 이해할 수 있다. 그러나 대통령이 공개적으로 개헌논의 불가를 언급하여 개헌논의의 주체가 되는 국회의원들이나 국민의 입을 막을 수 있을까. 아니, 논의하지 말라고 하면 더 하지는 않을까.

김무성 대표의 발언이 의도적으로 나왔다고 생각되어도 그의 사과를 바보처럼 묵묵히 수용했다면 어찌 되었을까. 더 이상 개헌 얘기를 하지 않겠다는 김 대표를 굳이 강하게 면박을 주면 개헌논의를 잠재울 수 있을까.

만일 대통령이 지금은 개헌논의를 할 시기가 아니라고 생각하지만, 국회가 개헌을 논의하려 한다면 내가 어떻게 막을 수 있겠는가. 다만 개헌논의로 인해 시급한 민생법안이나 경제 회복을 위한 법안 등 현안의 처리가 지연되지 않도록 최선을 다해주었으면 좋겠다는 정도의 입장을 표명했더라면 어찌 되었을까.

정치는 겉으로 보이는 것만으로 판단할 수는 없다. 그러나 이번 청와대의 개헌논의 저지 시도는 오히려 긁어 부스럼을 만들 가능성이 커졌다. 참으로 답답한 상황을 스스로 만들어가는 청와대를 보면서 호미로 막을 것을 가래로도 막지 못한다는 속담이 생각나 쓴웃음을 지울 수 없다.

(서울신문, 2014년 10월 25일)

2. 개헌, 애시당초 글러먹은 이슈?

우여곡절 끝에 20대 국회의 막이 오르자 여소야대 정국에서 국회의 장이 된 정세균 의장의 첫마디는 뜻밖에도 수년 동안 정계의 뜨거운 감자였던 '개헌'이었다. 그는 개헌이 '결코 가볍게 꺼낼 얘기는 아니지만 언제까지 외면하고 있을 문제도 아니며, 누군가는 반드시 해야 할 일'이라고 천명함으로써 20대 국회 전반부에 개헌을 적극적으로 추진하겠다는 의지를 분명히 밝혔다.

개헌 문제를 들으면서 문득 이효석의 〈메밀꽃 필 무렵〉의 첫머리가 생각났다. 1936년 「조광(朝光)」이라는 잡지에 발표된 이 소설은 이렇게 시작된다. "여름장이란 애시당초에 글러서, 해는 아직 중천에 있건만 장판은 벌써 쓸쓸하고 더운 햇발이 버려 놓은 전 휘장 밑으로 등줄기를 혹혹 볶는다." 농사로 한창 바쁜 여름 장날에 사람들이 북적거릴 수 없다는 것을 맛깔스럽게 표현한 것이다. 우리의 개헌 문제와 어쩌면 그리도 닮았을까. 1987년 민주화와 함께 탄생한 현행 헌법은 30년 가까운 세월을 거쳐오면서 현실에 맞지 않는 문제들이 누적돼왔다. 이에 따라 개헌 문제는 정치권에서 심심치 않게 거론돼왔다. 그러나 모두 그뿐이었다. 자신의 정치적 의제와 일정에 여념이 없는 정치권에 개헌 이란 마치 〈메밀꽃 필 무렵〉의 여름장처럼 '애시당초' 글러먹은 것이었다.

노무현 전 대통령은 임기 말 소위 원포인트 개헌으로 대통령과 국회 의원의 임기를 일치시켜 정치 비용을 줄이자고 주장했지만 다음 대선을 떼 놓은 당상으로 여겼던 당시 한나라당으로서는 대꾸할 가치조차 없는 정략적 제안으로 치부됐다. 19대 국회 전반부 당시 김형오 국회 의장의 취임 일성도 역시 개헌이었다. 그는 재임 기간 내내 개헌특위와 자문위를 만들어 다양한 대안을 개발하고 퇴임 후에도 적극적으로 개헌 전도사 역할을 했다. 하지만 선거를 앞둔 정치 세력에 개헌이란 그저 적당히 입장을 유지하다가 정권을 잡으면 피하고 싶은 문제였다. 정권 초기부터 굳이 블랙홀처럼 모든 이슈를 빨아들일 개헌을 공론화해 국정과제 추진을 위한 동력을 약화시키는 일을 스스로 하겠는가 말이다.

가깝게는 2014년 김무성 대표가 중국 방문 때 개헌 문제를 꺼냈다가 청와대의 반발과 함께 꼬리를 내렸고, 2015년 11월 친박계 홍문종 의원이 꺼내자 야권이 친박발 장기 집권 음모라고 강하게 비판하면서 흐지부지됐다. 그런가 하면 현재 야권의 잠재적 대권 후보로 거론되는 문재인, 손학규 등 정치인들도 과거 한두 차례씩은 개헌 문제를 거론한 바 있다. 이처럼 개헌은 거론은 하되 굳이 추진할 이유가 없는 애시당초 글러먹은 이슈였다.

지금까지 정치권이 거론한 개헌 문제는 수많은 이슈 중 단 하나, 권력구조의 문제뿐이었다. 대통령제를 계속할 것인가, 내각제나 이원집정부제 등 분권형 대통령제로 바꿀 것인가, 또는 5년 단임제의 문제점을 극복하고자 4년 중임제로 갈 것인가 등을 자신의 정치적 이해관계 속에서 논의를 반복해왔다. 문제의 성격상 정답이 있을 수 없기도 했지만, 논의 당시의 정치적 이해관계에 따라 입장을 선택하다 보니 여야가 바뀌면서 서로 상대방의 주장을 반복하는 우스운 꼴도 보였다.

87년 체제로 불리는 현행 헌법은 권력구조를 넘어선 많은 의제를 내포하고 있다. 국민 기본권의 확장과 복지국가화, 국민통제 강화와 투명성 제고, 의회의 대통령 및 행정부 견제 능력의 제고, 영토 규정과 통일에 대비한 헌법 체제, 검찰권 독립을 위한 논의, 정보화에 따른 변화 등 많은 문제가 국민적 합의를 기다리고 있다. 문제는 이 수많은 의제는 고사하고 권력구조 하나에 대하여도 정치권의 합의를 도출하기가 매우 어렵다는 사실이다. 게다가 시간도 개헌론자의 편이 아니다. 개헌 문제는 늘 정권 후반부에 논의되기 시작하다가 대선과 함께 절정에 이르고, 대선 후에는 새 정권에 의해 뒤로 미뤄지곤 했다.

정세균 의장이 개헌 카드를 꺼낸 것은 이를 통해 정치적 이익을 취하려는 의도가 아닌 것은 분명한 것 같다. 스스로 주장한 것처럼 수많은 사람이 필요성은 인정하면서도 이루지 못했던 일을 해야 하기 때문일 것이다. 또다시 개헌이 한여름 장날처럼 애시당초 글러먹지 않기를 바랄 뿐이다.

(서울신문, 2016년 6월 15일)

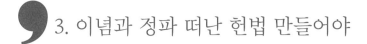

3. 이념과 정파 떠난 헌법 만들어야

　대선 때마다 개헌 공약이 있었지만 당선과 함께 잊혀졌던 개헌이 첫 발을 떼게 됐다. 국회 구성상 개헌안이 통과될 가능성은 희박하지만 전문과 11개 장 137개 조항, 9개의 부칙으로 이루어진 개헌안은 향후 많은 논란을 예고하고 있다.

　대통령 개헌안은 인간으로서의 천부인권과 국민의 기본권을 확장했다는 점에서 1987년 헌법보다 진일보했다. 또 동일가치 노동, 동일 수준 임금의 원칙을 천명함으로써 우리 사회의 큰 문제인 정규직과 비정규직의 임금 격차 문제를 원천적으로 해결하고 있다. 국회 구성에 있어 의석의 비례성 제고, 대선에서의 결선투표제 도입, 감사원의 독립성 제고, 지방분권 강화 등은 바람직한 변화이다.

그러나 향후 논란이 예상되는 부분도 많다. 우선 헌법 전문은 3·1운동과 임시정부의 법통 계승과 함께 4·19 혁명, 부마항쟁, 5·18 민주화운동, 6·10 민주항쟁 등 민주화운동만을 적시했다. 민주화와 함께 대한민국의 오늘이 있기까지 이 나라를 지켜온 호국정신과 온갖 어려움을 극복하고 경제발전을 이룩한 산업화의 노력을 반영해야 한다는 논란이 있을 수 있다.

대통령이 강조해온 지방분권은 개정안 제1조 3항에 추가됐다. 헌법 1조는 대한민국이 민주공화국임과 모든 권력은 국민으로부터 나온다는 국가구조의 대원칙을 선언하는 상징적 조항이다. 우리나라에 과도한 중앙집권화가 이루어진 것이 사실이라도 지방분권이 이처럼 국가성립과 구조의 근원적 조항의 성격을 갖고 있다고 보기는 어렵다.

지방분권은 제97조의 국가자치분권회의 신설과 제9장(제121조~124조)에서 지방정부와 지방재정권 독립에서 절정을 이룬다. 특히 제124조는 지방의회의 독자적 조세권과 재정분권을 규정한다. 동조 4항은 국가와 지방정부, 지방정부 상호 간에 법률이 정하는 바에 따라 적정한 재정조정을 시행한다고 함으로써 지방정부 간 재정격차의 조정을 정하고 있지만, 현실에서 과연 경제력 격차가 매우 큰 지방정부들 간 재정조정이 필요에 따라 적절하게 이루어질 수 있을지는 의문이다. 지방분권의 대원칙이 제1조에 천명돼 있어 지방정부가 이를 바탕으로 재정조정 관련 법률의 위헌 또는 헌법불합치를 주장할 수 있다. 급격한 고령화와 지역사회의 인구감소를 고려할 때, 지나친 지방분권은 이론적으로는 바람직할지 몰라도 미래를 반영하지 못한다. 따라서 지방분권은 헌법보다 법률 수준에서 규정하는 것을 고려해야 한다.

개헌안은 임기 4년의 대통령 연임제를 규정하고 있다. 그러나 개헌 문제의 핵심으로 지적돼온 대통령의 권한 분산과 견제와 균형의 원칙을 재정립하기 위한 권력기관장 선임방식의 개편 관련 규정은 없다. 그렇다보니 야권으로부터 5년 단임의 제왕적 대통령제를 8년으로 늘린 것뿐이라는 비판이 나오고 있다.

개헌안은 대통령제와 의원내각제의 기형적 산물인 국무총리제를 그대로 유지하면서 총리의 권한 강화나 책임총리제에 대해서는 대안을 제시하지 않았다. 국회의원의 겸직에 관하여도 법률로 정하는 직만 겸할 수 없도록 함으로써 광범위한 겸직 가능성을 열어놓고 있다. 이는 근본적으로 삼권분립의 원칙에 어긋나며 국회에 의한 대통령과 행정부의 견제와 균형을 구조적으로 어렵게 만드는 한계라는 점에서 국회의원의 겸직은 원칙적으로 금지해야 한다.

한편 개헌안 137개 조항 중 상당수가 과연 헌법에 규정돼야 할 정도로 국가의 근본 원칙과 제도에 해당하는지 재검토가 필요하다. 대표적으로 선거연령을 18세로 낮추는 것을 과연 헌법에 규정해야 하는가. 소비자 보호를 비롯한 경제 관련 규정의 상당 부분도 헌법에 규정할 정도의 근본 규범인가는 의문이다. 소작제의 원천금지처럼 시대적 소명이 끝난 조항도 재검토돼야 한다.

헌법은 국가의 근본 규범이다. 대한민국의 성립과 국가의 소명, 국민과 인간으로서의 기본권, 자유민주주의와 시장경제의 효율성을 극대화하면서 동시에 공정하고 정의로운 분배가 이루어져 국민 모두가 행복하게 살 수 있는 국가 철학과 규범이 포함돼야 한다. 대통령의 개헌안 발의를 계기로 이념과 정파를 떠나 바른 헌법이 만들어질 수 있도록 국민과 함께 기대해본다.

(세계일보, 2018년 3월 26일, 원제: 이념과 정파 떠난 헌법 만들어져야)

4. 특별사면 논란, 적폐청산의 계기로 삼아야

　논란 속에 이명박 정부의 마지막 특별사면이 단행됐다. 청와대는 이번 특사가 원칙에 의해 공정하고 투명하게 이루어졌다고 하지만 최시중, 천신일, 박희태 등 대통령 측근들이 포함됨에 따라 보은사면이라는 비난을 면하기 어렵게 됐다.

　특별사면이 헌법 제79조에 규정된 대통령의 고유권한이고, 역대 정부들이 모두 관행처럼 임기 말 특사를 단행했었다는 점은 부인할 수 없다. 또 사법권의 오남용이나 실책이 있을 경우, 이를 최후에 바로잡을 수 있다는 긍정적 측면도 있다. 그러나 특별사면은 사회통합을 위한다는 명분에도 불구하고 3권분립의 근간을 흔들고 끼워넣기를 통해 측근비리를 덮는 데 악용되어왔으며, 기업인들에 대한 잦은 사면으로 법적 형평성을 저해해왔던 것도 사실이다. 또 이번 사면의 과정에서는 현 정부와 대통령 당선인 측의 정면충돌이 있었다는 점에서 대통령의 사면권과 관련된 몇 가지 중요한 문제를 제기하고 있다.

우선 이번 사면에 대한 비판론의 주요 근거는 대통령의 측근인사들이 사면대상에 포함돼 있다는 사실이다. 국민적 공감대가 없는 상태에서 비리를 저지른 측근인사들을 사면하는 것은 비난을 받아 마땅한 일이다. 하지만 비난에 앞서 이들이 사면대상에 포함될 조건을 충족시켰는지, 사면조건은 합리적 기준이었는지, 그리고 사면심사위원회 등 모든 절차가 합법적이고 투명하게 진행되었는지에 대한 논의가 있어야 한다. 이러한 과정 없이 비난부터 하는 것은 정치적 수사의 수준을 넘기 어렵다.

이번 사면에서 논란이 될 수 있는 또 하나의 문제는 대통령 당선인과 현직 대통령의 관계에 관한 문제이다. 박근혜 당선인은 이번 사면의 부당성을 수차례에 걸쳐 공개적으로 제기함으로써 이 대통령에 대해 압박을 가했다. 당선인도 국민의 한 사람이고 잘못된 사면권의 행사에 대하여 문제를 제기할 수 있다는 주장도 있다. 사면권이 대통령의 고유권한이기는 하지만 국민적 동의 없는 행사는 사면권의 남용이라는 주장도 설득력이 있다. 또 당선인에 대한 국민적 요구가 크다거나 그냥 있기에는 정치적 부담이 크다는 것도 이해할 만하다.

그럼에도 불구하고 현직 대통령에 대한 당선인의 소통방식은 바람직했다고 보기 어렵다. 무엇보다 인수위가 대통령의 사면에 대하여 문제를 제기하는 것이 그 기능의 범위에 포함되는 것인가의 문제가 있다. 또 아직 이루어지지 않은 대통령의 행위에 대하여 문제를 제기하는 것이 당선인의 권한 범위 내에 있느냐도 논란이 될 수 있다.

이번 특별사면에 대하여 문제를 제기하는 방식도 조용하게 청와대를 설득했어야 했고, 그것이 실패했을 경우 당선인 입장에서의 유감표명 정도로 마무리했어야 했다. 언론은 신구 정권 간의 갈등 또는 충돌로 표현하지만, 이번 사태는 현직 대통령에 대한 당선인의 간섭이라는 전례를 남기는 것이며 대통령 권력의 레임덕 현상에 공식적 마침표를 찍는 결과를 초래할 수 있다. 잘못된 사면권 행사의 효과는 1회로 그치지만 대통령과 당선인의 관계는 개인의 문제가 아니라 헌법적 권한에 대한 문제다.

임기 말 사면은 역대 정부에서 관행처럼 이루어진 일이었기에 이에 대한 반성과 개선이 필요하다는 목소리도 새로운 것이 아니다. 이번만큼은 말로만 그칠 것이 아니라 사면권의 남용이 불가능하도록 사면법을 개정해야 할 것이다. 이 점에서 18대 대선은 큰 의미를 갖는다. 크게 조명되지는 않았지만 이번 대선은 역대 어느 선거보다 소규모의 선거자금이 투명하게 운영되고 집행된 선거이기 때문이다. 역대 정부의 특별사면이 제 식구 챙기기의 성격을 가질 수밖에 없었던 것은 바로 선거과정에서 신세를 졌다는 의식에서 비롯된 것이었기 때문에 이번에야말로 구태 정치를 청산하고 새 정치를 구현할 수 있는 계기가 돼야 한다.

대통령의 사면권은 오남용의 가능성과 더불어 사법적 실책을 교정할 수 있는 긍정적 효과도 있다. 그러나 민주주의가 성숙되어갈수록 사법적 실책의 가능성도 줄기 때문에 사면권 행사의 요건을 보다 엄격하게 하여 정치적 남용의 가능성을 줄여야 할 것이다.

(이데일리, 2013년 1월 31일, 원제: 특별사면 논란, 구태정치 벗어날 계기로 삼아야)

5. 적폐청산, 방향도 방법도 문제 많다

국가정보원 '적폐청산 TF'가 원세훈 전 국정원장 시절 이명박 정부에 비판적인 활동을 해온 다수 연예인과 PD, 문화예술계 인사들의 출연을 막거나 지원을 끊는 등 있을 수 없는 권력 남용을 확인해 검찰 수사가 진행 중이다. 늦었지만 옳은 일이다.

하지만 여당과 청와대가 KBS와 MBC 경영진을 교체하려는 것을 '적폐청산'의 최우선 과제로 추진하는 것은 납득하기 어렵다. 권력이 직접 나서서 강제적으로 교체하려니 언론 탄압이라는 비판이 두려워 노조가 앞장서서 부당 노동행위를 명분으로 내세워 사장 물러가라고 목소리를 높이고 있다.

이뿐만이 아니다. 문재인 정부는 적폐청산을 명분으로 이명박·박근혜 정부에서 있었던 일들을 재조사해 검찰에 고발하고 있다. 우리 사회의 적폐를 청산하겠다는 데 반대할 이유는 없다. 오히려 파사현정(破邪顯正)이라는 말처럼, 잘못된 것은 반드시 바로잡아야만 한다. 그러나 우리 사회의 적폐가 오로지 이명박·박근혜 정부에서만 있었다고 한다면 동의할 수 없다. 또, 자신들의 잣대만 가지고 적폐와 적폐세력을 규정해 갈등과 분열을 키우는 것에는 단호히 반대한다. 노조의 경영권 침해를 당연시하면서 경영진 교체를 목적으로 한 파업의 불법성에는 눈 감고 정권에 우호적인 언론방송 환경을 만들려 한다면 용납할 수 없다.

문화예술인들의 활동에 대한 정권 차원의 개입은 있을 수 없는 일이다. 과거 원세훈 국정원의 블랙리스트 운영은 이번 기회에 단호히 처리돼 다시는 재발하지 않도록 해야 한다. 하지만 이처럼 노골적이진 않았더라도 정권이 교체될 때 문화예술인의 출연 배제와 각종 시민사회단체나 문화예술단체에 대한 지원 중단과 축소 사례는 반복돼왔다. 진보 정권이 들어서면 보수 성향의 시민사회단체나 문화예술단체에 대한 지원은 급격히 줄어든다. 반대로 보수 정권이 들어서면 진보 성향의 단체들에 대한 지원이 줄어든다.

중앙정부만이 아니라 지방자치단체도 마찬가지다. 박원순 시장의 서울시가 과거 오세훈 시장의 서울시와 시민사회단체나 문화예술단체 지원의 행태가 얼마나 달랐는지를 비교해보면 쉽게 알 수 있다. 그뿐인가? 서울시가 운영하는 교통방송의 진행자와 출연자들을 비교해보라. 시(市) 권력의 교체가 방송 출연자들의 구성에 어떤 영향을 미쳤는지 쉽게 알 수 있을 것이다.

언론 노조의 방송 편성권에 대한 개입도 쉽게 확인된다. 필자는 2008년 한·미 자유무역협정(FTA) 법안의 국회 통과 당시 YTN에서 방송한 적이 있다. YTN 노조는 성명을 발표해 필자의 발언을 문제 삼았고, 이어서 이미 출연이 예정돼 있던 몇 차례 방송에서 필자를 배제했다. 박근혜 전 대통령이 탄핵으로 청와대를 떠날 때 KBS 특집방송에서 문재인 당시 더불어민주당 전 대표의 행보를 비판적으로 논평했던 필자에 대해 KBS 노조는 성명을 통해 출연 배제를 요구했다.

이처럼 언론이나 방송이, 또는 노조가 정권 교체와 함께 출연자를 교체하거나 지원대상 단체를 바꾸는 일이 정당하다는 게 아니다. 원세훈 국정원의 문화예술계 블랙리스트 운영을 대충 넘기자는 건 더더욱 아니다. 오히려 차제에 과거 우리 사회에서 관행처럼 여겨져왔던 언론과 방송의 '정권 바라기'를 확실하게 뿌리 뽑자는 말이다. 그러자면 원세훈 국정원의 블랙리스트 사건을 철저히 파헤쳐 청산하되, 이것만을 표적으로 적폐청산을 내세우는 작금의 접근은 잘못됐다. 더 광범위한 조사를 통해 과거를 함께 반성하고, 이를 청산하자고 해야 옳다. 공영방송 사장을 교체하기 위해 야당 추천 이사들의 개인 비리를 들춰내자거나, 그들의 직장에 쫓아가 시위를 하는 문화혁명기 홍위병 같은 노조의 행태는 더더욱 부적절하다.

작금의 적폐청산 방식은 빈대를 잡기 위해 초가삼간 태우는 잘못을 범하는 것과 같다. 맹자(孟子)에 '천시불여지리(天時不如地利), 지리불여인화(地利不如人和)'라는 말이 있다. 하늘의 때를 얻는 것은 지리적 이점을 확보하는 것만 같지 못하고, 지리적 이점을 갖는 것은 사람의 화합을 얻는 것만 같지 못하다는 말이다. 나라의 경영도 이와 같다. 지금이 어느 때인가? 북한의 핵과 미사일 위협에 나라의 운명이 풍전등화(風前燈火)처럼 위태로운 때가 아닌가? 적폐청산도 중요하지만, 국민을 갈등과 분열로 몰아넣는 것은 미래를 위해 결코 바람직하지 않다.

(문화일보, 2017년 9월 21일)

6. 사법부 코드 인사는 심각한 적폐다

　문재인 정부 출범 100일이 지났다. 박근혜 정부와 비교되는 문 대통령 내외의 서민적 행보와 국민과의 격의 없는 소통 노력의 결과에 많은 국민은 광화문 촛불시위에 나선 보람을 느끼고 있다. 하지만 더운 여름 사이다 한 잔 마시는 시원함을 느끼면서도 한 구석에선 작은 불안감이 커지고 있다.

　지난 100일 동안 가장 중요한 일은 정부 구성을 위한 인사 문제였다. 안경환 법무부 장관 후보자, 조대엽 고용노동부 장관 후보자, 김기정 안보실 2차장, 박기영 과학기술혁신본부장 등의 낙마가 있었지만, 초기 문 정부의 인사에는 파격과 스토리가 있었다. 야권과 일부 언론에서는 극심한 코드 인사를 비판하지만, 이는 절반만 맞는 말이다. 인사권을 대통령의 고유권한으로 제도화한 이유는 국민에 의해 선출된 대통령이 생각과 철학을 공유한 유능한 사람들을 잘 골라서 함께 일하게 하기 위함이 아니던가. 문 대통령 스스로 5대 기준을 정해놓고도 지키지 않았다는 비판도 공직 후보자들이 험한 세상 부대끼며 살다보니 그럴 수 있겠다고 너그럽게 봐줄 수도 있다. 하지만 개혁이라는 이름으로 과거 청산 위주의 인사, 보은 인사, 현저히 균형을 잃은 인사가 지속적으로 이뤄진다면 문제는 다르다.

국가정보원 댓글 사건 수사 검사로 박 정부에서 홀대받던 윤석열 검사의 중앙지검장 발탁은 검찰개혁을 향한 파격 인사이면서 동시에 댓글 사건 재수사와 특검 지원을 위해 필요했을 것이다. 경실련 대표 출신 박상기 교수의 법무부 장관 기용으로 주로 시민단체나 외부 인사를 영입해 사법 개혁을 주도하겠다는 것도 정권이 바뀌었으니 이해할 수 있다고 치자. 많은 구설에도 불구하고 송영무 국방부 장관을 임명한 것도 국방개혁과 북한 핵·미사일에 대항할 수 있는 무기체계 개선을 위한 선택으로 이해할 수 있다.

코드 인사의 결정판은 '살충제 계란' 사태의 중심에 있는 류영진 식품의약품안전처장이다. 그는 대선 캠프 인사로서, 부산시 약사회장 경력이 전부다. 애당초 식의약 분야의 전문성도 없었을 뿐만 아니라, 정무적 판단 능력을 필요로 하는 식약처장에 임명할 만한 사람이 못 된다. 그런 사람을 식약처장에 임명했고, 그 결과 살충제 오염 계란 사태가 발생했을 때 류 처장의 미숙한 대응은 이미 잘 알려져 있다. 오죽하면 총리가 공개 석상에서 경고를 했겠는가.

하지만 최근 논의되고 있는 사법부 인사는 성원 전체의 정치적 균형성이 중요하다. 이유정 헌법재판관 후보자가 특정 대선 후보 지지 선언에 직접 참여했다는 것은 정치적으로 중립적이지 못하다는 것을 의미한다. 특정 이념 성향의 법관들이 헌법재판소를 지배하게 되면 국민이 그 재판의 결과를 수용하려 하지 않을 것이다.

이 점은 김명수 대법원장 후보자도 마찬가지다. 그가 진보적 성향을 가졌다는 것이 문 정부가 그를 대법원장 후보로 선택한 첫 번째 이유일 것이다. 지난 2015년 11월, 그가 서울고법행정10부 부장판사로 재직할 때 전교조의 '법외노조 통보 효력정지 가처분 신청'을 받아들이는 등의 결정이 사법개혁을 맡길 적임자라고 판단한 이유일 수 있다. 그러나 무엇보다 중요한 것은 사법부의 정치적 균형을 고려해야 한다는 것이다. 대법원장 자리는 사법부 전체의 인사권을 쥐고 있는 중요한 자리다. 대법관 추천권을 가진 대법원장이 특정 이념에 치우쳐 대법원 판사의 구성 자체가 균형성을 상실하게 된다면 우리 사회의 법적 안정성은 유지될 수 없다.

행정부에서의 코드 인사는 함께 일할 사람들이니 그럴 수 있다고 해도, 사법부 인사는 그 차원이 다르다. 사법부는 삼권분립의 한 축이며, 궁극적으로 우리 사회의 법적 안정성을 보장하는 최후의 보루다. 사법개혁을 명분으로 특정 이념을 가진 인사들을 집중시키는 것은 집권자의 특권이 될 수 없다. 대통령은 사법부의 인적 구성이 어느 한쪽으로 과도하게 치우치지 않는 균형 잡힌 인사(人事)를 해야 한다.

더욱 중요한 것은, 같은 생각을 가진 사람들로만 정부가 구성된다면 내부에서 다른 생각이 제시되기 어렵다는 점이다. 그러다 보면 스스로는 개혁이라 생각하겠지만, 생각이 다른 사람들은 공무원 사회나 사법부, 공영방송 등을 장악하려는 음모라고 비판할 것이다. 그러다가 정권이 바뀌면 적폐로 규정돼 청산의 대상이 될지도 모를 일이다.

(문화일보, 2017년 8월 24일)

7. 공공기관 낙하산 행렬은 원조 적폐

홍종학 중소벤처기업부 장관이 지난 21일 임명됐다. 그에 대한 의혹은 국회 인사청문회를 통해 웬만큼 해명됐다는 게 청와대의 공식 입장이다. 하지만 삼수 사수를 해서라도 서울대 가라는 사람, 중소기업인은 작은 성공에 불과하고 세계의 천재들과 경쟁하기엔 근본적 소양이 부족하다는 사람, 재벌을 암세포라 생각하는 사람, 게다가 면세점 관련 법 개정을 주도해 정책 능력을 의심받는 사람을 야당 모두가 강력히 반대하는데도 임명한 문재인 대통령은 앞으로 적지 않은 정치적 책임을 지게 될 것이다.

이로써 취임 195일 만에 문 정부의 1기 내각이 완성됐다. 다음은 공공기관장 인사 차례다. 대선 캠프에 몸담아 대통령 당선에 이바지한 사람들은 한자리 차지하기 위해 온갖 연줄을 동원해 정권 실세들에게 이력서를 들이미느라 정신이 없다. 주기적 선거로 정권을 교체하는 게 민주주의라지만, 정말 원조 적폐를 들라면 바로 이런 정권교체와 함께 이뤄지는 공공기관장 인사가 아닐까.

청와대는 민간 협회장 인사에 간여하지 않는다고 공언했지만, 대한석유협회장에 공동선대위원장 출신의 김효석 전 의원, 한국무역협회장에 노무현 정부 경제수석으로 문 대통령과 함께 일했던 김영주 전 산업자원부 장관, 손해보험협회장에 노 정부 경제보좌관 출신의 김용덕 전 금융감독원장 등이 선출됐다. 정권의 영향이 아니라면 설명되지 않는다. 그뿐인가? 민간기업인 KT와 포스코 회장직도 하마평이 오르내리는 것은 그 자리를 노리는 인사가 많다는 방증일 것이다.

정부의 직접적 영향력 아래에 있는 공공기관들은 더욱 심하다. 600조 원의 거대 기금을 주무르는 국민연금관리공단 이사장에 연금이나 투자와 전혀 상관없는 김성주 전 의원이 임명되고, 4차 산업혁명의 핵심인 한국인터넷진흥원장에는 문재인 캠프의 미디어특보단 출신인 김석환 전 KNN 대표가 취임했다. 이들이 이처럼 중요한 자리를 차지할 수 있는 자격이나 능력이라면 대선 캠프에 몸담아 선거에 기여했다는 것밖에 없다.

언론 장악을 위한 역대 정권의 시도도 마찬가지다. 이명박 정부가 들어서자 직전 노 정부에서 임명됐던 KBS 정연주 사장을 교체하기 위해 국세청을 비롯한 권력기관들을 동원했다는 것은 잘 알려져 있다. 한데, 이를 언론 장악 시도라고 그토록 비판했던 지금의 여당과 청와대는 이번엔 노조를 통해 방송사 경영진을 교체하려고 안간힘을 쓰고 있다. 권력기관을 이용하느냐, 노조를 이용하느냐의 차이만 있을 뿐, 똑같이 방송사 경영진을 정권의 입맛에 맞는 인사로 교체하려는 시도

인데도, 한쪽은 방송 장악이고 다른 한쪽은 방송 민주화란다.

공공기관장은 임원추천위원회를 구성하고 공개경쟁을 통해 임명하도록 제도화돼 있다. 임추위는 일정 기간 공고를 거쳐 응모한 인사들을 대상으로 서류심사를 통해 후보를 압축하고, 그들을 대상으로 대면 면접을 한다. 대개 3배수의 최종 후보자가 선정되면, 순위와 함께 이를 기획재정부에 설치된 공공기관운영위원회에 상정하고, 공운위가 최종적으로 기관장을 확정한다.

그러나 아무도 공공기관장 인선 과정이 공개경쟁을 통해 이뤄진다고 믿지 않는다. 무늬만 경쟁일 뿐 실제로는 정권 창출에 공을 세운 사람 중 이미 결정된 인사를 형식적으로 추인하는 과정에 불과하다. 공운위에 추천되는 후보 중 정권에 의해 낙점된 인사가 반드시 포함되도록 사전에 기획돼 있다. 만일 어떤 이유로든 미리 낙점한 인사가 포함되지 않는 불상사가 생기면 공운위는 이를 거부하고 재공모 과정을 거치도록 한다. 이처럼 시간과 경비가 많이 드는 복잡한 과정을 거치게 하는 것은 공공기관장을 객관적이고 투명한 절차를 거쳐 공모하고 있다는 것을 국민에게 강조하기 위함이다. 사실은 그게 아닌데도 말이다.

적폐 청산을 국정의 최우선 과제로 삼은 문 정부는 달라졌으면 좋겠다. 공공기관장을 공모하려면 진정한 경쟁이 이뤄지도록 해야 한다. 그러면 전문성과 능력을 고루 갖춘 후보자들이 경쟁에 뛰어들어 공공기관들이 훨씬 나은 성과를 거둘 수 있을 것이다. 정권 창출에 기여한 인사들을 임명하는 자리는 기관장의 경영 능력과 큰 상관없는 기관으로 제한하고, 아예 공모 절차 없이 임명할 수 있도록 해야 한다. 진정한 적폐청산은, 더는 국민을 속이지 않는 것이다.

(문화일보, 2017년 11월 23일)

8. 적폐청산과 이념적 교조주의

톨레랑스라는 프랑스어는 보통 '관용'으로 번역되지만, 보다 넓은 의미로는 서로의 다름을 인정하고 타인을 배려하는 사회적 가치를 말한다. 2017년 정유년도 저물어가는 이 시점에 군이 톨레랑스를 들먹이는 것은, 사상 첫 탄핵이라는 정치적 회오리 속에서 다시 태어난 대한민국이 다양성을 포용하긴커녕 서로 다름이 선악(善惡)의 투쟁으로 쉽게 둔갑되고 있기 때문이다.

문재인 대통령의 이번 중국 국빈방문만 해도 그렇다. 대통령과 지지자들은 전 정부가 무너뜨린 외교관계를 복원한 것이 이번 방중의 본질이라면서 '120% 성공'이라고 평가하고 있다. 반대로 야당은 국빈방문이라면서 고작 두 끼만 중국 측 인사들과 나누었고, 수행한 기자는 폭행당했으며, 대통령 스스로 국격을 훼손해 국민의 자존심을 땅에 떨어뜨렸다고 아우성이다. 같은 사안을 두고 이처럼 극단적 해석이 충돌하는 것은 서로 '다름'이 '선악'으로 간주되는 이념적 교조주의에 빠져 있기 때문이다.

촛불시위를 바탕으로 탄생한 문 정부가 톨레랑스에 바탕을 둔 사회통합 대신 '적폐청산'을 촛불정신이라고 몰아가는 것도 이념적 교조주의를 심화시키는 원인이 되고 있다. 상식적으로 동의할 수 있는 우리 사회의 적폐를 청산하자는 데에는 전적으로 동의한다. 하지만 현 정부가 이념적 동질성을 갖는 사람들로 구성한 적폐청산 태스크포스(TF)를 통해 전 정부의 정책을 적폐로 몰아 그 정책을 만들고 집행한 책임자들을 고발하는 작금의 처리 방식에는 동의할 수 없다.

몇 가지 사례를 살펴보자.

최근 국가보훈처는 자체 감사를 통해 박승춘 전 보훈처장을 직무유기 혐의로 검찰에 고발했다. 박 전 처장의 혐의는 나라사랑공제회 등의 비위 사실을 묵인한 것이라 한다. 박 전 처장은 육사 27기로 평생 군인으로 나라를 지키다가 중장으로 예편 후 이명박-박근혜 두 정부를 거치면서 6년이라는 최장기간 보훈처장의 자리에 있었다. 그런 그가 재직 중의 불법행위나 직권남용이 아니라, 직무유기를 이유로 고발당했다. 재직한 정부의 이념과 국정철학에 일치하는 정책을 집행했는데, 그 정책의 수혜 대상 집단이 저지른 비위를 박 전 처장이 묵인했다는 게 그 이유다. 이는 서로 다름을 용납하지 못하는 이념적 교조주의의 결과라 하지 않을 수 없다.

교육부의 국정교과서 TF도 역사교과서 국정화 정책 과정에 참여했던 사람들을 찍어내거나 처벌하는 것을 적폐청산으로 추진하고 있다.

필자도 역사교과서 국정화정책에는 동의하지 않지만, 그렇다고 해서 전 정부에서 추진한 정책에 참여했다는 이유로 관련 공무원들을 좌천시키거나 집필자들을 처벌하자는 것에는 결코 동의할 수 없다.

이와는 대조적으로 문 정부는 제주 강정마을 해군기지 건설 과정을 방해해 막대한 피해를 보인 해군기지 반대 시위자들에 대한 34억5000만 원의 구상권 행사를 조건 없이 철회했다. 대선 공약이었고 대승적 차원의 결단이란다. 필자는 문 정부의 구상권 철회에도 동의할 수 없지만, 화해와 용서, 국민통합을 위해 꼭 필요하다고 국민을 설득하고 전문 시위꾼들에게 다시는 불법적 또는 폭력적인 방법으로 국가정책을 방해하는 일은 없을 것이라는 각서를 받는다면 톨레랑스 정신을 발휘할 수도 있다고 생각한다.

문 정부가 이념이 다른 전 정부의 정책을 추진했던 관계자들은 적폐청산 대상으로 몰아 처벌하면서, 전문 시위꾼들이 포함된 강정마을 해군기지 반대 시위자들에 대한 구상권 포기를 당연시하는 것은 이미 이념적 교조주의에 빠진 것이다.

이전 정부의 정책 추진 과정에 참여한 것은 공무원으로서 당시 정부의 국정철학에 부응해 해야 할 의무를 수행한 것이지 비난받을 일이 아니다. 그들의 행위에 명백한 불법행위가 발견된다면 처벌이 불가피하겠지만, 생각이 다르므로 처벌해야 한다는 목적성을 가지고 사소한 비리라도 찾아내 적폐청산의 대상으로 삼는다면 우리 사회에는 5년마다 적폐청산의 큰 장이 열릴 것이다.

오늘의 적폐청산 주체가 내일의 적폐청산 대상이 되지 않으려면 정치지도자들이 모두 톨레랑스의 정신을 공유해야 한다. 대통령이 앞장서서 화해와 용서, 관용의 정신을 공유하는 사회를 만들어가야 한다.

무술년 새해는 화해와 용서를 통해 사람이 행복한 나라가 되기를 기대해본다.

(문화일보, 2017년 12월 21일)

9. 적폐청산의 기준, 이념이 아니다

문재인 정부 출범 한 달의 성적표는 매우 인상적이다. 특권과 불통, 권력에 빌붙은 사악한 무리에 분노한 국민에게 감성적 서민 대통령의 모습은 신선하다 못해 경이롭다. 정권 초기라 해도 80%를 넘나드는 역대 최고 국정 지지율은 문 대통령의 행보만으로 설명하기는 어렵다. 촛불시위의 지지율과 유사한 국정 지지도는 국민들이 탄핵의 연장선에서 문재인 정부에 높은 기대감을 보이고 있다는 것을 의미한다.

문 대통령은 일자리와 함께 적폐청산을 최우선 정책으로 추진하고 있다. 조국 민정수석의 임명도, 서훈 국정원장 지명도, 그리고 이어진 문캠 출신 핵심 인사들의 요직 임명에서 강한 의지가 읽힌다.

대통령 스스로 내세웠던 5대 공직 배제 기준은 보수 정권 시절 그토록 강하게 부르짖던 민주당의 원칙이었다. 교회나 대학에서의 강연을 이유로 문창극 총리 후보자를 청문회도 해서는 안 될 인물로 규정했고, 박종철 사건의 말석 수사검사였다는 이유로 박상옥 대법관 지명자의 임명 철회를 요구했다.

그랬던 민주당과 문 대통령이 이번엔 정반대다. 광주민주화운동 관련자에게 사형을 언도했던 김이수 헌법재판소장 후보를 적절한 인사로 규정했다. 차마 입에 담기 민망한 성적 표현과 여성 비하를 서슴지 않은 안경환 씨를 법무부 장관 후보로 지명했다. 그뿐인가? 여러 칼럼에서 음주운전, 표절, 탈세, 위장전입 등의 기록을 가진 후보자를 극력 비난했던 조국 교수가 인사 검증의 최종 책임자라니 이런 아이러니가 있을까.

박근혜 정부에서 '나쁜 사람'으로 낙인찍힌 인사들을 요직에 기용하면서 우병우 라인 검찰 인사들을 핀셋으로 뽑아내는 표적 인사를 단행했다. 아무리 인사 조치가 옳다 해도 표적 인사는 문제인 정부 스스로 '나쁜 사람'이라는 훈장을 달아주는 것일 수 있다. 문 정부에 알아서 협조하라는 메시지로 들리지는 않을까.

이미 세 차례 감사를 받았던 4대강 사업에 대한 문 대통령의 감사 지시에서 적폐청산은 절정을 이룬다. 대통령은 감사청구권이 없는데도 감사원에 정책 감사를 지시했다. 명분은 적폐청산이었다. 서훈 국정원장도 이명박, 박근혜 정부 9년의 적폐청산을 강조했다. 국회 청문회와 조사특위, 특별법에 의해 진상조사를 마친 세월호 사건을 재조사한단다. 심지어 재판 중인 최순실 사건도 재조사하겠다고 나섰다. 이것들이 안보와 경제 위기 속에 그처럼 우선순위가 높은 과제인가.

사드 발사대 4기의 위치를 보고하지 않는 국방부에 원천적 문제가 있지만, 이를 국기 문란 행위로 비난하고 환경영향평가를 피하려는 꼼수로 몰아붙이면서 한·미 동맹을 흔들었다. 모든 비정규직을 정규직화하라는 공약에 멈칫거리는 기업들을 반성부터 하라고 일갈하고, 기본 통신료 폐지 공약을 실천하기 위해 미래부 업무보고를 받지 않겠다고 으름장을 놓았다. 기본 통신료 폐지의 영향이 알뜰폰 업계나 5G 투자에 미치는 영향을 함께 고민하기보다 스스로 갑질을 선택했다. 그런가 하면 과거 정연주 KBS 사장의 사퇴 요구를 그토록 비난했던 민주당이 이번엔 고대영 KBS, 김장겸 MBC 사장의 사퇴를 강력히 요구하고 나섰다.

모든 길이 로마로 통한다는 말처럼 적폐청산은 이 모든 일들을 정당화하는 명분이고 상징이다. 그런데 적폐는 누가 어떤 기준으로 결정하는가. 작금의 상황을 보면 집권자들이 이념을 기준으로 결정한다. 그렇지 않고서야 똑같은 일이 야당일 때는 정의 구현이었다가 여당이 되니 청산해야 할 적폐로 둔갑할 수 있겠는가. 마치 못된 시어머니 욕하면서 닮아가는 며느리 같다.

십자군 원정은 1095년부터 1456년까지 361년간 유럽 기독교계가 예루살렘을 이교도의 지배에서 해방시켜야 한다는 명분하에 8차례에 걸쳐 시도한 종교전쟁이었다. 당시 기독교계는 신이 부른다는 한마디로 수많은 기사와 국왕들을 동원했고, 이들은 종교적 신념에서 자신들을 선으로, 이교도를 악으로 규정했다. 문 대통령과 민주당의 행보가 '적폐청산'이라 쓰고 '정치보복'으로 읽는 것이라면, 선악의 투쟁으로 변질되는 것은 시간문제다. 적폐는 서로 다른 생각을 가진 사람들이 함께 결정해야지 이념을 기준으로 선택할 이슈가 아니기 때문이다.

(서울신문, 2017년 6월 30일)

10. 탄핵 이후, 이제 국민통합에 힘을 모아야 할 때

부패와 무능, 군사독재를 극복하고 경제발전과 민주주의를 이룩한 지 30년, 우리는 국민이 위임한 국가권력을 남용하여 헌법과 법률을 위배한 대통령을 탄핵함으로써 진정한 민주주의를 완성하였다. 탄핵은 대통령 권력에 대한 민주적 통제의 선례를 만들어낸 국민의 승리였으며, 민주주의의 새로운 역사를 창조한 것이다.

그러나 대통령 탄핵은 그 자체로서 역사에 부끄러운 일이었다. 특히 정치권은 정치적 문제를 스스로 해결하지 못하고 사법적 통제에 맡김으로써 자신의 무능함을 입증하였다. 대통령과 여당은 탄핵반대에 집중하여 국가와 국민을 도외시했으며, 야권은 여러 차례에 걸쳐 손을 내미는 대통령과의 대화를 거부함으로써 정치적 해결의 기회를 스스로 걷어차버렸다. 그로 인해 국민들은 추운 날씨에도 3개월 넘게 주말마다 생업을 접고 탄핵 찬성과 반대를 외치며 거리로 나설 수밖에 없었다. 대한민국 사회는 불확실성에 가득 찼고, 한반도를 둘러싼 국제 정세가 급변하고 보호무역주의가 창궐하는데도 정부는 속수무책이었다. 국민은 탄핵을 두고 찬성과 반대로 갈라져 봉합하기 어려운 상처를 입게 됨으로써 향후 국가안보와 경제발전, 그리고 국민행복을 추진하는 데 막대한 어려움을 겪게 되었다.

더욱 기가 막힌 일은 탄핵이 결정된 이후에 벌어지고 있다. 탄핵 인용과 함께 모두 이구동성으로 국민통합을 주문하기 시작했다. 촛불과 태극기로 갈라진 민심을 하나로 통합하지 못한다면 나라를 잃을 수 있다는 위기감이 높아진 것이다. 그런데 정치권이 입으로는 통합을 외치면서 행동은 반대로 분열을 조장하고 나선 것이다. 차기 대통령으로 가장 유력한 문재인 전 대표는 탄핵이 결정되자마자 가장 먼저 팽목항을 찾아 세월호 희생자들을 조문했다. 세월호 참사를 잊지 못하고 이들을 추모하는 것이 나쁠 이유는 없다. 그러나 탄핵 직후 팽목항 방문은 통합을 위한 행보는 아니다. 더불어민주당 추미애 대표는 박 전 대통령에 대한 탄핵은 박근혜 정부의 모든 정책이 탄핵받은 것이라는 해괴한 논리로 사드 배치를 포함한 모든 정책을 중단하라고 요구하고 나섰다. 이것이 국민통합을 위한 행보인가?

박근혜 전 대통령도 마찬가지다. 청와대를 나와 사저로 가면서 전직 대통령으로서 국가와 국민을 위한 통합에 대하여는 단 한마디도 없다가 도착해서는 진실은 시간이 걸려도 밝혀진다고 함으로써 사실상 자신의 지지자들의 결속을 호소했다. 국민통합은커녕 앞으로 있을 수사 과정에서 더욱 태극기를 높이 들고 촛불세력과 싸워달라는 당부의 말을 한 것이다.

　참으로 기가 막힐 노릇이다. 박 전 대통령 측이나 문재인 후보 측이나 국민의 마음을 보듬어 하나로 만드는 일에는 관심이 없다. 오직 개인적 이익과 권력 욕심만 있을 뿐이다. 그렇지 않고서야 이럴 수가 있는가 말이다.

　탄핵에 온 힘을 쏟고 있는 사이 사드 배치와 관련한 중국의 부당한 경제보복은 가속화되고, 트럼프 정부의 보호무역주의는 시시각각 우리 경제의 어려움을 가중시키고 있다. 북한도 미사일 시험발사와 핵실험을 계속함으로써 안보위협을 높이고 있다. 국내에서는 가계부채의 위기가 다가오고 있으며, 저출산 고령화로 잠재성장률은 바닥을 향해 가고 있다. 한때 경제발전의 원동력이었던 재벌들은 미래를 위한 투자보다 자식들에 대한 경영권 승계에 더 관심이 크다. 정치권은 재벌의 구조개혁을 외치지만 어떻게 미래성장동력을 확보하고 노동시장의 유연성을 제고할 것인가에는 대책이 별로 없다. 기본소득제, 청년수당, 노인복지 등 각종 복지지출의 대폭 증대를 약속하면서 표를 구걸하고 있지만, 베이비부머의 은퇴와 함께 기하급수적으로 늘어나고 있는 복지지출의 재원을 어떻게 마련할지에 대하여는 일부 고소득층과 법인에 대한 소득세 인상 외에 뚜렷한 대안을 내놓지 못하고 있다.

　중요한 것은 5천년 역사 중 가장 잘사는 나라가 된 지 불과 30년도 되지 못해 우리나라의 지속가능성에 빨간불이 켜지고 있다는 사실이다. 탄핵의 후유증을 극복하지 못하고 지금과 같은 분열이 계속된다면 단언컨대 우리의 미래는 없다.

(이데일리, 2017년 3월 20일)

고위공직자 인선과
정치엘리트 충원

CHAPTER
07

고위공직자 인선과
정치엘리트 충원

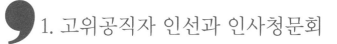

1. 고위공직자 인선과 인사청문회

　홍종학 중소벤처기업부 장관 임명을 끝으로 문재인 정부 1기 조각이 완료됐다. 정권인수위 없이 출범했다고는 하지만 조각에 무려 195일이 걸렸다. 임명된 장관급 22명 중 14명이 문재인 대통령 스스로 공약했던 공직 배제 5대 조건인 탈세, 부동산투기, 위장전입, 논문표절, 병역면탈 중 하나 이상을 위반했다. 마지막에 임명된 홍 장관에 이르러서는 아예 야당이 반대하는 사람이 더 일 잘하더라는 촌평으로 마무리했다.

　바로 다음날, 청와대는 음주운전과 성범죄를 추가한 고위공직자 '공직 배제 7대 원칙'을 발표했다. 이번엔 구체적인 조건까지 제시했다. 위장전입은 노무현 정부 때 장관에 대한 인사청문회가 도입된 2005년

7월 이후 2회 이상, 표절은 연구윤리지침이 제정된 2007년 2월 이후, 음주운전은 최근 10년 이내 2회 이상, 성범죄는 국가의 성희롱 범죄 예방의무가 법제화된 1996년 7월 이후 처벌된 경우에 한해 고위공직 임용에서 배제한다는 것이다.

바꾸어 말하면 이 조건에 부합하지 않으면 공직 배제 7대 원칙을 적용하지 않겠다는 것을 일방적으로 선언한 것이다. 이 원칙에 따르면 문재인 정부의 장관급 인사는 물론 청와대 탁현민 행정관도 전혀 문제될 것이 없어진다. 결과적으로 청와대는 1기 내각을 완성하자마자 스스로 탁 행정관을 포함한 모든 고위공직자에게 사후 면죄부를 준 것이다.

대통령이 자신의 인사권 행사를 위한 원칙을 구체적으로 제시하고 앞으로 이를 지키겠다고 약속하는 것을 나무랄 일은 아니다. 하지만 스스로 약속했던 5대 원칙에 저촉되는 사람들로 장관급 중 64%를 임명했다면 인사를 마무리하는 시점에 작은 변명이나 사과라도 한마디 있어야 하는 것 아닐까. 또 낯뜨거운 셀프 면죄부이기는 하지만 이런 기준을 내놓을 때, 후보 인선과 검증과정에 책임이 있는 비서실장이나 인사수석, 민정수석 등의 진솔한 사과 한마디조차 없었다는 것은 적폐청산을 국정의 제1과제로 삼는 문재인 정부 청와대가 취할 태도는 아닌 것 같다.

차제에 보다 근본적으로 인사청문회제도 자체의 적실성을 되돌아볼 필요가 있다. 본래 인사청문회는 국무총리, 감사원장, 헌법재판소장, 검찰총장 등 중립성이 요구되거나 직의 중요성으로 인해 야당의 동의를 구할 필요가 있는 일부 직에 대해서만 제한적으로 시행했었다. 그러던 것을 2005년 노무현 정부가 미국 인사청문회를 벤치마킹해 장관급 전체로 확대하면서 장관직에 대해서는 인사청문회 보고서가 채택되지 않아도 임명할 수 있도록 했다.

이후 인사청문회는 여당은 후보자 보호, 야당은 낙마를 목표로 한 싸움판이 됐고, 정치권은 후보자의 능력이나 가치관 검증보다는 도덕성과 과거 언행을 비난하는 데 몰두했다. 여론몰이를 통해 인사청문회를 무력화하거나 다른 정책이슈와 연계하는 경우도 많았다.

지금의 인사청문회는 고위직에 대한 민주적 통제를 가능하게 하는 장점이 있지만, 미국과는 달리 장관이 수시로 교체되는 우리의 정치환경에 부합하지 않는다. 정부의 구성에 많은 시간이 걸리고 능력 있는 인사가 나서기를 꺼리게 만들어 궁극적으로는 국익에 도움이 되지 못하는 경우도 많았다. 정치인 출신은 단 한 차례도 낙마한 적이 없는 것에서도 알 수 있는 것처럼 사실상 정치권의 선택적 판단이 크게 작용한다. 청문회 과정에서 온갖 갑질을 하는 의원도 문제이고, 그로 인해 만신창이가 돼 장관직에 취임하는 후보자도 무슨 일을 제대로 할 수 있겠는가. 또 장관직은 야당이 모두 반대해도 대통령이 임명을 강행할 수 있기 때문에 사실상 요식행위일 수밖에 없다.

이제는 인사청문회제도를 우리의 정치 환경과 문화에 부합하게 고쳐야 한다. 개인정보나 재산형성 과정, 윤리와 관련된 부분은 비공개로 검증하고, 이를 통과하지 못하면 아예 지명하지 못하도록 공직후보자의 기준을 법제화하자. 그러면 장관직에 대한 인사청문회 없이도 대통령은 공직후보자의 법적 기준을 통과한 사람만을 대상으로 능력 위주로 인선하면 된다. 국회의 동의가 필요한 자리만 인사청문회를 한다면 인사청문회가 국정의 발목을 잡는 일은 피할 수 있을 것이다.

(세계일보, 2017년 11월 25일, 원제: 고위공직자 인선, 내로남불 안되려면)

2. 의원·장관 겸직 당연시는 적폐다

　보궐선거를 통해 출범한 문재인 정부가 21일 만에 국회 동의를 얻어 이낙연 국무총리를 임명하는 등 조각에 속도를 내고 있다. 하지만 지난달 30일에 더불어민주당 현역 의원 4명을 서둘러 장관에 지명한 것은 적지 않은 우려를 낳는다.

　우선, 바로 다음 날 이 총리의 임명동의안이 상정돼 국회를 통과할 것이 거의 확실시되던 상황에서 헌법상 총리의 내각 제청권을 무시하고 서두른 이유를 모르겠다. 절차적 민주성에 대한 시비를 무릅쓰면서 하루를 앞당길 필요가 있었을까?

　더 근본적인 문제는, 현역 국회의원의 장관 겸직이 민주주의의 기본 가치인 삼권분립에 따른 견제와 균형을 제한한다는 점이다. 우리 헌법이 국무총리라는 내각제적 요소를 갖고 있고 현행 국회법 제29조가 의원의 국무총리 및 국무위원 겸직을 허용하고 있어 불법은 아니다. 그러나 대통령제의 원형인 미국은 애초에 의원의 장관 겸직을 허용하지 않는다. 우리와 유사한 대통령제를 가진 프랑스도 의원이 장관에 임명되면 의원으로서의 직무를 정지시킴으로써 삼권분립의 원칙을 훼손하지 않는다. 심지어 내각제인 영국도 장관인 의원은 법률발의권이 제한된다. 그런데 우리는 장관을 겸직한 의원의 모든 권한이 그대로 유지된다. 선진국 중 대통령과 행정부를 견제해야 할 국회의원이 장관을 겸직하면서 의원으로서의 권한을 그대로 행사하는 나라는 한국밖에 없다.

의원의 장관 겸직은 정치적 꼼수로 활용되기도 한다. 국민 눈높이에 맞는 전문가를 장관으로 모시기가 쉽지 않다는 점에서 의원들을 장관으로 기용하면 인사청문회를 통과하기 쉽다는 게 상식처럼 됐다. 실제 2005년 장관직에 인사청문회가 도입된 이후 의원 출신은 단 한 명도 낙마한 사람이 없다. 국회의원들이 그만큼 청렴하고 윤리적이어서 위장전입이나 부동산 투기, 논문 표절, 다운 계약서 작성, 자녀 2중 국적과 병역 기피, 탈세 등 비리로부터 자유롭기 때문일까?

장관 겸직은 또 다른 의미에서 정치적 꼼수가 되기도 한다. 김부겸(행자), 도종환(문화), 김현미(국토), 김영춘(해양) 의원의 지명은 집권 여당과의 관계, 탕평 인사, 무엇보다 내년에 있을 지방선거에 차출할 의원들에 대한 스펙 만들기가 종합된 것이란 비판이 나오는 것도 그 때문이다. 청와대는 전문성과 지역 안배를 고려했다지만, 전공과 경력은 물론 관련 상임위 활동 한 번 안 해본 인사를 장관으로 지명하면서 전문성이 높단다. 임명 목적이 다르니 개인의 능력과 소양, 전문성, 리더십 등 장관으로서 갖춰야 할 덕목에 대한 설명은 설득력을 잃고 만다.

장관을 겸직한 의원들은 자신의 지역구에 더 많은 예산을 지원하거나 숙원(宿願) 사업을 해결할 능력을 가질 수 있다. 이는 다음 선거에서 유리한 위치를 차지하게 된다는 것을 의미한다. 이것이 공정한 경쟁인가? 헌법기관인 국회의원이 행정 각부의 수장을 맡게 됨으로써 실제 자신이 대표해야 할 지역구나 직역의 이익이 방치될 가능성이 크다는 점도 문제다.

이 모든 문제는 의원의 장관 겸직이 가능한 데서 비롯된다. 국회의원들이 국회법 제29조를 스스로 개정하기를 기대하기는 어렵다. 의원을 하면서 스펙도 쌓아 더 높은 자리로 갈 수 있는 비단길을 스스로 없애겠는가? 장관을 하고 싶으면 의원직을 사퇴하거나 적어도 겸직하는 기간에는 의원으로서의 권한을 정지시켜야 한다. 적폐청산 의지가 강한 문 대통령이 이번 기회에 장관직을 정치적으로 이용하는 적폐도 청산해주기를 기대해본다.

(문화일보, 2017년 6월 1일)

3. 인사청문회 무용론 부르는 대통령

    국회 인사청문회는 대통령이 임명할 공직후보자들을 대상으로 국민을 대신해 소관 상임위 의원들이 그 적격성 여부를 국민 앞에 공개적으로 검증하는 과정이다. 다만, 국무위원 즉 장관 후보에 대한 인사청문회는 국회의 동의를 필요로 하지 않는다. 국무위원 후보자의 도덕성과 윤리는 기본이고 장관직을 수행하는 데 필요한 리더십과 능력, 국정철학, 정책 현안에 대한 이해와 입장 등을 검증해 대통령의 인사권을 견제하는 것이 핵심이다. 국회 인사청문회는 과연 유능하고 도덕적인 인재인지를 잘 검증하고 있는가?

    한마디로 현행 인사청문회는 도입 목적을 달성하지 못하고 있다. 일반적으로 인사청문회는 후보자의 부적합함을 입증하려는 야권과 무조건 옹호하려는 여권의 각축장이 되면서 나름대로 부끄럽지 않게 살아왔다고 자부하던 사람이라도 하나같이 부도덕하고 몰염치한 사람처럼 낙인찍히고 만다. 그러니 능력 있는 사람들은 아예 공직후보자로 나서려 하지 않는다. 우선, 청와대의 민정수석실과 인사수석실이 국민 눈높이에서 철저히 검증하지 못하고 있다. 생각이 같은 인사들끼리 검증하니 객관적 검증이 되지 못한다.

인사청문회는 후보의 윤리와 도덕성 검증에 치우쳐 있다. 관련 검증은 사전에 비공개로 이뤄져야 한다. 그것은 청와대 민정과 인사수석실의 기능이다. 현 정부의 민정과 인사수석실은 유난히 부실한 사전 검증으로 뭇매를 맞고 있다. 그러니 정작 검증이 필요한 리더십, 능력, 정책 현안에 대한 이해와 분야별 핵심 의제와 관련한 주무 부처 장관 후보들의 입장은 검증도 못하는 경우가 많다. 지나친 개인사나 재산 형성 과정, 탈세와 위장전입 등에만 치우쳐 능력 검증보다 대중의 호기심을 충족시키는 데 급급하다.

더욱 심각한 것은, 인사청문회에 임하는 여야 의원들의 기본 입장과 태도에서 헌법기관으로서의 품위나 자질을 찾아볼 수 없다는 점이다. 여당 의원은 후보자를 변호하기에 바쁘고, 야당 의원은 부적절함을 찾는 데 골몰한다. 여당은 국민보다 대통령에게만 잘 보이면 된다는 생각이고, 야당은 한 명이라도 낙마시켜야 한다는 강박 관념에 사로잡혀 공직후보자를 마치 죄인 다루듯이 다그친다.

그뿐인가? 교수나 기업인 출신 후보자들에게 인사청문회는 무덤이 되고 있지만, 의원 출신 장관 후보자들은 지금까지 단 한 사람도 낙마한 적이 없다. 이러한 현실을 어떻게 설명할 수 있을까? 인사청문회가 단 하루에 그친다는 점도 문제다. 그저 죄송하다는 말만 하면서 하루만 견디면 장관이 될 수 있는 청문회, 이게 우리 인사청문회의 현주소다.

이번 7개 부처 장관 후보자의 경우, 청와대가 철저히 검증했다고 하는데도 위장전입, 논문 표절, 탈세, 부동산 투기 등 여러 기준에 부적합한 인사가 다수 포함돼 있다. 25일 7명 중 첫 번째로 청문회를 가진 최정호 국토부 장관 후보자도 부동산 투기와 논문 표절 등으로 20번 넘게 죄송하다고 했다. 김연철 통일부 장관 후보자는 지나친 친북 성향과 교수 시절 품위 없는 갖가지 주장으로 구설에 올라 있고, 진영 행정안전부 장관 후보자는 용산참사 지역 인근에 부인 명의의 부동산 투자로 수십 억 원의 개발 이익을 얻었다. 다른 후보자들도 더불어민주당이 야당 시절 그토록 공격했던 세금 탈루, 자녀 이중국적, 각종 이해충돌 등 많은 문제가 불거져 있다.

대통령은 높은 지지율을 바탕으로 청문회 결과와 관계없이 임명할 태세다. 이런 청문회를 계속해야 하는가.

(문화일보, 2019년 3월 26일, 원제: 청문회 취지 부정하는 장관 임명 강행)

4. 조국 법무 장관 후보자, 국민 눈높이에 맞는가

인사청문회는 고위공직자로서 갖추어야 할 소양과 능력, 품위와 자질, 도덕성 등을 종합적으로 검증하는 제도다. 우리나라에서는 2000년 김대중 정부에서 처음 도입됐다가 노무현 정부 때인 2005년부터 대상을 전 국무위원으로 확대했다. 그러나 국무총리, 감사원장, 대법원장 및 대법관, 헌법재판소장, 국회에서 선출하는 헌법재판소 재판관 및 중앙선거관리위원회 위원을 제외한 모든 청문 대상 고위공무원에 대해 인사청문회를 진행하되 대통령은 국회의 동의와 관계없이 임명할 수 있다.

이것은 대통령 인사권에 대한 국회의 견제를 제한하는 인사청문회 제도의 근본적 한계다. 동시에 국회의 과도한 대통령 인사권 개입을 제한해 견제와 균형의 원칙을 유지하게 하기도 한다. 그러나 이번 조국 법무부 장관 후보자의 경우, 청문회에 가기도 전에 수많은 의혹이 봇물 터지듯 쏟아지면서 청와대의 부실 인사 검증 문제가 불거지고 있다.

청와대의 고위공직자 인사 검증은 민정수석실 소관 업무다. 문재인 정부 들어 민정수석실은 국무위원 후보자에 대한 인사 검증에 번번이 실패했다. 과거 문재인 대통령 스스로 그토록 비난했던 민정수석의 법무 장관 직행을 실현하려니 사실상 검증 자체가 제대로 이루어질 수 없었다. 특히 조국 전 수석은 고위공직 후보자 인사 검증, 공직 감찰, 대통령 친·인척 관리 등 본연의 업무보다 사법개혁이나 한·일관계에 신경을 써왔다. 민정수석실의 직원들이 직속 상관을 검증하는 것도 쉬운 일이 아닌데, 조 전 수석이 누군가. 대통령의 총애를 한 몸에 받고 있는 권력의 핵심 실세가 아닌가. 그런 조 전 수석에게 검증의 칼을 들이댈 간 큰 직원이 있겠는가. 게다가 어차피 문 대통령이 인사청문회와 관계없이 임명하리라는 것을 세상이 다 알고 있었으니 애당초 인사 검증을 엄격히 할 이유도 없었다.

조 후보와 그 가족에 제기된 사모펀드 투자 논란, 친·인척 간 부동산 매매, 웅동학원 채무변제 회피, 위장전입, 종합소득세 늑장 납부, 딸과 관련된 병리학 논문과 부정입학 논란 등 각종 의혹은 민정수석실이 정상적으로 업무를 수행했다면 반드시 사전에 확인될 수 있던 것들이었다. 조 후보 스스로 과거 자신은 청문회를 통과할 수 없다고 말한 적이 있었고, 불공정과 특권의식이 젊은 사람들에게 얼마나 고통을 주는가를 수없이 강조했던 사람이다. 그런 사람이 외고를 다니던 자신의 딸이 2학년 때 2주간 인턴 생활을 하고는 참여 연구진이 6년여 연구한 결과를 분석해 대한병리학회의 학술지에 게재한 논문의 제1저자로 등재된 것에 대해 문제가 없다고 한다. 또 이를 바탕으로 문과인 외고 졸업생이 고려대 이과계열에 수시전형으로 합격했는데도 반칙이 아니란다. 서울대 환경대학원에 면접만으로 입학해서 강의도 제대로 듣지 않으면서도 두 학기 동안 800만원이 넘는 장학금을 받았다. 그 장학금은 가정형편이 어려운 학생을 배려하는 장학금이었다. 또 부산대 의학전문대학원에 입학하자마자 다음 날로 환경대학원을 자퇴했고, 의전원에서는 유례없이 6학기 연속 장학금을 받는 천재성을 발휘했다. 그것도 성적 미달로 두 번이나 낙제를 하면서 말이다. 이러고도 특혜와 특권, 반칙이 없었다고 한다면 이는 밤잠을 줄여가며 치열하게 이 세상을 살아가는 학생들을 모욕하는 것이다.

더 기막힌 것은 이런 조 후보자를 대상으로 인사청문회를 하고 국민이 반대하건 말건 무조건 임명하겠다는 청와대의 태도다. 과거 박근혜 정부에서 국무총리에 지명됐던 문창극 후보에 대해 민주당 의원들은 그가 교회와 서울대에서 행한 특강 내용을 문제 삼아 친일파라 비난하고 인사청문회를 열어서는 안 된다며 낙마시켰다. 그들이 옳다면 지금 조 후보는 왜 무조건 청문회에 가야 하는가. 다른 사람에게는 한없이 엄격하면서도 자신에게는 끝없이 관대한 사람들이 아닐 수 없다.

국민을 우습게 보지 않는다면 이럴 수는 없다. 그래서 묻는다. 제기된 각종 의혹이 설령 법적으로 문제가 없다 하더라도 '국민의 상식과 눈높이'에 맞는다고 보는가. 이런 사람이 정말 대한민국의 법치를 선도할 법무 장관의 자격이 있다고 보는가.

(세계일보, 2019년 8월 23일, 원제: 조 후보자, 국민 눈높이에 맞는가)

5. 정치엘리트 충원과정, 이대로 좋은가

총선이 다가오면 항상 나오는 말이 있다. 이번 국회가 역대 최악이었다는 평가가 그것이다. 당장 선거를 치러야 하는 정당들로서는 국민의 실망을 그대로 안고 선거판에 뛰어들 수는 없다. 그래서 정치권은 대거 새 인물을 영입할 필요가 있고, 정치신인들은 이를 통해 국회에 진출하려 한다. 이것이 우리나라의 전형적인 정치엘리트 충원과정이다.

과거 한때 보스에 의해 픽업되어 정치 일선에 나서는 경우가 많았다. 민주화운동을 하다가 투옥되면 그것이 곧 훈장이 되어 정치권에 진출하는 발판이 되곤 했다. 오늘날에는 총선이 가까워 오면 유권자들의 감성에 호소할 수 있는 스토리를 가진 인물들을 찾아 새 정치인재라면서 영입한다. 청년인재로, 여성인재로, 다문화 가정 출신으로, 장애인을 대표해서…. 주요 정당들이 이런저런 사람들을 찾아내 영입 경쟁을 하는 것이다.

이들이 왜, 어떤 자격과 능력을 갖추었기에 정치인재인지는 명확하지 않다. 그저 감성적 수준에서 기억에 남을 스토리만 있을 뿐이다. 그러다 보니 영입과정에서 구설수에 오르는 경우도 많다. 자신의 분야에서 나름대로 열심히 살아왔던 사람들이지만 그들이 입법부에 진출해 국민을 위해 일할 자격과 능력이 있는지는 검증된 바 없다.

일단 국회의원이 되면 재선이 가장 중요한 목적이 되어 국민에 충성하기보다는 당내 공천권을 가진 지도부에 충성하기 일쑤다. 헌법기관으로서 바르고 당당한 목소리를 내기보다는 당론에 따라 패거리 정치에 휩쓸린다. 시간이 갈수록 진영논리에 빠져 정치는 품격을 잃고 입에 담기조차 민망한 말을 서슴없이 내뱉는다. 마치 부모 죽인 원수 대하듯 상대방과 난투극을 벌이다보면 어느새 청산되어야 할 구시대 정치인이 되고 마는 것이다.

이렇게 해서는 대한민국이 진정한 선진국으로 도약할 수 없다. 정치가 다른 분야의 발목을 잡는다는 말을 들은 지 오래되었음에도 우리는 정치엘리트 양성을 위한 체계적인 투자와 노력을 기울인 적이 없다. 각 정당들이 운영하는 정치아카데미가 있지만 사실은 선출직에 진출할 생각을 가진 사람들을 모아 특강과 세미나를 하면서 각자의 진영논리만 강화될 뿐이다.

늦었지만 이제라도 이 나라를 세계 중심국가로 이끌 지도자 양성에 나서야 한다. 가까운 일본은 마쓰시다 고노스케가 세운 마쓰시다 정경숙을 통해 사회의 지도급 인재를 양성하고 있다. 중국 공산당은 펑당

원에서 시작하여 지방과 중앙의 인민위원회를 오가며 최소 10여 차례 이상의 공개적 경쟁과정을 통과해야만 중앙정치 무대에서 활동할 정치인재가 될 수 있다. 미국도 마을과 지역 수준의 정치에서 시작하여 수없이 많은 경쟁을 거쳐 하원과 상원의원 등의 자리에 진출할 수 있다. 어느 나라도 갑자기 누군가의 눈에 들어 중앙정치 무대에 혜성처럼 등장하는 것이 일반화되어 있는 곳은 없다.

새로운 정치엘리트는 인격과 품격은 기본이고 국내외 정치와 경제 관련 전문지식과 인문학적 소양은 물론, 공동체를 위한 희생과 봉사정신을 고루 갖추어야 한다. 그들은 동서양의 고전을 두루 섭렵하고 4차 산업혁명의 의미와 세계화의 시대에 걸맞도록 주요 외국어와 세계의 문화와 역사에도 능통해야 한다. 새로운 정치인재들은 오로지 대한민국과 국민에 충성하는 국가관과 공동체를 위한 사회적 의무를 다하는 바른 역사관을 갖도록 가르치면 될 것이다. 보수나 진보, 좌파와 우파의 구분은 아예 필요 없다. 이념과 가치성향은 개인적 판단에 의해 자유롭게 선택하도록 열어두면 된다.

우리의 미래를 선도할 정치지도자 양성은 공짜로 되는 것이 아니다. 그만큼의 투자와 체계적인 노력이 필요하다. 미국 헤리티지 재단이나 브루킹스, 일본 마쓰시다 정경숙처럼 뜻있는 사람들이 기부를 통해 조건 없는 정치엘리트 양성기관을 만들어야 한다. 그러지 못하면 선거 때마다 무늬만 인재라는 가짜 정치엘리트들이 부나비처럼 몰려들고 지긋지긋한 진영논리에 의한 무의미한 싸움이 반복될 것이다.

(디지털타임스, 2020년 2월 13일)

제7장 고위공직자 인선과 정치엘리트 충원

6. 트럼프 리스크와 민주주의

　국민이 자유로운 의사 결정을 통해 정치지도자를 뽑는 민주주의는 인류가 발명한 정치제도 중 가장 바람직한 제도다. 통치를 받을 사람들이 스스로 자신을 대신해 정치공동체를 이끄는 지도자를 선택하고, 주기적으로 교체한다는 것은 궁극적으로 인류의 보편적 가치인 자유와 평등, 인권을 지킬 수 있는 근간이 된다.

　그러나 모든 제도가 그렇듯 민주적 선택 과정이 항상 바람직한 결과를 가져오는 것은 아니다. 특히 선거가 지도자로서의 자질과 덕목을 검증하지 못한다는 것은 가장 큰 약점 중 하나다. 부동산 재벌인 도널드 트럼프가 미국 공화당의 대통령 후보가 된 것은 민주주의에서 정치지도자 충원 과정의 한계를 단적으로 보여준다.

기행과 독설로 정평이 나 있는 트럼프가 정통 보수 정당인 공화당 후보로 확정된 이유는 다양하지만, 문제의 핵심은 미국의 보수 유권자들이 선택한 그가 미국이라는 거대 국가를 이끌 수 있는 자질과 도덕성, 지성과 능력을 갖추었느냐 하는 점이다. 공화당의 지도적 위치에 있는 사람들의 한결같은 반응은 매우 부정적이다.

오죽하면 조지 부시 전 대통령 부자나 밋 롬니 전 대통령 후보 등이 대통령 후보 지명을 위한 전당대회에 참석하지 않겠다는 의사를 공공연히 밝히고 있겠는가. 뉴욕타임스는 그의 후보 지명을 '공화당의 자살'이라고 표현했다. 수많은 공화당 지지자들은 실망을 넘어 절망에 빠져들고 있다. 멕시코 국경을 봉쇄하는 장벽을 쌓겠다, 모든 무슬림의 미국 입국을 막겠다, 한국은 스스로 핵무장해 자신의 안보를 지켜라 등 실로 생각하기 어려운 막말을 마구 쏟아내고 있는 그가 패권국가인 미국의 대통령이 됐을 때, 과연 이 세계는 어떻게 될까.

중국 공산당의 집단지도체제와 그에 도달하는 과정에서 정치엘리트들이 겪는 무한경쟁은 우리에게 시사하는 바가 크다. 중국의 지도자들은 공산당원이 된 이후 수많은 단계를 거치면서 지도자로서의 자질과 덕목을 연마해야 하고, 반복되는 경쟁을 모두 이겨냄으로써 최종적으로 국가지도자의 자리를 차지할 수 있다.

그러나 민주주의에서는 그때그때의 유권자 선택에 따라 국가지도자가 되는 행운을 갖는다. 버락 오바마는 초선 상원의원에서 일약 대통령의 자리에 오르는 행운을 얻었다. 지미 카터나 빌 클린턴은 주지사에서 일시에 대통령에 당선됐다. 반면 아버지 부시는 역대 정부의 요직을 거치면서 자질과 능력을 갖춰 대통령이 된 케이스다. 정도의 차이는 있지만 우리나라의 정치지도자 충원 과정도 그동안 많은 문제점을 보여왔다. 불행하게도 일천한 민주주의의 역사 속에서 우리의 정치엘리트 충원 과정은 더욱 불안정하다.

과거에는 반정부운동이나 학생운동을 하다가 감옥에 다녀오면 그것이 훈장이 돼 정계 진출의 보증수표가 됐다. 최근에는 방송활동으로 얼굴을 알렸다가 진출하거나, 변호사와 언론인, 대학교수 등 각 분야의 전문가들이 비례대표를 통해 발을 내딛기도 한다.

문제는 정치엘리트로 발돋움하는 사람들의 자격이나 능력, 도덕성 등을 제대로 검증할 수 있는 장치가 거의 없다는 점이다. 대선후보에 도달하는 과정에서도 정치지도자의 덕목들, 예컨대 과단성 있는 리더십과 상황에 따른 냉철한 판단력, 따듯한 관용의 정신이나 국민을 위한 대타협과 희생의 정신 등을 갖출 수 있는 학습 과정은 거의 찾아볼 수 없다. 그저 우연에 가까운 이유로, 혹은 기존 정치권에 대한 실망에 따라 정치권 외부의 인사가 갑자기 정치지도자로 나서기도 한다.

올바른 지도자를 만들기 위해 중국과 같은 사회주의로 전환할 수는 없지만 바르고 건전한 정당정치를 통해 정치지도자로서의 자질과 덕목을 검증할 수는 있다. 정당의 주된 역할 중 하나가 다양한 방식의 경쟁을 통해 올바른 자질과 덕목을 갖춘 사람이 정치지도자로 부상할 수 있는 환경을 조성하는 것이기 때문이다. 이 역할을 제대로 수행하려면 정치인 스스로 정당 민주화와 사회적 책임을 강화해야 한다. 막말과 구태정치를 일삼는 정치인을 퇴출시키고, 도덕성과 품위를 갖춘 정치인들이 공정한 경쟁을 통해 국민들로부터 인정받을 수 있어야 한다. 언론과 시민사회단체들도 검증자로서의 역할을 바르게 수행해야 한다. 그것만이 한국판 트럼프 리스크로부터 벗어날 수 있는 유일한 길일 것이다.

(서울신문, 2016년 5월 7일)

7. 이재명을 말한다

　이재명 경기도지사의 대선후보 적합도가 30%를 훌쩍 넘는 여론조사 결과들이 이어지고 있다. 수도권은 물론 이낙연 더불어민주당 대표의 텃밭이라는 호남에서도 지지율 1위를 기록하고 있고, 60대를 제외한 전 연령층에서 고른 지지를 받고 있다. 결과야 알 수 없지만 현재이 지사만큼 차기 대권에 가까이 다가간 후보도 없을 것이다. 이제 대통령감으로서의 이재명을 분석해볼 시간이 되었다.

　많은 유권자들이 이재명을 지지하는 이유는 무엇보다 그가 선명하고 시원한 의사결정을 한다는 것이다. 과거 성남시장 시절부터 다른 지방자치단체 수장들과는 차별화된 정책을 통해 시민들의 가려운 곳을 긁어주었다. 이는 분명 그의 리더십이나 자질을 드러내는 큰 장점이다. 몇 가지 사례를 보자.

코로나19 대응에 가장 먼저 전 도민 10만 원 재난지원금 지급을 들고나온 것이 이 지사이다. 결국 망설이던 다른 기초 및 광역단체는 물론 중앙정부까지도 보편적 지원으로 그를 따랐다. 부동산 가격이 폭등하고 서민들이 아우성치자 이 지사는 경기도 공무원 인사에 집을 두 채 이상 가진 사람들을 배제시키겠다고 선언하고 이를 실천했다. 그러면서 공직자가 임대사업을 하여 돈을 버는 것은 범죄라고까지 선언하며 서민들의 마음을 달랬다. 경기도 7급 공무원 시험에 합격한 어느 청년이 과거 특정 웹사이트에 성희롱이나 장애인 비하 글을 여러 차례 올린 의혹이 있다는 청원이 있자 사실 확인 후 즉시 인사위원회를 통해 임용 취소를 결정했다. 모두 공정과 정의에 부합하는 일이라면 즉각적인 대응을 통해 시원한 해결책을 제시했다는 측면에서 유권자들의 기대를 한 몸에 받은 사례들이다.

이 지사는 후보로 거론되는 정치인들 중 가장 정치적 감각이 뛰어나다. 어떤 사건이라도 자신의 정치적 이해관계에 적합하게 대응하고 이슈를 선점해가고 있다. 기본소득과 관련한 그의 주장은 일관성과 함께 변화하는 미래에 반드시 검토해야 할 이슈라는 점에서 막말과 구태에 빠져 있는 정계에서 군계일학의 모습을 보인다. 중앙정부가 보편적 지원과 선별적 지원을 두고 말싸움만 하고 있을 때, 그는 홀로 눈이 펑펑 쏟아지는 광주 5·18 묘역을 방문, 참배하여 그 사진이 보도되도록 했다. 감성정치의 귀재라 해도 틀림이 없다. 거기에 정확한 논리와 빠른 판단력을 겸비해 토론이나 논쟁도 서슴지 않으면서도 약점이 쉽게 노출되지 않는다. 성장 과정에서 역경을 극복하고 자수성가했다는 점도 개천에서 용 난다는 속담을 떠오르게 한다.

하지만 대통령 이재명에 대한 우려가 큰 것도 사실이다. 가족 간의 갈등과 의혹은 차치하더라도 이 지사의 행적에는 치명적 한계가 보인다. 선명성을 강조하다보니 자신을 반대하거나 생각이 다른 사람들에 대한 포용력이 현저히 부족하다. 남양주시장이 전 도민 보편적 재난지원금에 반대하자 남양주만 빼고 지급했고, 이후 경기도의 감독 권한을 이용해 지속적으로 자신의 입장을 관철하려 했다. 남양주시가 다른 시와 상황이 어떻게 다른지, 왜 시장이 반대하는지를 경청하려는 노력이 있었다는 것을 듣지 못했다. 다른 기초단체장들도 이견이 있을 수 있었겠지만 남양주시와의 갈등을 보고 편한 것이 좋겠다고 생각했을지 모른다.

사례는 이것뿐이 아니다. 지역화폐로 지급한 재난지원금의 경제적 효과가 낮다는 한국개발연구원의 연구 결과에는 즉각적으로 반발하면서 정치적 의도까지 의심하며 연구자들을 매도했다. 재정 능력을 우려한 의견에는 국가부채 비율이 45%에도 못 미친다면서 일방적으로 비난했다. 하지만 재정학자들은 우리의 국가부채 규모는 공공 부문 부채와 공무원 및 군인연금 부담금까지 합쳐 이미 GDP 대비 80%를 넘었고, 가계부채도 2020년 3분기에 이미 1천682조 원을 넘어 위험한 상황이라는 데 이견이 없다.

차기 대권후보들 중 독보적 1위를 달리고 있는 이재명 지사는 분명 차기 대통령에 가장 가까운 사람이다. 그의 거침없는 언변과 과단성은 장점이지만 지나치면 히틀러나 두테르테 같은 지도자가 될 가능성도 있다. 이 지사가 성공한 대통령이 되려면 자신을 더욱 낮추고 다른 입장을 포용하는 관용의 리더십을 길러야 한다.

(매일신문, 2021년 2월 4일)

개혁을 빙자한
국정농단

CHAPTER
08

개혁을 빙자한
국정농단

1. 위안부 할머니 이용한 윤미향 의혹

위안부 할머니들의 수요집회를 주관해온 한국정신대문제대책협의회(정대협)와 정의기억연대(정의연)의 대표였던 윤미향 더불어시민당 당선인을 둘러싼 논란이 커지고 있다. 30년간 매주 수요집회에 참석해 일본의 책임 인정과 사죄를 요구해온 이용수 할머니는, 윤 전 대표의 공이 있는 건 사실이지만 지금까지 위안부 할머니들을 '이용'만 했을 뿐 '해결'하려는 노력은 부족했다고 주장한다. 윤 대표와 정대협·정의연이 수요집회를 통해 모금한 돈의 극히 일부만 할머니들에게 썼다는 것이다. 또, 이 할머니는 자라나는 학생들에게 올바른 한·일 관계를 가르칠 새로운 방향과 사업이 필요하다면서 정대협과 정의연의 해체를 요구했다.

논란이 뜨거워지자 정의연 관계자들은 기자회견을 자처해 단순한 회계 처리 실수에 불과할 뿐 기부금의 유용은 절대 없었다고 항변했다. 여권 인사들은 문제제기를 친일 보수 세력의 모함으로 치부하면서 친일 프레임으로 윤 당선인과 민주당을 보호하는 데 앞장서고 있다.

이는 자신들의 적폐를 감추려는 진보 세력의 오만이며 간악한 술수일 뿐이다. 위안부 문제를 바라보는 시각이나 구체적 대응 방안에 관한 생각이 다를 수는 있다. 그러나 그것은 진영과는 상관없이 사실관계에 의한 것이어야 한다. 공익법인의 회계 처리 의혹이나 후원금 유용 문제는 명명백백하게 밝혀져야 하는 사안이지, 결코 진영논리로 보호할 일이 아니다.

정의연 관계자들이 위안부 문제를 세계에 알려 일본의 만행과 부도덕함을 고발해온 공(功)은 결코 작지 않다. 그러나 그 과정에서 모금된 기부금이 관련 이슈나 할머니들과 관계없는 곳에 사용됐다면 그것은 도덕성의 문제다. 만일 개인적 유용이나 불법 또는 탈법적으로 사용했다면 그것은 범죄행위일 뿐이다.

위안부 문제가 진보 의제라면 이 할머니의 지적은 목적 달성을 위해서는 못할 게 없다는 진보 세력의 도덕 불감증과 취약한 준법의식을 백일하에 드러낸 일대 사건이다. 그들은 할머니들을 위해 써달라고 기부된 후원금을 진보적 시민단체 활동가들의 자녀 장학금으로 쓰면서도 무엇이 문제냐고 강변한다. 할머니들을 위한 쉼터로 쓰겠다며 시세보다 2배나 비싼 값에 안성에 마련한 집은 운동권 인사들의 단합대회나 펜션으로 쓰이면서 윤 대표의 아버지를 관리인으로 고용해 임금을 지불했다. 그러고는 이 할머니의 기자회견 다음 날 매입 가격의 절반 값에 급매 처분했다. 정의연은 정대협의 후신이라면서도 정대협은 해체되지 않고 각각 국고보조금을 지원받았고, 두 단체의 대표는 모두 윤 당선인이었다. 지원받은 보조금 중 상당액은 행방불명이라고 한다.

정의연과 윤 당선인에 대한 시민단체의 고발이 있었다. 검찰의 수사를 통해 더 밝혀지겠지만, 부적절하게 사용된 지원금, 진보적 시민단체 활동가의 자녀들에게 지급된 장학금, 사드(THAAD) 반대 단체에 줬던 고 김복동 할머니 조의금, 그 밖의 위안부 할머니들과 관계없는 사업에 지출된 모든 국고보조금과 후원금은 전액 환수돼야 한다. 그리고 관계자들은 그에 상응하는 책임을 져야 한다.

차제에 가치(價値)와 관계없이 국고 지원과 후원금으로 운영되는 모든 공익단체의 도덕적 해이와 불법 및 탈법 행위들을 철저히 찾아내 엄벌해야 한다. 겉으로는 공익적 명분을 내세우고 속으로는 제 잇속을 채우던 사람들을 그대로 둔다면 마음에서 우러나 이를 후원했던 사람들의 진정성을 훼손하는 일일 뿐이다.

(문화일보, 2020년 5월 18일, 원제: 공익 내건 잇속 챙기기 엄벌해야 한다)

2. 추미애-최강욱 행태와 국정농단 악취

추미애 법무부 장관이 행사한 수사지휘권 발동 과정에서 국정농단의 망령이 되살아나고 있다. 최강욱 열린민주당 대표가 발표되지도 않은 법무부 알림장을 소셜미디어에 올렸다가 급히 삭제하면서 추 장관 뒤에서 윤석열 검찰총장 죽이기에 앞장서고 있는 실세들이 있는 것 아니냐는 의심이 커지는 것이다.

최 의원은 조국 전 장관 아들의 허위 인턴 증명서 발급 혐의로 입건된 피의자 신분이다. 올 초까지 청와대 공직기강비서관으로 있었기 때문에 그가 법무부 내부 문건을 접할 수 있었다면, 자칫 권한 없는 사람에 의한 국정농단의 가능성을 배제할 수 없다. 더욱 의구심을 키우는 것은, 최민희 전 의원의 SNS에서 퍼왔다는 법무부 알림장에 쓰인 '수명자(受命者)'라는 표현이다. 수명자는 '명을 받은 사람'이라는 뜻으로, 법조계에서 흔히 쓰는 말이 아니고 주로 군에서 쓰는 용어인데, 최 의원은 군법무관으로 10년 근무하면서 이 용어를 자주 사용한 것으로 알려져 있다. 1주일 전에도 자신의 페이스북에 윤 총장을 가리켜 '수명자'라고 쓴 바 있다. 그런데 그 단어가 추 장관이 직접 썼다는 법무부 알림장에 버젓이 사용됐다. 최 의원이 알림장 작성에 간여한 게 아니라면 쉽게 설명될 수 있는 일이 아니다.

채널A 기자 사건이 터지자 최 의원은 자신의 페이스북에 '편지와 녹취록상 채널A 기자 발언 요지'라는 글을 올려 '이 대표님, 당신이 살려면 유시민에게 돈을 줬다고 해라, 그러면 그것으로 끝이다'라고 썼다. 이렇게 해서 최 의원은 MBC가 비밀리에 녹화해 보도한 이 사건을 '검·언 유착 사건'으로 몰아갔지만, 나중에 공개된 녹취록 전문에는 이런 말이 전혀 없었다. 그래서 그는 시민단체로부터 허위사실 유포 혐의로 형사 고발당했다.

최 의원은 윤 총장이 검사장회의를 소집하자 페이스북에서 이를 '똘마니 규합' '조폭 검찰의 쿠데타'라고 쓰는 등 막말을 서슴지 않았다. 자신을 기소하고 재판에 회부한 윤 총장에 대한 감정이 극에 달한 사람이 아니라면 이런 말을 공공연하게 할 수는 없을 것이다.

문제는 이토록 개인적 감정을 자제하지 못하는 사람이 법무 장관의 문건에 접근해 영향을 미친 정황이 발견됐다는 점이다. 추 장관은 이 사건의 전말을 소상히 밝혀 공개해야 하지만, 벌써 야권에서는 최순실(최서원) 국정농단의 망령을 떠올리며 비난에 나섰다. 과거 우리는 박근혜 청와대의 문건을 최순실에 유출해 검토하고 의견을 받은 것을 국정농단이라 비난했고, 결국 박 대통령의 탄핵으로 이어졌다. 그것이 국정농단이라면 논리적으로 볼 때 추 법무의 문건이 외부에 유출돼 부적절한 영향을 미친 것으로 보이는 최 의원의 행위도 국정농단이어야 한다. 최순실은 여자라서 또는 배움이 부족해서 국정농단이고, 최 의원의 행위는 국정농단이 아니라면 그것은 성차별이요, 학력에 따른 차별이다. 최 의원은 우리 편이니 국정농단이 아니라면 그것은 결코 용납될 수 없는 내로남불의 극치다.

군주민수(君舟民水)란 임금은 배, 백성은 물이란 뜻으로, 물은 배를 띄우기도 하고 전복시키기도 한다는 말이다. 지난 총선에서 180석에 가까운 압승을 거둬 못할 게 없는 절대권력을 손에 쥔 문재인 대통령과 더불어민주당은 집권 4년 차의 통치 환경이 이보다 더 좋을 순 없다. 그러나 국정농단이 의심되는 현 상황을 그대로 묻고 가려 한다면 잔잔하던 민심이 하루아침에 성난 파도로 돌변할 수 있다. 국민을 두려워할 줄 알아야 한다.

(문화일보, 2020년 7월 10일)

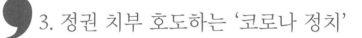

3. 정권 치부 호도하는 '코로나 정치'

최고의 방역 수준을 자랑하던 대한민국이 코로나19의 2차 대유행 위기에 빠졌다. 오랫동안의 거리두기에 지쳐갈 무렵, 경제 상황을 고려한 정부가 소비 진작을 통한 경제활성화를 시작하고 각종 모임이 활발해지면서 소규모 집단 확진이 나타나고 있었다. 여기에 8·15에 광화문과 종각 일대에서 있었던 집회의 여파로 이틀 전인 13일 47명이었던 국내 확진자 수가 14일 86명으로 급증했고, 이후 15~25일 확진자 수는 155명에서 최대 387명을 거쳐 264명을 기록했다.

방역 당국은 14일쯤부터 사랑제일교회를 포함한 수도권 교회들을 중심으로 한 집단감염 발생에 주목하기 시작했고, 15일부터 확진자가 급격히 늘자 2차 대유행 가능성을 경고했다. 그런데 이 와중에 정파적 이익을 챙기려는 여당에 의한 '코로나 정치'가 기승을 부리면서 국민은 실망을 넘어 절망을 느끼고 있다.

여당은 전광훈 목사의 8·15 반(反)정부 집회를 방조한 미래통합당이 확산의 책임을 져야 한다고 일제히 야당 책임론을 들고 나왔다. '감염 폭발 책임을 부인하는 통합당을 이해할 수 없다'(이해찬), '통합당의 방치로 대재앙 같은 일이 벌어졌다'(박광온), '문재인 정부가 방역에 실패한 것으로 만들기 위해 극우 세력이 바이러스를 퍼뜨리고 통합당이 배후에 있다'(김부겸), '바이러스 테러범 방조한 김종인 위원장을 끌어내리자'(이원욱). 그들에 따르면, 7월 24일부터 허가된 교회 소모임과 8월 17일을 임시공휴일로 정해 국내 여행을 독려한 것, 소비 진작을 위해 제12차 비상경제 중앙대책본부에서 결정한 8대 소비 쿠폰 사업 등은 야당이 시행한 정책인 셈이다.

코로나19의 평균 잠복기는 5.2일 정도다. 그렇다면 20일까지의 확진자 수 증가는 8·15 집회와는 큰 관계가 없다고 봐야 한다. 그러나 문대통령과 여당은 15일 확진자가 많이 늘어나자 8·15 집회를 원인으로 지목해 비난하기 시작했고, 18일에는 참여자 모두 검진을 받아야 한다면서 방역 방해 행위는 법정 최고형으로 다스리겠다고 발표했다. 예방적 차원에서 의미가 있을 수는 있겠지만, 결과가 나오기도 전에 원인을 광화문 집회로 특정한 것은 과학적으론 설명이 안 된다. 더욱이 같은 집회인데, 민주노총이 주최한 집회에 대해선 아무런 조치도 없다가 민주노총 집회에 참여한 확진자를 광화문 집회 참여자라고 발표하기까지 했다.

광화문 집회가 있던 날, 서울엔 굵은 장맛비가 쏟아졌고 코로나19의 확산이라는 위험도 있었다. 그런데도 수많은 사람이 광화문에 모여 '문재인 끌어내리기'에 참여한 것은 문 정부에 대한 강한 실망과 저항감에 따른 자발적 결정이었지 결코 통합당의 강요나 부탁에 의한 게 아니었다. 물론, 전 목사를 비롯한 8·15 광화문 집회의 주최자들도 비난을 피할 순 없다. 다중이 모이는 집회에 필요한 방역 조치를 하고 참석자들도 마스크 등 모든 예방 조치를 스스로 했어야 했다. 지금이라도 전 목사를 비롯한 집회 주관자들은 방역에 적극적으로 협력해야 한다.

하지만 국민도 사실관계를 정확히 이해하고 의학적 지식과 상식을 바탕으로 코로나 정치의 꼼수에 현혹되지 말아야 한다. 국민을 얼마나 우습게 생각하면 여당이 방역보다 야당에 책임을 미루는 데 혈안이 됐을까. 코로나19 확진자가 크게 늘자 이를 이용해 부동산정책의 실패와 송철호, 조국, 윤미향, 오거돈, 박원순 등 집권 세력의 치부를 가리려는 여당의 행보는 결코 용서받지 못할 것이다.

(문화일보, 2020년 8월 26일)

4. 檢, 지휘·감찰 남용은 민주주의 농단

취임한 지 불과 10개월 만에 추미애 법무부 장관은 검찰에 대한 인사권 3회, 지휘권 2회, 감찰권 3회를 행사했다. 헌정 사상 초유의 일이다. 횟수도 횟수려니와 권한 행사의 이유나 근거가 모호하고 심지어 남용 가능성도 매우 크다. 우리나라처럼 법무부 장관의 지휘권을 인정한 독일은 헌정 사상 단 한 차례만 행사됐다. 그만큼 예외적으로만 인정된 것이 법무부 장관의 지휘권이다.

검찰청법 제34조 1항에 따르면 검찰 인사는 법무 장관 제청으로 대통령이 하지만, 법무 장관은 총장의 의견을 들어야 한다. 이는 형식적인 협의가 아니라 합의에 가까운 실질적 협의를 의미하며, 역대 검찰 인사는 모두 그렇게 이뤄졌다. 그러나 추 장관은 취임 후 3회에 걸친 검찰 인사에서 검찰총장과의 실질적 협의를 제대로 하지 않았다.

추 장관은 채널A 기자의 불법 취재사건에 윤석열 총장의 측근인 한동훈 검사장이 연루됐다는 사기 피의자 지모 씨의 주장을 받아들여 이 사건 수사에서 윤 총장을 배제시켰다. 결정적 증거라는 녹취록에서도 한 검사장의 혐의는 입증되지 않았고 다른 증거도 없어, 검찰수사심의위원회조차 한 검사장에 대한 수사 중단과 불기소를 권고했었다. 하지만 추 장관은 사기 피의자의 일방적 주장을 수용해 '검언유착'이라며 지휘권을 행사했다. 그 결과는 참담했다. 추 장관에 의해 임명된 이성윤 서울중앙지검장은 한 검사장을 기소조차 하지 못했다.

대검찰청에 대한 국회 국정감사에서 추 장관 권한 행사의 위법성을 묻는 국회의원의 질의에 윤 총장은, 위법하지만 혼란을 피하기 위해 법적 대응은 하지 않았다고 답변했다. 추 장관은 이미 두 차례 지휘권 행사를 통해 '검언유착' 사건과 '라임 검사 로비 의혹'에 대한 윤 총장의 지휘권은 물론, 그의 가족 관련 사건에 대한 수사지휘권을 박탈했다. 문제는 라임 사건의 지휘권 박탈도 진실성이 의심되는 사기 피의자의 옥중편지를 근거로 이뤄졌다는 점이다.

법무부에 대한 국정감사 직후 추 장관은, 옵티머스 사건 수사 과정에서 당시 서울중앙지검장이었던 윤 총장의 행위에 문제가 있다며 검찰총장에 대한 감찰을 전격 지시했다. 옵티머스 사건의 감찰 지시서는, 확실한 증거는 없지만 사건 이후의 인사 결과나 개인적 친분 때문에 감찰권을 행사한다는 취지의 내용이 담겨 있다고 한다. 이것이 과연 헌정 사상 두 번째로 검찰총장에 대한 감찰을 지시할 근거로 합당한 내용인가.

이처럼 추 장관은 지난 10개월 동안 예외적으로 허용된 모든 권한을 두세 번씩 행사해 윤 총장의 퇴진을 압박했다. 더욱 기가 막힌 것은 이러한 권한 행사의 주된 근거가 구속된 사기 피의자들의 옥중편지라는 점이다. 관련된 인사들 모두 그 내용의 신빙성을 부정했고, 심지어 추 장관이 임명한 박순철 남부지검장은 윤 총장의 결백을 주장하며 사직까지 했다. 그런데도 추 장관은 오로지 사기 피의자들의 주장만 수용했다.

참다 못한 검사들의 항의성 주장이 나온 것은 당연하다. 이에 대해 추 장관은 커밍아웃을 환영한다며 보복 인사 조치를 예고했다. 이것이 두려워 숨죽이고 엎드리는 검사라면 그는 부적격이다. 이것이 대통령이 그토록 강조한 공정이고 정의인가. 역사는 현 집권 세력이 민주주의를 죽였다고 기록할 것이다.

(문화일보, 2020년 10월 30일)

5. 원칙과 상식이 무너진 희한한 세상

세상 참 희한하게 돌아간다. 정권 실세였던 유재수를 감찰하던 청와대 행정관이 감찰 중단 지시를 받고 느꼈다는 말이다. 그러고 보니 희한한 일이 한두 가지가 아니다.

21대 총선에서 압승을 거둔 더불어민주당은 자신들이 그토록 주장해 제도화시켰던 야당 몫의 법사위원장 자리를 낯빛 하나 변하지 않고 강탈했다. 이번엔 책임 있는 국정운영을 위해서란다. 그렇다면 민주당이 야당이었던 시절에는 국정운영을 방해하기 위해 법사위원장을 야당이 맡아야 한다고 했다는 말인가. 민주당 의원들과 현 정부 인사들은 윤석열 검찰총장에 대한 불만과 증오가 하늘을 찌른다. 당선되기도 전에 세상이 바뀌었다는 것을 분명히 보여주겠다고 아이들 패싸움하는 식의 경고를 일삼더니 이제는 윤석열 검찰총장을 몰아내는 것이 검찰개혁의 목표가 되었다. 조국 일가의 불법행위는 보이지 않고, 이를 수사하여 기소한 검찰만 불법이고 개혁의 대상이다. 지방선거 때 울산시에 대한 하명수사를 통해 선거에 개입했다는 의혹을 수사하던 검찰을 법무 장관의 인사권을 이용해 사실상 와해시킨 것도, 그 당사자가 국회의원에 당선된 것도 희한하기는 마찬가지다.

수사 중 사건에 대한 무죄 추정의 원칙을 넘어 대법원에서 확정 판결까지 난 한명숙 전 총리 사건을 무죄로 만들기 위한 노력도 나타났다. 무죄의 새로운 증거가 있다면 당사자인 본인이 재심을 청구하면 될 것인데, 증거가 없으니 이미 판결 과정에서 검토된 증언자의 비망록을 이유로 사실상 재수사를 시작했다. 한명숙이 아니어도 그랬을까.

정대협과 정의연 활동으로 비례대표 자리를 꿰찬 윤미향 의원 사건에 대한 민주당 대표와 의원들의 편향적 시각도 희한하기는 마찬가지다. 윤 의원을 향한 의혹을 풀기에 턱없이 부족한 기자회견을 하게 하고는 해명되었다고 넘어갔다. 그들에게는 윤미향이 중요할 뿐 위안부 할머니들은 안중에도 없다.

생각해보니 무원칙과 비상식은 정권 초기부터 있었다. 천안함 폭침 희생자 추모 행사에는 참석조차 하지 않던 대통령이 낚싯배가 충돌해 침몰하여 여행객이 사망하자 유가족을 찾아 무릎까지 꿇고 국가 책임이라고 빌었다.

21대 국회가 개원되자 민주당은 5·18 민주화운동 특별법 개정안 초안을 공개했다. 이 법은 '허위사실유포금지' 조항을 신설하여 정부 발표에 반하는 것을 허위 사실로 간주하고 '허위 사실을 유포하여 5·18

민주화운동을 부인·비방·왜곡·날조한 자'는 7년 이하의 징역이나 7천만 원 이하의 벌금에 처하도록 하고 있다. 문제는 연구, 학술, 보도, 예술 등의 목적으로도 정부 발표와 다른 내용을 얘기하면 처벌받게 만든 것이다. 자신들이 옳다고 믿는 것을 비판하면 개인의 사상이나 표현의 자유까지도 억압하겠다는 것이다. 자신들의 사상과 가치만 옳고 다른 사람의 사상과 가치는 처벌하겠다는 독재적 발상이 아니면 무엇인가.

정권 초부터 적폐청산을 한다면서 2년 넘게 과거와 싸우더니 이제는 자기편의 유죄를 무죄화하기 위해 과거와의 전쟁을 하고 있다. 그러다보니 미래를 준비하고 계획할 시간도, 돈도 없다. 코로나19 사태가 엄중하다고 1년에 100조 원에 육박하는 빚을 미래 세대에 떠넘기면서도 전 국민에게 기본소득을 지급하자는 달콤한 말로 유권자의 지지를 확보하려 한다. 이를 갚아야 할 다음 세대는 인구구조상 아무리 노력해도 감당할 수 없는데도 말이다. 책임 있는 정치지도자라면 차마 할 수 없는 일이다.

북한은 김여정에 이어 김영철, 리선권을 지나 옥류관 주방장까지 나서서 우리 대통령에게 입에 담지 못할 쌍욕을 해대면서 모욕을 했다. 그런데도 이 정부 인사들은 북한은 잘못이 없고 우리가 약속을 지키지 않아서 그렇단다. 또 미국이 비핵화를 위해 북한을 제재하기 때문이란다. 그러면 북한 핵무장을 용인하자는 것인가. 급기야 국민 세금 180억 원이 투입된 남북연락사무소를 북한이 폭파시키자 통일부 장관은 예정된 일이었다, 국회 국방외교위원장은 포를 쏘아 폭파시키지 않은 것이 다행이라고까지 했다. 이 정도면 토착 종북세력이라고 부를 만하지 않은가.

이제 대한민국은 거꾸로 가고 있다. 미래가 아닌 과거로, 타협과 포

용이 아닌 갈등과 대결로 세월을 보내고 있다. 내로남불을 넘어 후안

무치이면서 부끄러움도 모른다. 옳고 그름의 원칙과 상식이 무너진 세

상을 살아가는 것이 기가 막힐 뿐이다. 세상 참 희한하게 돌아간다.

(매일신문, 2020년 6월 18일, 원제: 거꾸로 가는 대한민국)

6. 원칙과 상식이 통하는 세상을 바랄 뿐이다

　검찰개혁을 완수하기 위해 조국 전 법무부 장관과 추미애 법무부 장관이 꼭 필요하다던 문재인 정부였다. 그러나 윤석열 검찰총장은 사람에 충성하지 않는다는 외골수 검사였다. 그는 설 명절을 전후해 이성윤 서울중앙지검장이 최강욱 청와대 공직기강비서관을 기소하라는 총장의 명령을 세 번씩이나 묵살하자 급기야 스스로 나서서 불구속 기소했다. 그러자 법무부가 '검찰의 날치기 기소'라며 비난했다. 당사자인 최강욱 비서관도 '검찰권을 남용한 기소 쿠데타'이며 '명백한 직권남용으로 윤 총장과 관련 수사진을 고발하겠다'고 나섰다. 윤 총장이 7월에 설치될 고위공직자범죄수사처의 1호 대상이 될 것이라고도 했다. 정작 지난 12월부터 세 차례에 걸친 검찰 소환에는 전혀 응하지 않고서 말이다. 살아 있는 권력에 대한 수사와 기소가 이루어지면서 정말 검찰개혁이 이루어지나보다 했더니 반대로 추미애 법무부 장관을 내세운 청와대에 의한 검찰 장악이 이루어진 것이다.

원칙과 상식의 눈으로 이번 청와대와 법무부, 검찰의 갈등을 다시 분석해보자. 시작은 여러 불법 의혹에도 불구하고 조국 전 민정수석을 법무부 장관에 지명하면서부터였다. 조국 씨 가족의 여러 불법 의혹들은 크게 자녀 입시 과정에서의 각종 문서 위조와 증거인멸, 사모펀드를 통한 불법 투자, 웅동학원 관련 비리 등이었다. 대통령과 여당은 검찰이 조국 가족에 대해 과잉 수사, 별건 수사를 통해 '탈탈' 털었고 그것이 과도한 검찰권의 남용이고 윤석열 총장의 검찰이 정치 검찰이라는 것이다. 최강욱 비서관은 변호사 시절 조국 씨 아들의 인턴증명서를 허위로 발급한 혐의를 받아 불구속 기소되었다.

법무부 장관은 정의를 구현하는 자리다. 그 자리에 임명된 사람이 불법행위 의혹이 있다면 당연히 수사를 통해 밝혀져야 한다. 그것이 과잉 수사나 과도한 검찰권 남용인지는 재판을 통해 가려질 것이다. 당사자가 직권남용이라며 검찰 수사에 응하지 않고도 기소되지 않는다면 그것이야말로 법치주의를 무시한 행위로서 처벌받아야 한다. 일반 국민들에게 검찰 수사를 거부할 권리는 없다. 하물며 청와대 비서관이 검찰 수사를 반복해서 거부했다면 그것이야말로 특권과 반칙이다.

여기에 조국 씨는 민정수석 시절 유재수 감찰 중단을 지시한 직권남용 혐의가 추가되었고 백원우, 이광철 전현직 비서관과 김경수 경남지사, 임종석 전 비서실장 등은 송철호 울산시장을 비롯한 2018년 지방선거 개입 의혹으로 수사를 받고 있었다. 조직적 선거 개입이라면 민주주의를 부정한 있을 수 없는 사건이다. 윤석열 검찰이 이 의혹을 수사하지 않는다면 그것이야말로 정치 검찰로서 권력에 충성한 개가 되는 것이다.

수사가 계속되자 대통령은 서둘러 추미애 법무부 장관을 임명했고 추 장관은 취임 3주 만에 윤석열 총장의 손발을 모두 잘라내는 검찰 인사를 단행했다. 특히 이번 수사의 핵심인 서울중앙지검장과 반부패강력부장을 모두 친문 검사들로 바꾸고 수사를 지휘하는 차장 검사들도 모두 교체하는 대규모 인사를 이례적으로 단행했다. 그것도 검찰청법에 따라 1년 이상 임기를 보장해야 하는 것을 우회하기 위해 직제개편까지 단행하면서 말이다. "검찰총장의 의견을 들어" 시행해야 한다는 것은 비록 인사권은 대통령에게 있으나 검찰총장의 의견을 반영할 것을 의무화한 것인데도 이를 위반했다. 이는 검찰에 대한 인사권을 남용하여 청와대를 향한 검찰 수사를 방해한 것으로 해석될 수 있다. 결과적으로 살아있는 권력에 대한 수사는 어려워졌고, 수사 방해가 검찰개혁이 그토록 필요했던 이유인 것을 사실상 인정한 셈이 되었다. 그리고는 이것이 검찰개혁이라고 강변하고 있다. 국민을 무시하지 않는다면 이럴 수는 없다.

국민은 대통령과 청와대, 조국 씨, 최강욱 비서관에 대해 특별한 것을 원하는 것이 아니다. 그저 법치주의의 원칙과 상식에 따라 행동해 달라는 것이다. 윤석열 총장을 임명한 것은 다른 사람이 아닌 문재인 대통령 자신이다. 윤 총장을 임명할 때에도 문 대통령은 살아있는 권력에도 똑같이 검찰권을 행사하라고 당부했다. 취임사에서도 대통령은 특권과 반칙이 없는 세상을 만들겠다고 약속했다. 그 약속을 지켜주기 바랄 뿐이다.

(매일신문, 2020년 1월 30일)

제8장 개혁을 빙자한 국정농단

7. 극에 달한 친일파 몰이, 더 이상은 안 된다

　백선엽 장군이 서거했다. 백 장군은 6·25 동란 시 다부동 전투를 승리로 이끌어 공산주의의 침략으로 존망의 기로에 섰던 나라를 지켜낸 호국 영웅이다. 그런 영웅을 집권 여당과 진보 좌파는 친일파라고 비판하고 혹자는 국립묘지에도 가서는 안 된다고 한다. 그가 친일파라는 이유는 일제강점기에 태어난 그가 만주군관학교를 졸업하고 간도특설대에 배치되어 만주에서 독립군을 토벌했다는 것이다. 잘 알려진 바와 같이 그가 배치된 1943년 만주에는 독립군은 이미 사라진 뒤였고 비적 떼와 같았던 팔로군들만 간혹 남아 있었다. 좌파들은 일본군 장교가 된 그가 만주에 배치되어 있었다는 이유만으로 친일파로 몰아 비난을 서슴지 않는다.

또 다른 예를 보자. 한국화의 거장인 월전 장우성 화백은 충무공 이순신 장군이나 유관순 열사, 강감찬 장군, 윤봉길 의사 등 7분의 표준 영정을 그린 분이다. 좌파들은 그가 친일파라고 비난하면서 충무공과 유관순 열사 등의 표준 영정을 바꾸어야 한다고 아우성이다. 장 화백이 친일파라는 근거는 일제강점기에 조선총독부가 주최한 '조선미술전람회'(선전)에서 4회 연속 특선을 해 추천작가가 되었다는 것이다. 선전은 오늘날 국전에 해당하는 조선 최고의 미술전람회였다. 여기에서 특선을 한다는 것은 미술가로서 당연히 거쳐야 할 관문이었고 4회 연속 특선을 했다는 것은 그만큼 실력을 인정받은 것이라는 의미다. 좌파들은 친일의 구체적 행적 없이 '선전'에 작품을 출품했으니 친일파라며 그가 그린 영정을 모두 바꾸어야 한다고 난리들이다. 장 화백이 친일파여야 할 특별한 이유라도 있는가.

좌파들은 친일파 청산이 이루어지지 못한 대한민국을 정의가 바로 서지 못한 나라라며 비판한다. 민족문제연구소는 120여 명의 학자들이 참여해 10여 년에 걸쳐 4천776명의 친일파를 발굴(?)하여 2009년 3권의 『친일인명사전』에 등재했다. 하지만 광복 직후 구성된 반민특위가 조사 대상으로 선정한 친일 혐의자는 680여 명이었다. 일제강점기를 온몸으로 체험한 위원들이 생생한 경험을 통해 알고 있던 친일 혐의자가 그 정도였는데, 살아보지도 않은 사람들이 발굴했다는 친일행위자는 그 9배에 달한다. 그들이 친일파의 기준으로 정한 것 중 일본군 근무자는 당초 영관급 이상으로 정했다가 박정희가 빠지게 되니 다시 위관급으로 낮추어 박 전 대통령을 포함시켰다. 이런 자의적 기준으로 판단한 친일행위자 목록을 믿어야 하나.

1912년 신의주에서 태어난 손기정은 베를린올림픽 마라톤에서 한국인 최초로 우승하여 지금도 추앙받고 있다. 1932년 동아마라톤대회에 신의주 대표로 출전해 2위를 했던 손기정은 1935년 조선마라톤과 전 일본 마라톤대회에서 우승하여 베를린올림픽에 출전할 수 있었고, 그래서 금메달을 목에 걸었다. 이후 손기정은 1937년 양정고보를 졸업했고, 1940년 메이지대학을 졸업했다. 일제강점기 마라톤 선수로서 손기정은 당연히 거쳐야 할 예선을 거쳐 본선인 베를린에 출전할 수 있었고 그 결과 우승할 수 있었던 것이다.

좌파들이 친일 청산을 제대로 했다는 북한의 경우를 살펴보자. 조규봉이라는 조각가가 있다. 1917년 인천에서 태어난 조규봉은 일본 도쿄미술학교를 졸업한 천재적 조각가였다. 장우성 화백처럼 '선전'에서 입선과 특선을 했던 그는 일본의 '문부성전람회'(제전)에서 한국인 최초로 특선을 했다. 그때까지 '제전'은 일본의 자존심 격이라 조선 사람에게 특선을 준 적이 없었다. 그만큼 조각가로서의 조규봉은 탁월한 예술가였다. 그는 1946년 월북 후 북한에서 김일성 동상과 중국인민지원군우의탑을 만들었으며, 북한 조각예술의 대부로서 수많은 제자들을 길러냈다. 그런 조규봉이 친일파로 비난받는다는 얘기를 들어본 적이 없다.

좌파의 논리대로 백선엽, 장우성이 친일파라면 손기정도 당연히 친일파여야 한다. 좌파들은 왜 같은 상황에 대해 전혀 다른 입장을 보이는가. 좌파의 친일파 몰이는 어제오늘의 일이 아니다. 문재인 대통령도 걸핏하면 보수우파 인사들을 독재자의 후예니, 친일파의 후손이니 하면서 사실에도 맞지 않는 비판을 하곤 했었다. 정치적 입장이 다르다고 친일파니 토착왜구니 하면서 반일 감정을 이용해 정치적 이익을 취하려는 행위는 없어져야 한다. 국민도 감정적 반응보다 논리적 판단을 통해 친일파 몰이의 허구성을 깨달아야 한다. 솔직히 말해 여당인 민주당에도 진짜 친일파의 후손들이 있지 않은가. 더 이상 근거도 없이 논리도 없이 사회를 분열시키는 망언을 삼가기 바란다.

(매일신문, 2020년 7월 16일)

8. 문재인 정부의 이상한 검찰개혁

이제야 의문이 좀 풀린다. 문재인 정부의 검찰개혁을 왜 꼭 조국이 해야 했는지 말이다. 취임 후 추미애 법무부 장관이 한 모든 일이 개혁과 거리가 멀었음에도 왜 이를 검찰개혁이라고 불렀는지도, 황희석, 최강욱, 김남국 등 여권 핵심 인사들이 그토록 조국과 검찰개혁을 동일시한 이유도 알 것 같다.

조국 씨는 법무부 장관으로 지명된 지 꼭 1년이 되는 지난 9일 페이스북에 올린 글에서 울산 선거개입 사건의 공소장에 문재인 대통령을 15회나 언급했다는 사실을 지적하면서 다음과 같이 썼다. "작년 하반기 초입… 검찰 수뇌부는 4·15 총선에서 집권 여당의 패배를 예상하면서 검찰 조직이 나아갈 총노선을 재설정했던 것으로 압니다.… 집권 여당의 총선 패배 후 대통령 탄핵을 위한 밑자락을 깐 것입니다…." 그는 권위주의 체제 종식 이후 군부나 정보기관 등은 모두 민주적 통제 안으로 들어왔지만, 검찰만은 민주적 통제를 거부하고 경제협력개발기구(OECD) 국가 최강의 권한을 행사하는 '살아있는 권력'으로 행세했고, '준 정당'처럼 움직인다고도 썼다.

검찰개혁은 피의자 인권 보호와 집권 세력으로부터의 독립성 확보 및 정치적 중립성이라는 두 가지 방향에서 접근해야 한다. 그런데 울산 선거개입 사건 수사 이후 집권 여당의 검찰개혁에서 정치적 중립성과 독립성 확보는 완전히 사라졌다. 조국 씨의 글에서 우리는 그 이유를 짐작할 수 있다.

2019년 8월 초 윤석열 검찰총장을 임명할 때, 조국 민정수석을 비롯한 여권 인사들은 윤 총장이 적폐청산과 검찰개혁의 적임자라고 입에 침이 마르도록 칭찬했었다. 조 수석 자신이 윤석열 후보자의 인사 검증 책임자였다. 그런 윤 총장이 임명도 되기 전에 이미 검찰 조직의 수뇌부를 구성하여 문재인 대통령 탄핵을 위한 기반을 닦았다는 말이다. 그것도 집권 여당의 패배를 예상하면서 말이다. 당시 대통령과 여당 지지도는 역대 어느 정부보다 높아서 9개월 뒤에 있을 집권 여당의 패배는 상상할 수 없는 일이었다. 서울대 법대 교수이고 민정수석, 법무부 장관까지 지낸 사람이 이를 모를 리 없다. 그런데도 이런 비논리적 글을 버젓이 공개적으로 올린 이유는 무엇일까.

이는 윤석열 검찰의 청와대에 의한 울산 선거개입 사건 수사가 대통령 탄핵의 사유가 될 것으로 판단했다는 것을 스스로 고백한 것이다. 그래서 무조건 이 사건 수사를 막아야 했다. 윤석열 총장이 사람에 충성하지 않는 성격을 잘 알고 있으니 설득보다 배제를 택했고 그 방법으로 검찰개혁이라는 명분을 내세웠다. 그러자니 윤석열 검찰의 문제를 강력히 제기할 필요가 있었고, 윤 총장이 의도적으로 탄핵의 기반을 깔려 했다고 주장함으로써 자신을 정당화하려 한 것이다. 정치적 중립성과 집권 세력으로부터의 독립성이 검찰개혁에서 사라진 것은 이 때문이다.

윤석열 검찰의 수사를 정권에 대한 도전으로 받아들인 문 정부는 조국 씨를 법무부 장관에 임명해 검찰개혁이라는 명분으로 윤석열을 배제하려 했고, 그 과정에서 조국 씨는 본인과 가족의 불법행위 의혹으로 기소되어 재판을 받는 신세가 되었다. 그러니 문 대통령이 마음의 빚이 있다고 할 수밖에. 이후 추미애를 법무부 장관에 임명해 검찰 인사권, 검찰총장에 대한 지휘권 등 모든 수단을 동원해 윤석열을 고립시켰다. 법무부 검찰개혁위원회는 윤석열 배제를 위한 대안을 검찰개혁안이라고 발표했으니 스스로 부끄럽지 않다면 오히려 이상할 지경이다. 그것도 모자라 검사장급 인사에서 정권에 충성하는 정치검사들을 승진시켜 윤 총장을 포위했고, 곧이어 대대적인 차장 및 부장검사에 대한 인사를 통해 검찰의 정권 예속화가 완성될 것이다. 검찰총장의 수족이 모두 끊겼으니 더 이상 집권 여당 관련 수사는 없을 것이다.

맹자는 '수오지심(羞惡之心)은 의지단야(義之端也)'라 했다. '사람이라면 의롭지 못한 것을 부끄럽게 여길 줄 안다'는 뜻이다. 집권 여당 사람들이 수오지심이 있는지는 이제 국민이 판단할 문제다. 그리고 문재인 청와대와 추미애 법무부 장관의 행태가 검찰개혁인지, 아니면 합법을 가장한 희대의 국정농단인지는 후세 사가들이 판단할 것이다.

(매일신문, 2020년 8월 13일)

9. 무엇을 위한 검찰 퇴출인가

검찰개혁이란 퍼즐 게임의 마지막 조각은 이른바 중대범죄수사청(중수청)의 설치다. 압도적 의석을 바탕으로 검경 수사권 조정과 고위공직자범죄수사처(공수처) 설치를 일사천리로 완성한 여당은 내친 김에 중수청도 밀어붙일 태세다. 검찰개혁의 주된 이유인 검찰의 기소권 독점과 수사지휘권이 문제가 없었던 것은 아니지만 검찰 중심의 형사법 체계가 오랫동안 유지되어온 것은 그만큼 장점이 단점보다 컸기 때문일 것이다. 그럼에도 불구하고 검찰개혁이 필요하다면 새로운 형사법 체계는 국민 편익에 봉사할 수 있어야 한다.

정부 여당은 검찰개혁의 이유로 수사지휘권과 기소권 독점으로 인권을 무시한 강압 수사나 자의적 사건 조작 가능성을 강조했다. 아울러 검찰이 정치권력의 하수인으로 전락하는 것을 막아야 한다고 주장했다. 이는 검찰개혁에 따른 혜택이 국민에게 돌아가야 하고 검찰이 정치적으로 중립적이어야 한다는 것을 의미한다. 전적으로 공감한다. 그러나 불행하게도 지금 진행되는 검찰개혁은 전혀 그렇지 않다.

검경 수사권 조정으로 경찰의 제한적 수사종결권이 인정되고 검찰의 경찰에 대한 수사지휘권이 폐지되었다. 검찰은 미진한 부분에 대한 보완수사요구권을 가지며, 경찰 수사 과정의 위법 사항이나 고소인의 수사 종결에 대한 이의 제기가 있으면 검찰로 사건을 송치해야 한다. 검찰은 일정 규모 이상의 뇌물죄와 횡령죄 등 6개 유형의 특수 범죄에 대해서는 여전히 수사권을 갖도록 했다. 그러나 경찰의 수사권 행사에 우려가 크다보니 수사국, 형사국, 보안국, 과학수사대, 대공수사 업무 등을 포괄하는 국가수사본부를 경찰청 내에 신설하여 보완토록 했다.

검찰의 수사지휘권 폐지가 국민을 위해 바람직한 것인지는 여전히 의문이지만, 검찰과 경찰의 수사권 병립의 결과는 당분간 지켜봐야 할 것이다. 문제는 검찰개혁의 또 다른 퍼즐 조각인 공수처에 있다. 우여곡절 끝에 공수처가 설치되고 처장과 차장이 임명되어 조직 구성이 진행 중인데, 문제는 공수처의 정치적 중립성과 민주적 통제 가능성은 완전히 정치권력의 선의에 맡겨졌다는 점이다. 설치 과정에서 야당의 거부권 행사로 처장 추천이 어려워지자 여당은 일방적 법 개정을 통해 공수처의 정치적 중립성 확보를 위한 유일한 조항이었던 야당의 거부권을 무력화시켰다. 최근 김학의 불법 출국금지 사건으로 수사를 받고 있는 이성윤 중앙지검장과 이규원 검사가 자신들이 연루된 사건을 공수처로 이첩해달라고 요구하고 나섰다는 것은 공수처의 정치적 중립성에 근본적 문제가 있음을 입증하는 결정적 증거다.

검찰개혁의 마지막 퍼즐 조각인 중수청은 더욱 심각하다. 검찰에 남겨진 6대 중대 범죄의 수사권을 아예 없애 검찰은 기소만 담당하라는 것이다. 많은 법조인들이 우려하는 바와 같이 중수청이 과연 6대 중대 범죄를 충분히 수사할 능력과 전문성을 단기간에 갖출 수 있을지 의문이다. 수사권 없이 기소만 담당할 검찰이 공소 유지에 충분한 자료와 정보를 가질 수 있을까. 그 결과 범죄인들에 대한 무죄 판결이 늘어나 죄인들만 유리해지고 오히려 일반 국민들의 권익이 침해될 가능성이 커진다. 그뿐만 아니라 형사사법체계가 복잡해지면서 국민의 혼란만 가중될 것이다.

이번 검찰개혁은 공수처와 중수청이라는 두 개의 수사 관련 기관의 신설과 경찰청 내 국가수사본부의 신설이라는 큰 변화를 가져온다. 이것은 곧 최소 2개의 기관 신설과 1개 본부가 새로 만들어지고 이에 필요한 인력과 예산의 증가가 불가피해진다는 것을 의미한다. 국민의 입장에서 보면 과거보다 나을 가능성이 별로 없는 형사법 관련 서비스를 받는 데 많은 추가 비용을 부담해야 한다.

그럼에도 불구하고 검찰개혁의 이름으로 검찰을 형사법체계에서 퇴출시키려는 이유는 무엇인가. 윤석열 검찰의 정권에 대한 수사가 멈추지 않으니 아예 수사권을 없애려는 것인가. 그렇다면 묻고 싶다. 공수처와 중수청, 국가수사본부가 언제까지 집권 세력의 충견으로 남을 것으로 보는가. 그들이 행사하는 수사권이 검찰과는 달리 인권을 침해하지 않고 정치적 중립성을 유지할 것이라는 근거는 무엇인가.

호랑이가 없는 산에는 늑대가 그 역할을 대신한다. 검찰을 퇴출시킨다고 자신이 안전해질 것이라 생각한다면 그것이야말로 착각이요 오해라는 점을 잊지 말아야 할 것이다.

(매일신문, 2021년 3월 4일)

10. 공정·법치와 거리 먼 文의 법무 장관들

　박범계 법무 장관 후보자를 둘러싼 의혹이 꼬리를 문다. 제19대 국회부터 대전 서구을 지역에서 내리 3선을 한 국회의원이 공직자 재산 등록 과정에서 누락시킨 재산이 있는가 하면 부인 명의 재산을 친척들에게 헐값 매각한 의혹, 고시생 폭행 의혹과 시의원 후보들에 대한 불법 금품 요구 의혹 등 그 내용도 다양하다. 청문회를 통해 검증돼야 하지만, 180석 가까운 여당의 궤적을 볼 때 인사청문회는 요식행위일 것이다.

　다른 자리도 마찬가지지만 법무 장관은 법치주의를 수호해야 하는 막중한 자리다. 그래서 다른 장관보다 더 엄격한 도덕성과 투명성, 공정과 정의의 기준이 요구된다. 그런데도 언론이 불과 며칠의 취재만으로 제기한 의혹들을 청와대 민정수석실이 놓쳤다는 건 말이 안 된다.

더구나 과거 민정수석 시절, 철저한 인사 검증을 위한 매뉴얼까지 만들어놓고 나왔다는 문재인 대통령 아닌가. 그러니 박 후보자의 이런 흠들은 문제가 안 된다고 결론 내렸거나, 아니면 대통령이 지명한 인사에 대한 형식적 검증 절차만을 거쳤다고 볼 수밖에 없다. 어느 쪽이든 청와대의 책임은 면할 수 없다.

돌이켜보면 문 정부의 인사 검증은 허술하기 짝이 없을 뿐만 아니라 스스로 비난했던 일들을 그대로 답습했다. 과거 민정수석이 법무 장관으로 직행하는 건 안 된다며 그렇게 반대하더니 조국 수석을 법무 장관에 앉혔다. 그런 조 내정자가 부인의 사모펀드 투자 의혹에서부터 자녀의 입시를 위한 각종 스펙 위조 의혹, 웅동학원 관련 의혹 등 수없이 많은 불법 의혹을 뻔히 알면서도 임명을 강행했다. 추미애 전 장관도 정도의 차이는 있으나 아들 특혜 휴가 문제를 모른 체했고, 이후 검찰에 대한 인사권 전횡과 헌정 사상 유례없는 지휘권·감찰권·징계권 행사를 통해 윤석열 총장을 끌어내리려 했다가 모두 실패했다.

이들의 의혹도 문제려니와 국회 인사청문회 과정에서 의혹을 부정(否定)한 것들이 사실로 드러난 사례도 한두 가지가 아니다. 조 전 장관은 자녀의 입시를 위한 많은 스펙을 조작하거나 위조했다는 게 부인 정경심 교수의 1심 판결에서 사실로 확인됐다. 추 장관도 아들의 군 복무 때 특혜 휴가에 관해 많은 거짓말을 했음이 대부분 사실로 드러났다. 한마디로 법무 장관에 지명된 인사들이 국민 앞에서 거짓말을 밥 먹듯 했다는 말이다. 이러고도 부끄러운 줄 모르고 잘못이 없다고 억지를 부린다. 임명권자인 대통령도 한마디 사과조차 없다.

도대체 문 정부 법무 장관의 조건은 무엇인가. 마땅히 가장 중요한 조건이 돼야 할 도덕성, 정의와 공정, 법치주의 수호 의지 등은 눈을 씻고 찾아도 볼 수 없다. 지금까지 드러난 3인의 법무 장관 임용 사례로 보면 오직 한 가지만 공통적으로 발견된다. 문 대통령과 여당에 대한 일체감과 충성심이 그것이다.

장관직을 수행할 사람들이 통치권자와 같은 생각과 가치를 가져야 한다는 것은 충분히 이해한다. 그렇더라도 국민이 믿고 따를 수 있는 최소한의 도덕성과 정의감·공정성·정직함은 있어야 하지 않겠는가. 제 편이면 무슨 일을 해도 괜찮다는 편향적 생각과 믿음을 가진 사람이라면 법무 장관감이 못 된다. 그 자리는 모든 국민에게 공정하고 공평하게 법을 적용해야 하는 자리이지, 내 편에만 충성하는 자리가 아니기 때문이다.

(문화일보, 2021년 1월 6일)

북한, 안보,
외교, 사드

CHAPTER
09

북한, 안보,
외교, 사드

1. 테러방지법, 피할 수 없는 선택이다

　지난 13일 파리 시내 곳곳에서 자행된 반인륜적 테러를 계기로 전세계는 즉각 테러와 전쟁을 시작했다. 그런데 테러에 앞서 이라크 첩보 당국은 이슬람 수니파 무장 단체 '이슬람국가(IS)'의 테러 용의자들이 시리아의 락까 훈련 캠프를 떠나 프랑스로 들어갔고, 다중(多衆)이 모인 장소에서 자폭이나 무차별 사격 방식의 테러를 시도할 것이라고 프랑스를 비롯한 서방국에 알렸다고 한다. 터키 당국도 이번 테러범 중 하나인 알제리계 프랑스인 이스마엘 오마르 모스테파이가 테러를 감행할 수 있다는 것을 작년 12월과 올해 6월 두 차례에 걸쳐 프랑스 당국에 경고했다고 한다. 이처럼 계속되는 경고에도 프랑스 당국은 테러를 막는 데 실패했다.

이번 사태를 지켜보면서 우리의 테러 예방 능력에 대해서도 걱정하는 목소리가 높다. 우리나라도 알카에다나 IS 등이 테러를 저지를 대상국으로 지목된 지 오래고, 우리 여행객들이 탄 버스가 중동에서 직접 테러를 당한 적도 있다. 지난달 국내에서 폭탄 제조 물질인 질산암모늄을 밀반출하려던 레바논 출신 IS 동조자 5명과 IS에 가입하려던 한국인 2명이 적발됐다. 18일엔 IS를 추종하는 불법 체류 인도네시아인이 검거됐다. 사정이 이런데도 테러를 방지하기 위한 수사 기능 정비와 확충은 이루어지지 않고 있다. 테러방지법과 사이버테러방지법 제정안, 특정금융거래보호법 및 통신비밀보호법 개정안이 국회에 계류 중인 채로 낮잠 자고 있다. 야당은 인권침해와 권력남용 가능성이 커 테러 방지 기능을 국가정보원에 줄 수 없다고 한다.

무고한 시민 2700여 명이 희생된 9·11 참사 이후 미국은 테러 예방을 위해 국가의 테러 대비 시스템을 완전히 바꿨다. 미국에 입국하는 모든 사람은 잠재적 범죄인 취급을 받는다. 출국하려면 최소 3시간 전에 공항에 나가야 하고, 길게 늘어선 줄에 신발과 혁대까지 벗고 모든 사람이 예외 없이 엑스선 투시를 받고 있다. CIA 등 정보기관은 테러 의심이 있는 모든 금융계좌를 영장 없이 추적할 수 있고, 개인 이메일과 통신도 확인할 수 있다. 그런데도 미국인들은 불평 한마디 없다. 이런 대비책을 마련하고도 2013년 보스턴 마라톤 대회 폭탄 테러가 터졌다. 그러자 정부에 더 치밀한 테러 방지책 마련을 요구하는 여론이 비등했다.

우리는 어떤가? 테러 방지의 컨트롤타워 역할을 할 역량이 있는 곳은 현실적으로 국정원밖에 없다. 국정원에 대한 신뢰가 부족한 것은 사실이지만 그것을 이유로 테러방지법 등 네 법률의 제·개정을 더 이상 미룬다면, 국민의 안전을 장담할 수 없다. 야당이 우려하는 부분은 국회 정보위원회를 상설화하여 국가안보와 직결되는 사항 외에는 정보 공개 범위를 확대하고, 테러 용의자의 계좌를 추적하고 이메일 및 휴대폰을 도청했을 때는 사건 종료 즉시 보고하도록 통제를 강화해 해결할 수 있다. 국정원이 테러 가능성이 없는 사람의 계좌를 추적하고 전화를 도청했다면 그때 가서 처벌해도 늦지 않다.

미국은 개인 인권의 희생을 감수하면서 국민 안전을 선택했다. 우리나라도 테러 위협으로부터 안전한 대한민국을 만들기 위해 모든 역량을 최대한, 그것도 시급히 동원해야 한다. 이번 파리 테러가 우리에게 던진 과제다.

(조선일보, 2015년 11월 20일)

2. 무엇을 위한 반미(反美)인가

　주한 미군의 훈련 중 불행한 사고로 숨진 두 여중생에 대한 추모 시위가 반미운동 차원으로 바뀌고 있다. SOFA 개정이나 대등한 한·미 관계를 바라는 것은 그런대로 일리가 있다. 하지만 외출외박 나온 미군 병사들을 폭행하거나 미국에 대한 적개심을 갖는 것은 문제가 있다. 북한의 핵무기 보유에 대해 별다른 불안감을 갖지 않는 사람이 60%에 가까운 이삼십대 젊은이들이 반미 시위에는 적극적이다. 그들에게 반미운동을 걱정하고 만류하는 기성세대는 비겁한 사대주의자에 지나지 않는다. 그들은 6·25를 경험하지 않은 그야말로 신세대이기 때문이다. 하지만 친미든 반미든 목적이 분명해야 한다. 도대체 무엇을 위한 반미인가?

모든 사람은 평등하고 직업에는 귀천이 없다고 한다. 하지만 현실 사회에는 엄연한 상하 관계나 불평등한 관계가 있게 마련이다. 국가 간에도 마찬가지다. 지구상의 모든 국가들이 주권을 가진 독립국가이지만 경제력이나 군사력에서 큰 차이가 있다. 특히 미국은 세계를 좌우할 수 있는 힘과 자원을 가지고 있다.

한·미 간의 공조관계는 이러한 미국의 패권을 바탕으로 공산주의의 확산을 저지하려는 목적으로 탄생하였으며, 처음부터 비대칭적 관계일 수밖에 없는 구조적 한계를 지니고 있었다. 그럼에도 지난 50여 년간 한·미 관계가 비교적 안정적으로 유지될 수 있었던 것은 무엇보다도 이것이 모두에 이익이 되었기 때문이다. 특히 한국은 미국의 보호막에 의존하여 초고속 경제성장을 이룩했다.

그럼에도 반미운동은 나날이 확산되고 급기야 주한 미군 철수 주장이 나오기 시작했다. 만일 궁극적으로 주한 미군 철수를 주장하기 위한 반미운동이라면 문제는 보통 심각하지 않다. 예컨대 우리가 원하는 대로 SOFA가 개정되고 외교관계가 대등해진다면 국민의 기분은 좋아지고 자존심을 지킬 수는 있을 것이다. 하지만 우리가 실제로 얻는 것이 무엇인가? 미국이 대등한 외교관계 수립을 인정했다고 해서 실제로 한·미 관계가 대등해지나?

거꾸로 반미운동과 미군 철수 주장은 엄청난 부작용을 초래할 수 있다. 무엇보다 북핵 문제로 가뜩이나 불안한 동북아지역에서 주한 미군이 정말로 철수할지도 모른다. 동서 냉전시대 동아시아에 교두보가 필요했던 때도 카터는 주한 미군 철수를 시도했었다. 이번 사태에 대한 한국인들의 과잉 대응에 이미 많은 미국인들이 비판적으로 돌아섰다. 미국 내 반한 여론이 높아지면 주한 미군 철수에 대한 국내 압력이 강해질 수밖에 없고 주한 미군의 전략적 중요성이 크지 않다면 한국의 이해관계와는 상관없이 철수가 이뤄질 것이다.

주한 미군 철수를 주장하는 사람들은 이제 우리의 경제력이 스스로를 충분히 방어할 수 있다고 할 것이다. 북한이 핵무기로 우리를 공격하지는 않을 것이라고도 한다. 하지만 문제는 우리의 방어능력이나 북한의 침략 의도가 아니다. 막대한 군사력을 가진 한국과 북한이 미국의 개입 없이 서로 이마를 맞대고 있는 동북아지역을 상상해보라. 이는 한반도가 그야말로 언제 터질지 모르는 화약고와 같다는 것을 의미한다. 누구도 이 위험한 지역에 투자하려 하지 않을 것이고 거래도 뚝 끊어질 것이다. 결국 자존심을 지키려다 국가 전체가 큰 위험에 빠질 수 있는 것이다.

기성세대인들 불평등한 한·미 관계를 좋아하겠는가? 하지만 국가 간의 대등한 관계는 시위나 협약을 통해 얻어지는 것이 아니다. 스스로 힘을 길러 실제로 대등해지거나, 그것이 불가능하다면 불평등한 관계 속에서라도 우리의 이익을 극대화하는 방법을 찾아야 한다. 이런 의미에서 과거 중국에 대한 조선의 사대주의는 도저히 이길 수 없는 상대에 대해 불평등한 관계 속에서 우리의 이익을 극대화하기 위한 훌륭한 외교정책이었다. 지난 50여 년간의 한·미 관계가 비록 불평등했지만 한국은 이를 바탕으로 국가안보와 경제발전을 이룩할 수 있었다는 점에서 동일한 평가를 내릴 수 있다. 같은 기간, 주체사상을 부르짖으며 자존심을 지켜온 북한은 어떻게 되었는가?

불평등한 한·미 관계에 대한 국민의 불만은 이해할 수 있다. 하지만 맹목적 반미와 생각 없는 주한 미군 철수 주장은 국가의 장래를 불안하게 할 뿐임을 명심해야 한다.

(국민일보, 2003년 1월 10일)

3. 사이버안보의 중요성과 대응체제

이번 청와대 개편에서 가장 눈에 띄는 것은 임종인 안보특보의 임명일 것이다. 임 특보는 수학과를 졸업하고 그동안 정보보호와 네트워크 보안 분야의 전문가로서 연구와 자문, 교육에 전념했던 대학교수였다. 그런 그가 안보특보에 임명된 것은 단순히 임 교수 개인의 문제가 아니라 이제야 비로소 청와대가 국가안보의 범위를 제대로 파악한 것으로 이해해야 한다. 안보는 나라가 존재하는 한 반드시 지켜내야 할 절대 가치다. 굳이 국권을 상실했던 일제 식민지 시절을 들먹이지 않더라도 국가를 잃은 국민은 문화와 역사, 언어마저 빼앗긴 처참한 신세를 면할 수 없다. 이렇게 국권 수호와 직결되는 안보가 정보화의 진전에 따라 전통적 의미의 안보에 사이버공간에서의 안보가 추가됐다. 그럼에도 오랫동안 우리나라의 안보 컨트롤타워는 전통적 의미의 안보에 얽매여 사이버안보의 중요성을 간과해 왔다.

그 결과 지난 수년간 우리는 북한의 소행으로 추정되는 다수의 사이버공격에 노출되면서 적지 않은 피해를 입었다. 2009년의 7·7 디도스 사태 때는 청와대와 백악관을 비롯한 한·미 47개의 홈페이지가 공격을 받아 일부 서비스가 중단됐다. 2011년에는 농협의 금융전산망에 침투해 각종 자료를 삭제하고 시스템을 파괴시켜 금융 업무에 치명적 피해를 입혔다. 2013년에는 언론사와 금융사의 전산망이 해킹돼 시스템이 파괴되고 업무가 마비되는 피해가 발생했다.

이러한 공격이 치밀하게 계획되고 순차적으로 시행되면서 국가 전반의 인프라를 마비시키고 특히 국방통신망에 치명적 타격을 입히면서 동시에 물리적 공격을 감행한다면 어떻게 될 것인가? 오래전 개봉된 영화 〈다이하드 4〉에서는 불과 몇 명 안 되는 조직원을 가진 인물이 뉴욕시 전체를 마비시키고 지하철을 비롯한 기간시설을 순식간에 파괴하는 것을 보여준다. 이런 일들이 더 이상 영화 속 상상의 산물이 아니라 우리가 방심하면 언제든 발생할 수 있는 현실이 됐다.

이석기류의 종북주의자들이 극소수여서 국가 파괴 세력으로 보기 어렵다는 주장은 사이버공간을 이용한 테러가 한두 사람에 의해서도 얼마든지 국가 전복 수준으로 가능하다는 것을 모르는 무식의 결과다. 이제 사이버 위협은 개인정보 유출의 수준을 넘어 국가안보와 직결되는 심각한 문제이고, 이에 대한 적절한 대응은 물리적 안보 대응과 동일한 무게로 받아들여져야 한다. 이러한 의미에서 정보보안 전문가가 안보특보에 임명된 것은 분명 환영할 일이지만 이것만으로 사이버안보가 완성될 것으로 기대할 수는 없다. 더욱 심각한 것은 지난 대통령

선거를 거치면서 사이버안보의 중심 역할을 해왔던 국가정보원의 사이버테러 대응 능력이 심각한 제한을 받게 된 사실이다.

북한의 해킹 능력을 비롯한 사이버전 수행 능력은 매우 높은 것으로 평가되고 있고, 〈우리민족끼리〉나 〈내나라〉 등 종북 성향 사이트나 국내 포털에서의 댓글 활동 등 사이버공간에서의 심리전이 기승을 부리고 있다. 최근 북한의 인터넷 연결에 문제가 발생하면서 종북 성향 발언이나 댓글이 눈에 띄게 줄어들었다는 것을 보면 국경 없는 사이버공간에서 북한에 의한 심리전이 활발히 전개되고 있다는 것은 의심의 여지가 없다.

국가정보원을 비롯한 국가기관의 선거 개입은 분명 있어서는 안 될 반민주적 행위였기에 그 책임자들은 엄벌에 처하고 다시는 이런 일이 발생하지 않도록 조치를 취해야 한다. 그러나 이를 이유로 국정원의 사이버테러 대응 능력을 치명적으로 약화시키는 우를 범해서는 안 된다. 현재 공공, 민간, 국방 등 분야별로 나뉘어 있는 사이버테러 대응체제도 차제에 유사시 신속하고 효율적인 통합적 대응이 가능하도록 정비해야 한다. 언급만으로도 마음 아픈 세월호 참사를 통해 우리는 국가 재난 발생 시 컨트롤타워의 부재가 얼마나 심각한 결과를 초래했는지를 뼛속 깊이 경험했다. 유사한 참사가 사이버공간에서 일어나지 않으리라는 보장은 어디에도 없다.

임 특보의 임명을 계기로 전통적 안보 개념에 정보화 시대의 안보 개념을 융합시켜 사이버안보 시대의 효율적 대응체제를 정비해야 한다. 아울러 일반 국민의 정보보호 및 보안 의식을 획기적으로 증진시켜 국민 모두가 사이버안보에 대한 경각심을 갖도록 해야 할 것이다.

(서울신문, 2015년 1월 30일)

4. 개성공단 폐쇄와 우리의 대응

　북한의 4차 핵실험에 이은 장거리 미사일 도발은 급기야 사드 배치와 개성공단 폐쇄로 이어지면서 남북 관계가 최악으로 치닫고 있다. 그에 따라 경제와 금융도 요동치고 있고 국민들도 불안감을 감추지 못하고 있다. 특히 정치권의 엇갈린 평가와 반응은 국가안보를 더욱 불안하게 한다.

　냉전구조 속에서 대결 국면을 유지하던 남북 관계는 2000년 6·15 공동선언으로 협력 관계로 전환됐다. 김대중 정부의 햇볕정책은 금강산 관광과 개성공단 사업을 실현해 본격적인 남북한 경제협력시대를 열었다. 그러나 신뢰 없는 협력 관계는 오래갈 수 없다. 북의 핵무장이 현실화되면서 이명박 정부는 비핵화를 전제로 한 협력 관계를 천명했으나 박왕자 주부 피살과 천안함 폭침, 연평도 포격 등 도발로 5·24 조치를 통해 인도적 지원을 제외한 모든 남북 관계가 동결됐다. 박근혜 정부도 대화와 협력의 길은 열어놓되 비핵화를 전제로 한 남북 관계를 유지했으나, 이번 핵실험과 미사일 발사를 계기로 남북 관계는 다시 대결 국면으로 돌아갔다.

하지만 얼어붙은 남북 관계보다 더 걱정스러운 것은 남남 갈등의 심화다. 국가적 위기를 맞이한 현시점에서는 위기 극복을 위해 힘을 모아야 하지만 정치인들은 여전히 딴 별에서 온 사람들과 같이 행동한다. 역대 대통령에 대한 평가나 입장도 극단을 달리고 있다.

필자는 기본적으로 역대 대통령들이 대한민국의 미래와 한반도의 평화통일을 위해 남북 관계를 관리해왔다고 믿는다. 햇볕정책은 한반도의 평화를 유지하고 경제협력 강화를 통해 중장기적 통일을 지향했다는 점에서 바람직했다. 북한 주민들도 햇볕정책의 여파로 시장경제를 알게 되는 긍정적인 파급효과도 있었다. 그러나 북한 핵 위협이 현실화된 상황에서 정상회담 성사를 위해 5억 달러의 현금을 제공했고, 이후 금강산 관광과 개성공단을 통해 상당한 현금이 지속적으로 들어갈 수밖에 없는 상황을 만들고도 비핵화를 위한 대안을 제시하지 못했다는 점에서 비판받아 마땅하다.

이명박 정부는 비핵화를 선행조건으로 내세워 경제협력과 비핵화를 동시에 추진하려 했다는 점에서 긍정적이나 북한의 비핵화를 이끌어낼 구체적 대안은 없었다는 점에서 한계가 있었다. 박근혜 정부도 대화와 협상의 끈을 놓지 않고 이산가족 상봉을 이끌어내는 등 남북 관계를 관리했지만 북한의 핵실험과 장거리 미사일 개발에 대한 대책 없이 드레스덴 선언과 통일 대박론 등으로 기대감만 자극했다는 점은 비판을 받아야 한다.

이렇게 본다면 김대중 정부 이후 역대 정부는 모두 북한 핵무기와 미사일 개발을 막지 못한 책임이 있다. 정도의 차이는 있지만 이렇게 된 근본 원인은 북한을 신뢰할 수 있는 상대로 인식했기 때문이다. 이제 더 이상 북한이 믿을 수 있는 협력 파트너가 아니라는 것이 분명해진 이상 공단 폐쇄에 대한 찬반 논란은 무의미하다. 지금까지 북한의 핵무장과 미사일 개발을 막지 못했던 정책을 대안 없이 계속하자는 것은 국가안보를 포기하는 것과 다를 바 없다.

개성공단 폐쇄는 분명히 막대한 경제적 피해를 수반하는 것임이 틀림없다. 그러나 경제적 피해 때문에 북한의 핵무기를 머리에 이고 살 수는 없지 않은가. 폐쇄를 통해 북한이 받을 손실로는 북한의 핵과 미사일 도발을 막을 수 없다는 반론도 있다. 일리 있는 말이다. 그러나 공단 폐쇄는 국제사회에 명백한 신호를 주고 있다. 실효성 없는 유엔 결의만이 아니라 미국, 일본의 독자적 제재가 구체화됐고, 중국 정부나 기업도 제재에 동참하지 않을 수 없을 것이다. 개성 지역의 전기와 수도가 끊어지고 5만 명이 넘는 북한 근로자의 일자리가 일시에 없어진 것도 북한에 큰 부담이 될 수밖에 없다.

개성공단 폐쇄에 대한 평가는 향후 결과에 따라 달라질 것이다. 현시점에서 중요한 것은 그런 방침이 전격적으로 이루어질 수밖에 없었던 중요한 이유가 있었을 것이라는 점이다. 정부는 이를 잘 설명해 이해를 구해야 하고, 정치권은 국익을 위해 비난성 비판을 자제해야 한다. 무조건 정부 정책을 지지하자는 것이 아니다. 각자의 판단은 다를 수 있으나 적어도 위기 시에는 다툼을 멈추고 한목소리로 대응해야 나라의 안위를 지켜낼 수 있다.

(서울신문, 2016년 2월 17일)

5. 중국의 사드 철회 요구가 부당한 이유

　더불어민주당 소속 국회의원 7명이 자당 대권 후보의 '메시지'를 가지고 사드(고고도미사일방어체계) 배치에 대한 보복조치를 중단해달라고 중국에 다녀왔다. 자신들이 정권을 잡을 다음 정부에서 사드 배치는 재논의할 것이니 보복을 중단해달라는 것이다. 정권을 잡기도 전에 대한민국의 핵심적 외교정책을 뒤집는 것도 말이 안 되지만, 중국의 사드 배치 불가입장만 교육받고 왔다니 분통이 터진다.

　필자는 추궈훙 주한 중국대사가 취임한 지 얼마 되지 않아 동아시아연구원이 주최한 오찬을 겸한 회의에 참석한 적이 있었다. 당시는 사드 배치의 문제가 수면 위로 부상하기 전이었고, 한국은 사드와 관련한 어떤 이야기도 내놓지 않았던 때였다. 추 대사는 약 1시간 정도 한·

중 관계에 대하여 강연을 했는데, 그중 50여 분을 사드 반대에 할애했다. 마치 추 대사의 한국 부임 유일한 미션이 사드 배치를 막는 것처럼 보였다.

사드의 전술적 효용성은 문제의 핵심이 아니다. 사드의 전략적 가치는 바로 한·미동맹 그 자체다. 북한의 핵무기와 미사일을 머리 위에 얹고 사는 우리는 한·미동맹 이외에 이를 억지할 대체 무기체계가 없다. 북한 핵 문제가 해결되지 않는다면 우리는 스스로 핵 억지력을 갖든지, 아니면 미국의 핵우산 보호를 받아야 한다. 이것이 바로 사드의 전략적 가치다.

시진핑 주석은 사드가 중국의 안보를 위협한다고 주장한다. 백 보를 양보해서 그가 옳다고 치자. 방어시스템인 사드가 중국 안보를 위협한다면, 북한의 핵무기와 미사일이 한국의 안보를 위협하는 것은 지극히 당연하지 않은가? 방어무기에도 자국의 안보를 걱정하는 사람이 북한의 핵 위협에 대응해 사드를 배치해서는 안 된다는 것은 도대체 무슨 논리인가? 한국은 북한 핵 위협에 노출되어도 상관없다는 것인가?

국가안보의 위협이라는 점 외에도 중국의 사드 철회 요구는 두 가지 측면에서 수용할 수 없다. 우선 사드 배치는 정부 간 합의에 의해 이루어진 외교정책이다. 정부가 바뀐다고 이를 철회한다면 더 이상 한국은 신뢰할 수 있는 파트너가 될 수 없다. 한·미동맹 자체가 위협을 받을 것이고 국제사회에서 한국은 정부가 바뀌면 약속을 이행하지 않는 나라로 낙인이 찍힐 것이다. 다른 하나는 중국의 내정간섭을 수용하는 매우 심각한 선례를 남긴다는 점이다. 이번 중국의 보복조치에서 보듯이 중국은 한국을 대등한 상대로 보지 않는다. 만일 중국의 이번 요구를 수용한다면 이는 우리 스스로 중국의 속국임을 자인하는 것이다.

지난 70년간 유지되어온 한·미동맹 관계가 순탄했던 것만은 아니다. 한·미 관계가 본질적으로 비대칭적이기 때문에 대부분의 갈등은 미국의 요구를 한국이 수용하는 형태로 결론지어졌다. 그러나 미국의 압력이 아무리 강해도 국제적 규범의 범위를 벗어나는 경우는 극히 드물었다. 하지만 중국은 다르다. 2000년을 넘게 머리를 맞대고 살아온 중국은 우리에게 가혹하거나 무리한 요구를 한두 번 해온 것이 아니며, 그들의 요구를 관철하기 위해 수단과 방법을 가리지 않았다. 이번 중국의 보복조치를 보더라도 자신의 요구를 관철하기 위해 중국은 국제규범이나 정도를 벗어난 일을 서슴지 않는다는 것이 여실히 나타난다. 그러면서도 중국 정부가 아니라 중국 인민이 스스로 원해서 하는 일이라고 핑계를 댄다. 대국이 하는 일이라기에는 너무나 초라한 변명이며 손바닥으로 하늘을 가리는 일이다.

한한령(限韓令)이라는 유치한 중국의 보복으로 보게 될 경제적 피해가 아무리 크다 해도 국가안보와 바꿀 수는 없다. 민주당과 문재인 전 대표는 사드 배치를 철회해도 한·미동맹의 근간을 흔들리지 않게 할 수 있다면 그 방안을 먼저 강구해야 한다. 사드 배치를 철회해도 국제사회로부터 신뢰를 잃지 않을 수 있는 방안을 제시해야 한다. 또 중국의 내정간섭에 굴복하는 선례를 남길 수 있다는 우려를 불식시킬 수 있는 대안을 제시해야 한다. 그럴 수 없다면 사드 철회를 입에 담아서는 안 된다. 자체적 핵무장이라는 위험을 감수하지 않고 안보 위협에 대처할 수 있는 유일한 방안인 한·미동맹의 가치는 도외시하고 경제적 피해만을 걱정하는 사람들에게 이 나라의 미래를 맡길 수는 없다.

(서울신문, 2017년 1월 9일)

6. 김정은 서울 방문의 전제조건들

  지난주부터 난데없이 '백두칭송위원회'라는 단체가 결성돼 김정은의 서울 방문을 환영해야 한다고 아우성이다. 백두칭송위는 문자 그대로 김정은을 찬양하고 '칭송'하기 위해 국민주권연대, 한국대학생진보연합 등 13개 시민단체 200여 명의 진보좌파 인사들이 결성한 조직이다. 그들은 '김정은 칭송 영상'을 송출하고 북한의 모란봉악단이 부른 노래와 춤을 따라 하는가 하면, 앞으로 김정은 서울 답방 환영 서명운동, 전국 순회 예술 공연, 환영 차량 스티커 부착을 비롯한 다양한 행사를 진행할 것이라고 한다.

  문재인 대통령이 지난 9월 평양을 방문했을 때 평양시민으로부터 열렬히 환영을 받았으니 우리도 김정은의 답방을 '열렬히' 환영해야 한다는 게 그들의 논리다. 그들은 통일을 위해 자신의 안전도 개의치 않고 목숨을 걸고 서울 답방을 하겠다는 김정은의 평화를 위한 의지를 칭송해야 한다고 주장한다. 그리고 '세계를 놀래킨 김정은 신드롬', '김정은 위원장, 1년을 10년 맞잡아 만리마 시대 열다' 등의 제목으로 올린 블로그 기사에는 김정은을 '이목을 집중시키는 미디어형 리더십', '풍자와 유머를 구사하는 여유형 리더십', '직접 현장을 지휘하는 실무형 리더십' 등으로 칭송하고 있다.

이를 바라보는 시민들의 시선은 '글쎄', '착잡하다', '말도 안 된다' 등으로 요약되는 것 같다. 사상의 자유, 표현의 자유를 언급하면서 그들의 활동을 정당화하려는 사람들부터, 광화문 네거리에 김정은 칭송이 웬말이냐며 그들을 고발한 '백두청산위원회'까지 다양한 반응이 나타나고 있다. 그 활동 비용이 어디서 났을까 하는 의구심과 함께 자유민주주의 체제에서 절대적 독재자를 칭송할 수 있다는 것이 씁쓸하게 생각되기도 한다.

대화를 통해 평화를 진행하려는 한반도 평화 프로세스와 그 일환으로 김정은의 방한(訪韓)을 반대할 생각은 추호도 없다. 그것이 한반도 비핵화를 실현하기 위한 중요한 단계일 수 있다는 문 정부의 판단도 존중한다. 그럼에도 불구하고 김정은의 서울 답방은 역사적인 시각에서 몇 가지 고려돼야 할 점이 있다.

북한은 지난 70여 년의 분단 기간에 수많은 반(反)인류 범죄를 저질렀다. 우선, 김정은은 그의 조부인 김일성이 일으킨 6·25 남침 전쟁으로 인해 민족의 비극이 발생했다는 사실에 대해 통렬히 반성하고 진솔한 사과를 해야 한다. 우리는 일본 국왕 방한의 조건으로, 일제 식민지 시절의 잘못에 대한 '통렬한 반성과 사죄'를 끊임없이 요구하고 있다.

침략은 같은데, 일본에는 사과를 요구하면서 북한에는 아무런 요구도 하지 않는다는 것은 용서와 화해의 시작이 될 수 없다.

이와 함께 군사적 충돌은 차치하고라도 북한이 그동안 자행해온 민간에 대한 범죄들(KAL 858기 폭파, 연평도 포격 도발, 박왕자 주부 사살 등)에 대한 사죄와 재발 방지 약속이 있어야 한다. 특히, 그의 집권 이후 발생한 범죄에 대해 반성과 사과가 없다면 우리는 그를 진정 환영하기 어렵다. 끝으로, 무엇보다 비핵화의 명확한 의지와 함께 일정과 방식도 구체화해 남북한 국민 앞에 밝혀야 한다.

김정은 답방의 중요성은 비핵화를 위한 신뢰 쌓기에 있다. 그렇다면 위 요구는 김정은의 진정성을 확인하기 위한 최소한의 전제다. 이러한 전제가 충족되지 않는다면 종북좌파를 제외하곤 그를 열렬히 환영할 서울시민은 그리 많지 않을 것이다. 역사는 사라지는 게 아니라, 우리의 마음속에 깊이 남아 있기 때문이다.

(문화일보, 2018년 11월 22일)

7. 진정한 극일(克日)의 길

　반도체 소재에 대한 수출규제를 시작으로 한 아베 일본 총리의 무역 전쟁 도발은 한국을 백색국가 리스트에서 제외하는 것으로 절정을 이룰 것 같다. 일본 정부는 부인하고 있으나 이것이 우리 대법원에 의한 일본 기업의 강제징용 배상 판결과 박근혜 정부의 위안부 합의를 사실상 파기한 문재인 정부에 대한 강한 불신의 표현이라는 데 이견은 없다. 아베의 유치한 무역 및 경제전쟁 도발의 부당함은 비난받아 마땅하지만 우리의 대응도 적지 않은 문제가 있다.

　우선 청와대의 초기 대응은 입이 열 개라도 변명하기 어려울 정도로 부끄럽기 짝이 없다. 충무공 이순신 장군의 12척 남은 배를 언급하여 항일투쟁을 강조한 대통령과 죽창가를 시작으로 한 조국 전 민정수석의 43회에 걸친 페이스북 항일 촉구 논란, 여당 원내대표의 신(新)친일 비난 등 집권세력에 의한 일련의 항일 또는 반일운동 선동과 친일파 비난 발언은 철없는 20대 운동권 학생들이라면 몰라도 도저히 대통령과 민정수석, 그리고 여당 원내대표가 할 수 있는 발언이라 할 수 없다. 한일 관계를 국익에 부합하게 관리할 최종적 책임이 있는 사람들이 오히려 국민의 감성을 자극해 반일과 항일운동을 부추기는 것을 어떻게 이해해야 할까? 정부를 비판하거나 대통령이나 집권 여당과 생각이 다르다고 친일파와 적폐세력으로 몰아버리면 이 나라가 진정 자유민주주의가 맞나? 오죽했으면 조국 수석의 서울대 로스쿨의 동료 교수들마저 재판에서 소수의견을 내면 친일파냐고 비판할 정도다.

우리는 우치다 다쓰루 고베여학원대학 명예교수나 가와모토 요시야키 '노모어 왜란 실행위원회' 대표, 그리고 호사카 유지 세종대 교수 등 지한파 일본인들의 양심적 발언은 옳다고 믿는다. 우리에게 우호적인 일본 지식인의 발언은 양심적이라면서 일본 입장에도 일리가 있다는 한국 지식인의 발언은 매국적이고 이적행위라고 비난하는 것이 정녕 균형 잡힌 평가인가?

이번 사태에서 우리 국민의 반일감정 표현도 도를 넘는 경우가 많았다. '보이콧 재팬'이라는 일본 제품이나 여행상품의 불매운동은 그렇다 치자. 그러나 타고 다니던 일본 자동차를 때려 부수고 일본 차에는 기름도 넣어주지 않으며, 민주노총 소속 택배노조가 유니클로 등 일본 기업의 상품배송을 거부하는 것에 이르면 마치 사드 배치 이후 중국의 반한운동이 대상과 장소만 바꿔 반복되는 것 같아 섬뜩하기까지 하다.

사드 배치가 결정되자 중국인들은 어제까지 품질 좋다고 잘 쓰던 한국산 제품을 거부하고 불에 태우는가 하면, 멀쩡한 현대차를 때려 부수기까지 했다. 정부의 요청에 따라 성주골프장을 내줄 수밖에 없었던 롯데에 대한 불매운동으로 결국 롯데는 중국 전역에 100여 개가 넘는 점포를 모두 정리하고 철수할 수밖에 없었다. 당시 우리는 중국인들의 폭력적 반한 감정 표출에 분노했었다. 일본인들이 우리의 폭력적 반일 감정 표출에 분노하지 않는다면 오히려 이상하지 않은가? 혐한 감정은 더욱 심하게 타오를 것이 뻔하고, 그것이 아베가 노리는 상황일 수도 있다.

그래서 우리의 대응은 즉흥적이고 감정적이 아니라 더욱 체계적이고 복합적이며 이성적이어야 한다. 이번 사태는 한일 청구권 협정과 위안부 합의에 대한 서로 다른 입장에서 비롯된 것인 만큼 우리가 한일 청구권 협정을 파기한 것이 아니라는 것을 강조해야 한다. 한일 간 이견이 있다면 협정에 규정된 바와 같이 외교적 대화와 협상을 시도하고, 그래도 합의가 이루어지지 않으면 제3국의 중재를 함께 신청하는 것이 바람직하다. 국민은 정부를 믿고 아쉬움이 있더라도 협상의 결과를 지켜봐야 한다.

단기적으로는 협상을 통해 시간을 벌어 아베의 도발로 인한 희생을 최소화하면서 중장기적으로는 이번 일을 계기로 한일 간 비대칭적 관계를 근본적으로 변화시키기 위한 기반을 마련해야 한다. 그러기 위해서는 극일(克日)을 위한 목표와 비전, 그리고 구체적 방법이 포함된 마스터플랜을 차분히 준비하고 실천해 다가올 미래를 준비해야 한다. 가능한 것부터 차근차근 실행에 옮기고 우리 스스로 분열되어 약해지지 않도록 국민 통합을 이루어야 한다. 국제관계에서 자국의 이익을 실현하기 위해서는 반드시 강한 힘과 통합된 의지가 있어야 한다. 지금처럼 소리만 지르는 항일과 반일로 이룰 수 있는 것은 아무것도 없다. 힘도 없이 소리만 지른다고 극일이 되는가?

(디지털타임스, 2019년 8월 2일)

8. '탈북 어민 국민 아니다', 북(北) 장관인가

정의용 전 청와대 국가안보실장이 지난 8일 외교부 장관에 임명됐다. 문재인 정부에서 야당의 동의 없이 임명된 28번째 장관이다. 180석이 넘는 범여권 의석에 상임위원장 자리 전체를 거머쥔 거대 여당이 있으니 문 대통령은 인사청문회를 신경 쓸 이유가 없나 보다. 당사자는 그저 하루만 꾹 참고 모르쇠로 일관하면 장관이 될 수 있다. 인사청문회 무용론이 팽배한 가운데 도덕적 흠결이 많거나 누가 봐도 거짓말이 분명한 발언을 한 인사들이 연이어 장관이 되고 있다. 참으로 부끄럽고 민망한 일이다.

정 장관에 대해 특별히 관심을 갖는 것은, 지난 5일 그가 인사청문회 때 한 발언 때문이다. 2019년 11월, 당시 국가안보실장이던 정 장관은 탈북한 북한 어민 2명을 김정은의 요청에 따라 당사자들의 반대에도 북송시킨 일이 있다. 이에 관한 청문위원의 질문에 정 후보는 "이 사람들은(탈북민들) 대한민국 국민으로 안 봤습니다"라고 답변했다.

정 후보자의 이 발언은 나라의 헌법을 정면으로 부정한 것이다. 대한민국 헌법 제3조는 '대한민국의 영토는 한반도와 그 부속 도서로 한다'고 규정함으로써 북한 주민이 대한민국의 미수복 영토에 거주하는 국민임을 분명히 하고 있다. 비록 외교 관계에서 현실적인 이유로 외국에 준하는 관계를 인정한다 하더라도 북한 주민이 국민임을 부정할 수는 없다. 그런데도 정부가 남북대화를 끌어내기 위해 노력하던 시점에 탈북한 어민들을 범죄 의혹이 있다는 이유로 국민이 아니라고 판단했다는 것이다.

헌법상 우리 국민인데 범죄 의혹이 있다고 국민이 아니라는 게 논리적으로 말이 되는가. 설령 그들이 범죄를 저질렀다고 해도 재판 권한은 대한민국에 있다고 봐야 한다. 그러므로 일단 당사자들의 뜻을 존중해 귀순을 허용하고 그 행위가 대한민국의 법률에 위반되는지 여부를 따지면 될 일이다. 외국인도 대한민국의 영토 내에서 범죄행위가 있다면 국내에서 처벌받는 것이 원칙인데, 범죄 의혹이 있다고 국민이 아니라고 봤다는 주장은 말이 안 된다.

정 장관의 이 답변이 더욱 문제가 되는 이유는, 북한으로 송환되면 사형당할 것이 충분히 예견되는 상황에서 우리 국민이 아니라는 이유로 본인들의 의사에 반(反)하여 북으로 보냄으로써 탈북 어민의 생명권을 박탈했다는 데 있다. 생명권은 인간으로 태어난 순간 누구에게나 인정되는 자연법상의 기본권이다. 정 장관은 문 정부의 대북정책이 원활하게 추진되도록 하기 위해 탈북민의 인간으로서의 기본권마저 박탈한 것이다.

탈북민 출신인 지성호 국민의힘 소속 의원이 이 문제를 따져 묻자, 정 후보자는 "의원님 감정을 이해는 한다. 그러나 대한민국은 아무나 받는 나라가 아니다"라고 답했다. 그에게 범죄 의혹이 있는 탈북민은 '아무나'이며, 청와대 국가안보실장에게 국민인지 아닌지를 결정할 권한이 있다는 말이다. 감정의 문제가 아니라, 국가안보실장에게는 국민인지 아닌지를 결정할 권한이 없다는 주장을 이해조차 하지 못한 답변이다.

이런 인식을 가진 사람을 문 대통령은 대한민국의 외교부 장관으로 지명했고, 그대로 장관이 됐다. 이런 대통령과 후보 검증도 외면한 여당의 행태를 두고 후안무치(厚顏無恥)보다 더 적절한 표현이 있는지 필자는 알지 못한다.

(문화일보, 2021년 2월 10일)

주요 정책 이슈와
한국정치

CHAPTER
10

주요 정책 이슈와
한국정치

1. 'FTA 국익' 극대화할 때

한·미 자유무역협정(FTA) 비준안이 22일 국회 본회의에서 통과됐다. 여야 원내대표나 협상파 의원들이 합의처리를 위해 이어온 대화, 수차례에 걸친 끝장토론, 그리고 대통령의 국회방문과 설득 등 과거와 다른 정치권의 모습을 보며 혹시나 했던 국민은 욕설과 아우성, 최루가스로 얼룩진 국회를 보면서 무엇을 떠올렸을까. 사태가 이 지경에 이른 것에 대한 책임은 여야 모두에게 있지만, 보다 근본적 원인이 일부 '막가파식 반대'에 있다는 것을 부인하기 어려울 것 같다.

이제 양국에서 비준된 한·미 FTA는 후속 절차를 거쳐 곧 발효될 것이다. 여야 관계는 급속히 냉각되고 모든 국회 일정은 당분간 멈춰 설 것이다. 내년 예산이 12월 2일까지 확정돼야 하지만 지금으로선 상당

제10장 주요 정책 이슈와 한국정치

기간 표류하고 각종 민생 관련 법안이 회기 종료와 함께 자동 폐기될 가능성도 커졌다. 여야는 서로 비난하며 내년 총선에서 심판해 달라고 아우성치고 지지자와 반대자 간의 갈등도 커질 것이다. 그러나 갈등의 골이 깊어질수록 국민의 고통도 커진다는 점을 알아야 한다.

지금 우리가 해야 할 일은 과거를 돌아보고 책임을 추궁하는 것이 아니라, 미국시장이라는 새 경제영토를 어떻게 활용해 국익을 극대화할 수 있는가이다. 또 국익을 위해 희생을 감수할 수밖에 없는 분야에 어떤 보상을 해줌으로써 한·미 FTA의 비용과 편익을 고루 나눌 수 있을까 고민해야 한다.

무엇보다 우선 그동안 야권이 한·미 FTA 비준안 반대의 근거로 지적했던 투자자·국가소송제(ISD)에 대한 철저한 재분석이 필요하다. 지금까지 논의 과정에서 지적된 사법주권이나 정책주권의 제한 가능성과 그로 인한 피해의 현실화 가능성을 면밀히 분석함은 물론이고 향후한·중, 한·일 FTA나 한·중·일 경제공동체 구성에 관한 협상 과정에서의 ISD 문제까지 국익의 관점에서 재검토해 ISD와 관련한 입장을 명확히 해야 한다.

한·EU FTA에 이어 한·미 FTA가 발효되면 미국과 유럽 시장에서 우리 제품의 경쟁력이 높아질 것이다. 경쟁국이 미국, EU와 FTA를 맺을 때까지 우리 산업의 수출이나 일자리 증대라는 긍정적 효과가 나타날 수 있다. 그러나 동시에 경쟁력이 낮은 농림축산어업 분야와 제약 및 서비스 분야의 피해가 우려되는 것도 사실이다. 그동안 우리는 피해가 예상되는 분야에 대한 보상책을 논의해왔으며 여야가 어느 정도 합의에 도달하기도 했다. 농림축산어업 분야의 예상되는 피해가 보상돼야한다는 데는 이견이 없지만 보상 차원에 그쳐서는 안 된다. 중·장기적 관점에서 이들 분야가 궁극적으로 국제경쟁력을 갖출 수 있도록 생산적으로 지원되어야 한다. 그동안 폐쇄된 국내시장에 안주했던 법률·금융 등 서비스 분야에 한·미 FTA는 분명 생존을 위협하는 도전이지만, 국제경쟁력을 갖추고 세계시장으로 도약할 기회가 될 수도 있다.

민주주의를 시행한 지도 상당한 기간이 흘렀다. 하지만 국회는 여전히 합리적 타협을 이루지 못하고 물리적으로 충돌하는 구태를 벗어나지 못하고 있어 안타깝다. 여야의 가치관과 이념이 다르더라도 국가를 생각하고 위하는 마음까지도 다를까. 나라를 위하는 마음은 같은데 방법만 다를 뿐이라는 생각을 공유한다면, 한·미 FTA에 대한 찬성과 반대를 극단적 편가름으로 매도하는 일은 없을 것이다. 물리적 충돌을 통해 또는 극단적 이분법적 논리를 통해 목적을 달성할 수 있을지라도 정치권은 신뢰와 도덕성이라는 더 큰 가치를 잃고 있다는 것을 알아야 한다. 최선을 다하되, 합의되지 못하면 표결을 통해 서로 승복할 수 있어야 민주주의는 성숙되고 발전할 수 있다는 교훈을 정치권 모두가 이번에는 꼭 얻었으면 한다.

(세계일보, 2011년 11월 24일)

2. 혼돈의 교육정책, 대책은 없는가

지난 11일 교육부가 대학입시 개혁안을 발표했다. 한데 교육부가 8개월 넘게 준비했다는 것이 고작 선발방법, 선발시기, 수능평가방법 등 세 가지 주요 이슈에 관한 논쟁거리를 모아놓은 것이고, 필요 시 학생부종합전형의 공정성, 2015년 개정 교육과정에 따른 수능과목 구조, 수시수능 최저학력기준, 대학별 고사, 수능 EBS 반영률 등을 논의할 수 있다는 제안이다. 이 과제를 지난해 9월에 구성된 대통령 직속 자문기구인 국가교육회의에 넘긴다는 것이 개혁안의 골자다. 게다가 각 이슈에 대한 교육부의 입장은 없다는 것과 문재인 정부 대선공약이었던 수능 절대평가는 정부의 입장이 아니라는 것을 분명히 했다.

국민이 지대한 관심을 갖는 대학입시 개혁안을 발표하면서 주무부처인 교육부의 입장은 없다고 하며 대통령이 제시한 수능 절대평가제 도입도 정부의 입장이 아니라고 한다. 대학원생 한두 명이 투입되면 며칠 이내에 만들 수 있는 대입 관련 주요 이슈와 이슈별 채택 가능한 대안 몇 가지를 제시하는 데 224일이나 걸렸다. 이러한 교육부가 왜 필요한가.

대학입시 방식이 대선공약으로 제시되는 것 자체가 우스운 일이다. 교육은 백년대계라는데 대선 때마다 대학입시를 이리 고치고 저리 바꿔서 득표에 도움이 되려 하니 이 나라 교육은 백년은커녕 5년 소계조차 되기 어렵다. 더욱이 대통령은 수능 절대평가 제도를 도입하겠다고 공약하고, 교육부장관은 대입과정에서 학생부의 영향력을 확대하겠다고 한다. 그런가 하면 여당은 학생부종합전형 축소를 주장한다. 한마디로 당·정·청 모두 대학입시의 핵심 이슈에 대해 서로 다른 생각을 가지고 있으면서 개혁하겠다고 나선 꼴이다. 모두가 혼연일체가 돼 추진해도 쉽지 않은 것이 대학입시개혁이다. 하물며 당·정·청이 서로 다른 생각을 가진 상태에서 무슨 철학이나 방향을 가지고 대학입시를 개혁하겠다는 것인지 도무지 이해할 수 없다.

대학입시에서 대학은 사라지고 당·정·청만 남아 국민을 대상으로 득표에 이로운 방법만을 생각하는 한 결코 바람직한 정책이 나올 수 없다. 정책은 근본적으로 경제사회에 국가가 개입하는 것인데 대학입시 정책의 경우, 국가 개입의 정당성조차 검토된 바 없다. 대학입시가 시장이 실패한 영역인지, 아니면 국가가 개입하지 않으면 사회적 정의나 공정성을 확보할 수 없는 영역인지에 대한 기본적 고려조차 해본 적이 없다. 과도한 사교육을 제한하기 위해, 고교 서열화를 방지하기 위해, 혹은 수도권 대학과 지방대학 간의 형평성을 고려하기 위해 대학입시

정책을 이리저리 바꿔보는 식의 변경이 대학입시개혁의 대세였다. 세계 어느 나라가 이러한 이유로 대학입시에 정부가 개입하고 있는가.

4차 산업혁명의 무한경쟁시대라고 호들갑을 떨면서도 입시개혁을 학생과 대학의 경쟁력을 강화하는 방향으로 전환하려는 노력은 한 번도 없었다. 민간의 자율과 창의가 미래 경쟁력의 핵심이라면서도 입시개혁에서 대학의 자율과 창의를 존중하기는커녕 모든 대학이 똑같은 기준으로 학생을 선발하도록 강요받고 있다. 그런데도 청와대, 교육부, 여당 어느 쪽도 학생과 대학의 자율과 창의가 존중되는 방식으로의 과감한 전환을 생각하지 않는다.

교육부는 국가교육회의에서 숙의과정을 거쳐 제안하는 안을 수용할 태세다. 국가교육회의는 당연직 위원들과 민간위원들로 구성되는데 눈을 씻고 봐도 대학입시의 전문가라 할 만한 사람이 거의 없다. 있다 한들 지난 9월에 구성돼 지금까지 단 두 차례 회의를 가졌다는 국민교육회의가 불과 4개월 만에 숙의과정을 거쳐 2022년부터 적용할 대입개혁안을 만든다는 것을 도무지 믿기 어렵다. 결국 자식을 가진 부모만 애를 태우게 되고, 대입을 앞둔 모든 학생은 대입방식이 어찌될지 알 수 없는 혼란 속에서 몇 달을 지내야 한다. 중3부터 고3까지 매년 다른 입시제도에 따라 대학입학이라는 관문을 통과해야 하는 전대미문의 이 상황에 교육부는 한가하게도 공론화와 숙의만을 외쳐댄다. 교육은 가장 비정치적 분야여야 함에도 정부가 바뀔 때마다 정치바람을 타고 있다. 계속 이럴 것이라면 차라리 교육부를 해체하고 정부는 대학입시에서 손을 떼라.

(세계일보, 2018년 4월 16일)

3. 문제는 자사고 아닌 부실 공교육이다

　교육부가 지난 26일 자율형사립고인 전북 상산고를 일반고로 전환하겠다는 전북교육청의 결정에 부동의한 이후에도 광주시교육감이 "심각한 교육자치 훼손"이라고 비판하고 나서는 등 자사고 지정을 둘러싼 찬반 논란으로 시끄럽다.

　논란의 핵심은 주로 전교조 출신인 진보좌파 계열의 교육감들이 재평가를 통해 다수 자사고에 대한 재지정 취소를 강행하고 있기 때문이다. 그들은 자사고·특목고·외국어고 등 다양한 형태의 학교가 학교 간 경쟁과 서열화를 조장해 평등교육을 해치고 있다고 믿는다. 그들에게 교육개혁은 동일 수준의 교육을 능력과 관계없이 학생들에게 똑같이 제공해 모든 학교와 학생이 '평등'하게 되는 것이다. 그래서 자사고를 비롯한 다양한 특목고들이 우수 학생을 휩쓸어 공교육이 위태로워지 므로 없애야 한다고 주장한다.

우리나라에 자사고가 등장한 것은 우리의 교육 시스템이 학부모들이 원하는 양질의 교육을 제공하지 못했기 때문이다. 50년 평준화 교육에도 불구하고 학부모들은 자식에게 더 나은 교육을 제공하기 위해 노력해왔다. 그것이 강남 8학군과 조기유학 열풍을 낳았고, 그로 인한 막대한 외화 유출과 함께 사회적 부작용들도 커졌다. 보다 못한 김대중 정부에서 처음으로 2001~2002년에 광양제철고, 민족사관고, 전주상산고, 포항제철고, 해운대고, 현대청운고 등 6개교를 자립형사립고로 지정했고, 이후 이명박 정부에서 자율형사립고를 대거 확대해 현재 42개 학교가 운영 중이다. 자사고에는 이들 외에도 과학고와 예술고, 국제고, 외국어고 등 다양한 특목고가 있고, 많은 명문 대학 입학생을 배출하고 있다. 이들 학교는 5년마다 재평가를 통해 자사고 재지정을 받지 못하면 일반고로 전환된다.

지난 수십 년 동안 우리나라 교육정책의 최대 목표는 아이러니하게도 사교육 억제였지만, 사교육은 단 한 번도 없어진 적이 없다. 과외가 금지된 시절에도 야간과 주말을 이용한 비밀과외가 끊어진 적이 없다. 국회 인사청문회 때 빠지지 않는 위장전입은 좋은 학교가 있다면 어떻게 해서든 자식을 그곳에 입학시키려는 학부모가 그만큼 많았음을 보여준다. 유은혜 교육부 장관도 인사청문회에서 위장전입을 사과하지 않았던가?

교육 당국은 사교육을 받지 않고도 좋은 대학에 입학할 수 있게 만들겠다면서 수학능력시험을 교과서 위주의 쉬운 문제들로 출제하도록 했고, 그에 따라 교육 수준의 하향 평준화가 계속됐다. 현실적으로 존재하는 학생들의 실력 차이만큼이나 고교 간 경쟁력의 차이가 엄연히 존재하는데도 정부는 대학들이 입시에서 이를 인정하지 못하도록 강요해왔다.

자사고는 공교육에 만족하지 못한 학부모들의 높은 교육열을 조금이나마 충족시켜 우수 인재를 양성하는 통로의 역할을 했다. 나라의 경제사회 발전이나 학생들의 높은 학업 성취도는, 좌파 교육감들의 주장처럼 하향 평준화된 공교육 덕분이 결코 아니었다. 자사고가 공교육의 위기를 가져온 게 아니라, 부실(不實)한 공교육이 자사고를 불러온 것이다.

4차 산업혁명은 똑같은 교육을 받은 평범한 사람보다 맞춤형 교육과 창조적 인재의 양성을 요구한다. 우리의 미래는 다양성과 창의성 위주의 개인 맞춤형 교육에 있다고 해도 과언이 아니다. 소프트파워 중심의 국경 없는 무한경쟁의 시대가 가속화하고 있는데 언제까지 평등교육을 외치고 경쟁을 부정하면서 그저 그런 평범한 학생들만 키우려는가.

(문화일보, 2019년 7월 29일)

4. 공기업 혁신 안 되는 이유

역대 정부에서 행정개혁이나 쇄신, 정부 혁신 등의 이름으로 중앙정부의 개혁을 시도했다면 이명박 정부는 공공기관에 대한 개혁의 칼을 빼들었다. 중앙정부에는 약 9만 명의 공무원이 있지만 공공기관 직원은 24만 명이 넘으니 공공기관의 개혁은 그만큼 중대한 과제일 수밖에 없었다. 공공기관 CEO 워크숍을 주기적으로 개최해 대통령이 직접 공공기관장들과 대화를 시도한 것도 이 과제의 상대적 의미를 말해준다.

공공기관 문제의 근원은 사실상 공공성에서 비롯된다. 공공성이 높은 재화나 용역을 제공하는 공공기관은 국민의 세금으로 운영되고 독점적 지위를 가지는 것이 보통이다. 공공기관은 사실상 주인이 없는 것이나 마찬가지여서 너도 좋고 나도 좋은 식의 방만한 경영이 이루어지기 쉽다. 공공기관은 그 독점성으로 인해 경쟁압력이 없어 스스로 원가절감이나 생산성 제고를 위해 노력할 인센티브가 별로 없고, 오히려 독점성으로 인해 부패와 비리가 나타날 가능성이 커진다.

이러한 문제를 해결하는 방법은 크게 두 가지가 있다. 하나는 시장 경쟁이 가능한 공공기관은 가급적 민영화해 주인을 찾아주는 일이고, 다른 하나는 경쟁 도입이 어려운 공공기관에 대하여는 감시와 통제를 강화하고 투명성과 효율성을 제고하는 것이다. 이명박 정부는 이 두 가지 방법을 모두 추진해왔다.

하지만 그 결과는 국민의 기대에 미치지 못하고 있는 것 같다. 이명박 정부 3년간 공공기관 임직원의 부패와 비리 적발 건수가 줄어들기는커녕 오히려 증가했는가 하면, 대선 공신을 비롯한 전문성에 의심이 가는 낙하산 인사의 논란이 끊임없이 흘러나왔다. 신이 내린 직장, 신이 숨겨둔 직장, 심지어 신도 부러워하는 직장이라는 우스갯소리에서 알 수 있는 것처럼 노동생산성보다 높은 과도한 복지혜택과 고임금으로 가뜩이나 힘든 서민들의 마음을 더욱 초라하게 만들었다.

막대한 시간과 비용을 들여가며 공공기관 및 기관장 평가를 시행해왔음에도 국민의 눈에 비친 선진화의 성과가 이처럼 기대 이하인 것은 무엇 때문일까. 이명박 대통령 스스로 이 질문에 대한 답을 제시한 바 있다. 지난 1월 28일 중앙공무원교육원에서 있었던 공공기관 CEO 워크숍에서 대통령은 "공공기관장들은 민간기업의 CEO들이 갖추고 있는 경쟁력에다 투철한 국가관을 함께 갖추어야 한다"고 강조하면서 "누가 CEO가 되느냐에 따라 공공기관이 확실하게 변한다"고 지적한 바 있다. 맞는 말이다. 가정이든, 기업이든, 혹은 국가든 지도자가 어떤 생각을 하고 어떻게 구성원들을 설득해 목표달성을 위해 잘 이끌어가느냐에 따라 결국 집안이나 기업, 국가의 홍망성쇠가 결정된다.

그런데 이명박 정부는 어떠했는가. 공공기관의 임원 구성을 보면 무엇이 어떻게 잘못됐는지 쉽게 드러난다. 한 연구보고서에 의하면 공공기관 상임직의 46.5%, 비상임직의 30.4%가 정·관계 인사이며, 상임직의 32.5%와 비상임직의 27.9%가 대선 관련 인사들이라고 한다. 정·관계 인사나 대선 관계자들이라고 해서 전문성이 없다고 단정할 수는 없겠지만, 해당 분야에서 민간 CEO 수준의 전문성을 갖추었다고 하기에는 아무래도 낯간지럽다. 공공기관 임원 10명 중 적어도 3명이 대선 관계자들이라는 사실에서 공공기관 임원 자리가 대선과정에서의 기여에 대한 보상의 성격을 갖는다고 한다면 잘못된 것일까. 그리고 그러한 사람들에게서 특별히 투철한 국가관을 기대할 만한 이유가 있을까.

공공기관에 대한 경영평가가 공공기관 경영합리화에 기여해온 것을 부정하고 싶지는 않다. 그러나 유능하고 신념을 가진 훌륭한 인재를 제쳐놓고 실세 정치인과의 친분을 이유로, 지연이나 학연을 이유로, 그리고 대선과정에서 기여했다는 이유로 공공기관의 임원자리를 충원하는 한 공공기관의 확실한 변화를 기대하기는 어려울 것 같다.

(세계일보, 2011년 3월 30일)

5. 국민 마음 못 읽은 '연말정산'

여윳돈으로 여겨졌던 연말정산이 '13월의 세금폭탄'으로 돌아왔다. 정부와 여당, 청와대는 곧바로 보완대책을 소급 적용하겠다는 긴급처방을 마련했고 청와대는 국무총리 교체를 비롯한 일부 공직자의 인선을 단행했다. 느려 터진 정치권이 이처럼 빠르게 대안을 제시한 것을 보면 급하긴 급했던 모양이다.

2013년 여야가 합의해 마련한 세법개정안은 소득공제에서 세액공제로의 전환을 통해 고소득자가 더 많은 세금을 부담하게 한 것이었다. 정부는 이를 통해 조세형평성 제고와 약 9300억 원의 세수 증대라는 두 마리 토끼를 잡을 수 있을 것으로 기대했다. 국민에게는 연봉 5500만 원 미만은 거의 변화가 없고 7000만 원 이하는 3만~4만 원 내외의 증세가 있을 것이라고 설명한 바 있다. 그러나 정부의 이러한 예상과는 달리 대다수 직장인은 오히려 한 달 급여 이상을 토해내야 한다는 사실에 분노할 수밖에 없었다.

문제의 근본 원인은 관계당국이 필요한 정보를 제공하지 않았기 때문이다. 2013년부터 간이세액표를 개정해 많이 떼고 많이 돌려주던 방식에서 적게 떼고 적게 돌려주는 방식으로 바꿨음에도 불구하고 납세자에게 제대로 알려주지 않았다. 간이세액표를 개정했다면 적어도 연말정산에 즈음해 그 효과도 설명을 해주었어야 했다. 특히 세금폭탄 논란이 처음 나왔을 때부터 관계당국은 간이세액표 개정 이전과 이후를 비교해 대표적 소득구간에서 실제 세금 부담이 얼마나 늘었는지를 명확히 설명했어야 했다. 그러나 필자가 이 칼럼을 쓰는 지금까지도 기획재정부나 국세청에서 이러한 자료를 제시한 것을 찾을 수 없었다. 그 똑똑한 공무원들이나 정치인들이 어째서 이런 간단한 일조차 하지 않으면서 그저 간이세액표 개정에 의한 것이라는 말만 앵무새처럼 되풀이하는 것일까? 참으로 알다가도 모를 일이다.

소득세제 개편은 사실상 늘어나는 복지재정을 충당하려는 의도에서 비롯된 것이다. 박근혜 정부는 증세 없는 복지를 공약했고 공약 이행을 위한 가계부까지 만들었다고 강조했었다. 그러나 현실은 냉엄했다. 세계경제가 악화되면서 국내 경기는 더욱 어려워졌고 2014년 세수결손이 11조 원을 넘어섰다. 그래도 약속은 지켜야 한다는 대통령의 원칙은 재정 확충을 위한 관계당국의 처절한 노력으로 이어졌다. 증세 없는 재정 확충을 위해 정부는 각종 특별공제와 조세특례를 없앴다. 저출산 고령화 대책인 다자녀공제나 노후대비연금저축공제도 그래서 없어졌다. 차라리 증세 없는 복지가 불가능하다고 솔직히 고백하고 국민을 설득했다면 배신감은 이처럼 크지는 않았을 것이다.

국민의 분노가 더욱 커진 것은 법인세는 줄여주면서 개인소득세는 더 걷으려 하는 정부의 입장 때문이었다. 이명박 정부 시절, 법인세는 25%에서 22%로 3%포인트줄었다. 세계 여러 나라가 투자 유치를 위해 다투어 법인세를 인하하고 있는 현실을 모르는 것은 아니지만 각종 편법을 동원한 기업 세습과 불공정한 부의 창출도 모자라 세금까지 감면해주는 것을 국민이 쉽게 이해하리라 기대할 수는 없다. 게다가 '땅콩 회항' 사건을 통해 기업을 개인 재산인 양 온갖 특권을 행사하는 재벌가의 행태를 알게 된 국민에게 법인세 증세 없는 개인소득세의 편법 증세는 분노를 넘어 정권에 대한 절망으로 이어질 수 있다.

결국 이번 사태는 국민의 마음을 헤아리지 못한 채 재정 확충만을 위해 이루어진 편법 증세와 소통 부재, 거짓말 등이 어우러져 나타난 것이었다. 솔직한 소통으로 국민의 마음을 얻으려 했다면 얼마든지 피해갈 수 있는 사건이었다. 공무원과 정치인들이 계속해서 국민의 눈높이가 아니라 청와대의 시각에 눈을 맞추려 한다면 유사한 사태는 반복적으로 나타날 수밖에 없다는 것을 명심해야 할 것이다.

(동아일보, 2015년 1월 26일)

6. '신고리 공론화' 文 정부 해석 잘못됐다

신고리 원전(原電) 5·6호기 공사 재개가 결정됐다. 대통령의 높은 국정 지지도에도 불구하고 471명의 시민참여단은 재개를 선택했다. 공론조사라는 숙의(熟議) 민주적 방법이 동원된 이 사례는 찬반을 떠나 정책학의 입장에서 검토해볼 가치가 있다.

의제 형성의 관점에서 원전은 장기간에 걸친 체계적 에너지정책의 산물이다. 신고리 5·6호기 건설은 역대 정부에서 최고 전문가들이 장기적 에너지 수급과 산업경쟁력, 국민이 부담해야 할 전기요금의 수준, 대체 공급원, 지구온난화 등 환경적 측면 등을 종합적으로 고려해 확정한 것으로, 대선 공약을 통해 백지화할 수 있는 사안이 아니었다. 그런데 지난 대선에서, 쓰나미로 인한 후쿠시마(福島) 원전 사고와 경주

지진을 이유로 환경론자들의 주장을 정책 의제화했다.

의제 형성 과정은 정책의 내용과 성격, 범위 등을 명확히 하는 문제의 정의(定義) 단계를 포함한다. 탈(脫)원전이 무엇을 의미하는지, 첫 단계로 신고리 5·6호기 건설 중단이 꼭 필요한지, 공사 중단 시 어떤 문제가 발생할지 등을 종합적으로 분석해 정책을 명확히 정의하는 단계다. 그런데 이 사례에서는 문제 정의 과정이 아예 보이지 않는다. 이미 탈원전을 공식화한 마당에 굳이 문제를 정의하고 그 파급 효과를 분석할 필요가 없다고 봤을 수 있다. 그보다는 원전의 안전성이나 장기적 폐해에 대한 확신을 가진 정책 주도 집단 내부에서는 이미 결정된 정책이기에 이를 분석할 이유가 없었을 것이다.

그러나 탈원전이든 원전 축소든 이를 합리적으로 추진하려면 환경과 안전에 대한 고려와 함께 반드시 산업경쟁력이나 국민의 부담, 한국형 원전의 안전도, 다른 나라에서 발생한 원전 사고의 문제점과 우리의 유사 사고 발생 가능성, 다른 나라의 에너지정책 동향 등을 종합적으로 검토해야 했다. 다른 나라에서 기후변화에 대응하고 탄소 저감을 위한 친환경적 에너지 공급을 위해 원전을 선택하고 있는 이유도 확인했어야 했다.

다음으로, 공론화라는 숙의 과정을 통해 결정하겠다는 것이 대통령과 정책 주도 집단에 의해 일방적으로 확정됐다. 공론화가 복잡하고 의견이 팽팽히 맞선 의제의 결정에 적합할 수 있다. 그러나 두 가지 점에서 아쉬운 점이 있다. 우선, 문제의 성격이 공론화에 적합한 것인지에 대한 검토가 필요했다. 에너지정책은 대다수 국가에서 수십 년에서 100년 이상 일관성을 갖고 추진하는 분야다. 그래서 독일이나 프랑스 등 유럽 국가들이 공론화 과정을 통하더라도 10년 이상 장기적으로 접근하는 것이다.

또, 공론화 방식을 대통령이 제안하고 국회가 이를 심의·검토해 확정했으면 어땠을까 하는 점이다. 국회를 통하면 될 일도 안 된다는 우스개도 있지만, 대통령이 일방적으로 결정하고 추진한 것은 민주적 과정으로 보기 어렵다. 공론화라는 숙의 민주적 과정을 택했다고 자신하는 대통령이 이를 선택하는 과정은 그다지 민주적이지 못했다는 건 아이러니가 아닐 수 없다. 원전 공사 중단도 마찬가지다. 아무리 공약이었다지만, 30%의 공정이 진행된 신고리 5·6호기 건설을 서서히 진행하면서 공론조사를 했더라면 막대한 손실을 피할 수 있었을 것이다.

끝으로, 더욱 이상한 것은 공론화 결과의 해석이다. 원전 축소와 현상 유지 또는 확대의 비율은 '55 대 45'였지만, 탈원전에 동의한 비율은 13.3%밖에 안 되는데 공론화위원회는 자의적으로 해석해 탈원전을 지속적으로 추진할 것을 권고했다. 대통령도 원전 축소가 공론화위원회의 결론이라며 예정된 모든 원전 건설을 백지화하고 월성원전 1호기도 임기 내에 앞당겨 폐로(廢爐)할 것을 검토한다고 한다. 결국, 공론화위원회의 결론이 기대한 것과 다름에도 당초 정책 방향을 계속 추진하겠다는 것이다. 이것이 숙의 민주주의란 말인가? 숙의 과정은 민주적이었으나 그 결과의 해석은 과학적이지도, 합리적이지도 못했다.

새만금 방조제, 사패산·천성산 터널 등 수많은 국책사업에 반대했던 환경론자들의 주장에 대해 노무현 전 대통령은 말했다. "환경론자들의 주장은 단 한 번도 맞은 적이 없었다." 그뿐이 아니다. 그들은 한 번도 책임진 적이 없다. 어쩌면 다음 또는 그 다음 정부에서 탈원전정책 과정을 적폐로 규정하고 다시 들여다보자고 할지도 모른다. 5년 주기 적폐청산의 쳇바퀴가 돌기 시작했다.

(문화일보, 2017년 10월 26일)

7. 규제혁신과 공무원의 복지부동

러시아 국빈방문을 마치고 귀국한 문재인 대통령이 얼마 전 예정돼 있던 제2차 규제혁신점검회의를 불과 3시간 전에 전격 취소했다. 과로로 인한 감기몸살로 대통령이 안정을 취해야 하는 상황에서 취소된 것이어서 처음엔 대통령의 건강이 직접적 원인이 아닐까 추측했다. 그러나 청와대가 이를 극구 부인하고 사실은 1차 회의에 비해 새로운 것이 없다는 이낙연 국무총리의 건의에 따라 대통령이 공직사회에 대한 경고를 위해 전격 취소한 것이라고 발표했다. 감기몸살에도 대통령은 규제혁신회의에 참석할 의사가 강했으나 이 총리의 건의에 '답답하다'는 탄식과 함께 회의 자체를 전격 취소했다는 것이다.

규제혁신은 4차 산업혁명을 선도할 문재인 정부의 국정과제 중 핵심이다. 하반기 국회가 아직 원 구성조차 이루지 못해 각종 규제혁신 법안을 통과시키지 못하고 있기는 하지만 이번 회의의 전격 취소는 행정부 공무원이 대통령과 총리가 기대하는 수준의 규제개혁을 추진하지 못하고 있다는 의미로 해석된다. 게다가 일부 언론 보도에 따르면 인터넷전문은행 설립과 은산 분리에 관해 대통령과 총리께 사전 보고할 때에는 모두 만족스러운 의사를 표명했다가 갑자기 취소했다면서 이를 강력 반대하고 있는 모 시민단체가 이번 취소에 개입한 의혹이 있다고 한다. 겉으로 나타난 현상이 어떻든 대통령이 주재하고 모든 경제장관이 참석하기로 예정된 고위급 회의가 전격 취소됐다는 것은 극히 비정상적인 일이다. 왜 이러한 일이 벌어진 것일까.

청와대 설명대로라면 대통령이 강하게 질책할 정도로 공무원이 규제혁신에 소극적이었다는 말이 된다. 그것이 아니라면 공무원이 무능하다는 것인데 수백 대 일의 경쟁을 뚫고 들어온 공무원이 무능해서 재탕 삼탕의 규제개혁 아이디어만 제시한다는 것은 설득력이 부족하다. 뿐만 아니라 대다수 정책은 이미 제시했으나 정치적 이유로 국회에서 통과되지 못하거나 실시조차 해보지 못한 것이 많아 '답답하다'고 할 정도로 진부한 정책이 제시됐다는 것도 동의하기 어렵다.

그렇다면 결국 관계 공무원이 복지부동하고 있다는 말이 된다. 하지만 이것은 겉으로 나타난 현상이지 근본 원인이 될 수 없다. 더욱이 복지부동은 일반적으로 정권 말기에 공직기강이 해이해져 나타나는 현상이다. 무엇이 국정과제를 가장 적극적으로 추진할 시기인 정권 초기에, 그것도 80%에 가까운 대통령 지지도가 1년 넘게 유지되고 있는 상황에서 공무원을 복지부동하게 하였을까.

이 질문에 가장 개연성 높은 대답은 문재인 정부의 잘못된 적폐청산일 것이다. 문재인 정부는 부처별로 적폐청산위원회를 구성하고 지난 정권의 정책을 조사하고 뒤집어봐 자신들의 입장과 다른 정책을 적폐로 규정하고 그와 관련된 사람을 처벌하고 징계하고 있다. 특히 적폐청산의 방식이 제도와 관행의 청산이 아니라 인적 청산에 초점을 두면서 지난 9년간 정책집행에 참여했던 담당 공무원마저 징계에 회부하거나 고발하는 일을 서슴지 않았다. 교육부의 국정교과서 편찬 작업에 참여했던 공무원의 징계 회부가 대표적 사례다.

대다수 공무원에게 이러한 방식의 적폐청산이 주는 메시지는 무엇보다 분명하다. 정권이 하는 일에 나섰다가는 다음 정권에서 고발당하거나 징계당할 가능성이 커진다는 것이다. 그들에게 합리적 행동은 정권이 시키는 일에 나서지 말거나 정 안 되면 나서는 척만 하는 것이다.

해당 시민단체 개입설도 복지부동을 부추기는 원인이다. 그 시민단체 출신들이 청와대를 구성하는 핵심 세력이고, 이들이 정책과정에 직접적 영향을 미쳐 정책을 좌지우지한다는 의미다. 상황이 이렇다면 공무원의 입장에서 군이 나설 필요가 없다. 특정 시민단체의 영향력에 의해 규제개혁의 방향이 결정되고 구체적 정책 대안이 선택된다면 공무원의 입장에서는 오히려 복지부동함으로써 특정 정권과 관련이 없다는 것을 근거로 남겨야 하는 것이다.

대통령의 '답답함'을 일으킨 공무원의 복지부동은 결국 사람 위주의 적폐청산과 시민단체 출신 청와대 비서관들의 독주에서 비롯된 것이다. 이것이 사실이라면 질책의 대상이 잘못됐다. 청와대는 스스로를 되돌아봐야 한다.

(세계일보, 2018년 7월 2일)

8. 당위성 더 커진 '공익신고보호' 확대

김태우 전 청와대 특별감찰관에 이어 새해 벽두부터 신재민 전 기획재정부 사무관의 내부고발이 모두를 놀라게 하고 있다. 특히, 기회는 평등하고 과정은 공정하며 결과는 정의로울 것이라던 문재인 청와대가 이전 정부로 책임을 전가하려고 혹자 국채 발행을 강요했다는 주장과 KT&G와 서울신문사 등 민간기업의 인사에 개입하려 했다는 내부고발은 국민의 정의감을 자극하기에 충분했다. 이게 사실이라면, 문정부의 도덕성은 추락하고 청와대는 그 책임을 면하기 어려울 것이다.

일각에서는 신 전 사무관이 유튜브를 통해 사회에 고발한 것을 두고 공익신고자로서 보호받기 어렵다고 한다. 차제에 공익신고자보호법의 주요 내용을 검토해 더 나은 사회를 위해 공익신고자를 어떻게 보호할 것인지 생각해본다.

현행 공익신고자보호법 제2조는 '공익침해행위'를 '국민의 건강과 안전, 환경, 소비자의 이익, 공정한 경쟁 및 이에 준하는 공공의 이익을 침해하는 행위'로 정의하고, 이에 해당하는 법률 284개를 별표로 나열하고 있다. 공익의 분야를 건강과 안전 등으로 제한하고 있다는 점과 '이에 준하는 행위'가 무엇인지가 모호해 사전적으로 알기 어렵다는 점은 불확실성을 키운다. 이러한 열거주의는 빠르게 변화하는 시대에 공익침해 영역을 제한하므로 시급히 포괄주의로 바꿔야 한다.

이 법은 제6조에서 공익신고를 할 대상을 '△공익침해행위를 하는 사람이나 기관·단체·기업 등의 대표자 또는 사용자 △공익침해행위에 대한 지도·감독·규제 또는 조사 등의 권한을 가진 행정기관이나 감독기관 △수사기관 △(국민권익)위원회 △그 밖에 공익신고를 하는 것이 공익침해행위의 발생이나 그로 인한 피해의 확대 방지에 필요하다고 인정돼 대통령령으로 정하는 자'로 규정하고 있다. 또, 제8조는 신고의 방법으로 전자문서를 포함한 문서의 형태로 공익신고자의 인적사항, 공익침해 행위자, 공익침해의 내용, 공익신고의 취지와 이유 등이 포함돼야 한다고 규정한다.

특별한 사정이 있는 경우에는 구술로도 신고할 수 있지만, 이때에도 증거와 함께 구술로 신고하고 신고를 받은 자가 신고서에 그 내용을 적은 다음 이를 신고자에게 들려준 후 신고자가 서명하거나 도장을 찍도록 함으로써 문서의 형태를 취해야 하는 건 마찬가지다. 즉, 현행법상 유튜브를 비롯한 각종 SNS 등 보편적 정보통신기술을 활용해 일반 공중을 대상으로 한 공익침해 제보는 공익신고로 인정받을 수 없다. 이는 공익침해행위의 개연성이 짙음에도 기술적 이유로 공익신고가 되지 못함을 의미하는 것으로, 보호법익 관점에서 볼 때 타당하지 못하다.

특히, 급변하는 현대사회에서 공익신고를 반드시 기관에 문서로 접수해야 한다는 것은 과도한 형식주의이므로 시급히 개정돼야 한다. 공익신고자가 동영상이나 기타 다양한 디지털 방식으로 공중에 제보해도 공익침해행위의 개연성이 크고 이를 공익신고로 제시할 경우, 형식을 초월해 인정할 필요가 있다.

공익신고는 법이 천명하고 있는 바와 같이 '국민생활의 안정과 투명하고 깨끗한 사회풍토의 확립'을 위해서도 폭넓게 인정되고 신고자는 보호돼야 한다. 지금처럼 여야가 바뀌었다고 해서 과거에 의인이라 칭송했던 공익신고자를 노이즈 마케팅한다거나, 억지 주장이라거나, 심지어 사기꾼으로 매도하는 정치권의 행태가 남아 있는 한 공익신고는 더욱 넓게, 그리고 철저히 인정되고 보호돼야 마땅하다.

(문화일보, 2019년 1월 4일)

9. '부동산 매매허가제' 무능과 난맥의 끝 어디인가

　신년 기자회견에서 대통령은 단호한 어조로 '부동산과의 전쟁'을 선언했다. 끝없이 대책을 내놓겠다는 것이고, 현재보다 절반은 떨어져야 한다는 구체적 가격대까지 제시했다. 다음 날 김상조 청와대 정책실장은 가능한 모든 정책 대안을 가지고 있고, 강남 4구의 부동산값이 잡힐 때까지 강도 높은 정책을 계속 추진할 뜻을 밝혔다. 뜬금없이 강기정 정무수석도 특정 지역의 매매허가제 도입 주장에 정부가 귀 기울여야 한다고 말했다.

　서울 강남의 집값 급등에 대해 정부가 강력한 안정화 의지를 보이는 건 당연하다. 그러나 부동산과의 전쟁을 선언하고 직접 규제를 통해 가격을 낮추겠다는 것, 거기에 주택 매매허가제 같은 위헌적 요소가 큰 부동산정책을 주무 부처도 아닌 정무수석이 언급한 것은 문재인 정부의 무능과 혼란을 드러낸다.

정무수석은 부동산정책에 관한 질문을 받으면 소관 사항이 아니라며 피해갔어야 했다. 불과 얼마 전에 주무 부처인 국토교통부 장관이 "난리가 날 것"이라고 반대 입장을 분명히 한 부동산 거래 허가제에 대해 정무수석이 검토 입장을 밝힌 것은 시장의 혼란을 부추길 뿐 아니라 위헌적 발상이다. 대통령과 정책실장이 정부의 강경한 입장을 제시한 것은 구두 개입에 의한 정책이다. 하지만 근본적으로 반(反)시장적 정책 패키지로 시장과의 전쟁을 선포한 것은 절대 바람직하지 않음은 물론 성공 가능성도 희박하다.

현재 부동산 문제는 강남 4구 등 특수 지역에 국한된 현상이고, 실질적으로는 부동산을 넘어선 문제라는 점도 고려해야 한다. 재건축과 재개발에 제동을 걸어온 박원순 서울시장의 부동산정책은 공급을 크게 줄여왔다. 재건축과 재개발을 통해 발생하는 이익을 불로소득이라고 보고 가급적 모두 환수하겠다는 정책이 계속되자 많은 조합원이 재건축과 재개발을 연기하면서 공급은 더욱 줄어들었다.

최근 정부가 분양가상한제 도입을 결정하자 공급이 더욱 줄어들 것을 염려한 소비자들이 제도 시행 전에 부동산 구입을 서두르면서 가격이 더 오르게 됐다. 또, 강남 4구의 아파트 가격은 물론 전세가도 천정부지로 높아지게 된 것은, 무엇보다 외국어고와 국제고 등 특목고와 자사고를 일괄 폐지하겠다는 교육정책의 영향이 컸다. 사교육 환경이 월등한 강남 4구에 들어가는 것을 곧 대학 입시의 성공과 연계시켰으니 소비자들의 대응은 불을 보듯 훤하다. 주택담보비율 규제 강화 등도 결국 현금이 많은 부자들만 집을 살 수 있게 만든다는 비판도 있다.

정부 스스로 강남 4구 집값 상승의 원인을 제공했고, 그에 따라 집값이 오르니 떨어질 때까지 계속해서 강력한 대책을 마련하겠다고 한다. 하나같이 반시장적이고 위헌 가능성이 큰 정책이다. 박 시장이 도입하겠다고 나선 부동산 '국민공유제'는 사실상 사유재산제를 부정하는 정책으로, 더욱 위헌적이다. 이 정책들로 과연 부동산 가격을 안정시킬 수 있을까.

전문가들의 견해는 전혀 다르다. 강남 4구의 부동산에 수요가 몰리는 것은 그곳이 소비자들이 원하는 여건을 잘 갖추고 있기 때문이다. 다른 지역을 강남 4구처럼 매력적으로 만들어야 수요를 분산시킬 수 있고, 공급을 증대하는 방향도 동시에 추진해야 한다는 것이다. 수요와 공급이 일치하는 곳에서 가격이 결정된다는 경제학원론 수준의 대책이다. 한마디로 시장과의 전쟁으로는 부동산 문제를 해결할 수 없다는 것이다. 집권 세력의 무능과 독선 때문에 국민은 더욱 고통스럽다.

(문화일보, 2010년 1월 17일, 원제: '매매허가제' 무능과 난맥의 끝 어딘가)

10. 윤희숙 발언 공감은 여(與) 독단에 경고

정부 출범 시 대통령은 부동산만은 꼭 잡겠다고 선언했고, 기회 있을 때마다 자신 있다고 큰소리쳤다. 그러나 집권 4년 차까지 무려 22회에 걸친 각종 부동산정책에도 불구하고 문재인 정부는 부동산 가격을 잡긴커녕 오히려 역대 어느 정부보다 더 높였다. 급기야 4일에는 23번째인 수도권 주택공급 방안을 내놨지만, 즉각 실효성 논란이 일고 있다.

경제정의실천시민연합에 따르면, 서울의 아파트 값을 기준으로 이명박·박근혜 정부 8년 동안 25%가 올랐다. 하지만 문 정부에서는 불과 3년 만에 무려 52%나 폭등했다. 그러자 176석의 거대 의석을 확보한 제21대 국회에서는 여당이 야당의 반대에도 불구하고 모든 절차를 생략한 채 임대차 3법을 전격 개정했고, 곧바로 시행에 들어갔다. 개정된 임대차보호법은 전월세 의무 신고제, 임차인의 계약갱신 요구권, 임대료 5% 인상 상한제를 골자로 한다. 이를 통해 정부·여당은 임대인의 과도한 인상으로부터 경제적 약자인 임차인을 보호하고, 부동산 가격 인상을 억제할 수 있을 것이라고 주장한다.

그러나 정책 의도가 좋다고 그 결과도 반드시 좋을 것이란 보장은 없다. 만일 그랬다면 지금까지 그토록 많은 부동산정책을 반복할 필요도 없었을 것이다. 전문가들은 개정법이 전세제도의 소멸을 가속화해 임차인의 부담이 커질 것이고, 장기적으로는 주택시장의 생태계를 붕괴시킬 것이라고 우려한다. 그래서 서민의 주거 환경이 더욱 나빠질 것이라고 경고한다.

개정 법이 시행되자마자 시장에서는 벌써 전세 매물이 사라지고 있고, 임대차 계약을 둘러싼 임대인과 임차인 간의 갈등이 본격화하고 있다. 이로 인해 4년 뒤에는 대부분이 월세나 반(半)전세로 전환돼 세입자의 주거비용이 크게 늘어날 것으로 예상된다. 젊은 세대는 주거비용이 증가해 결혼하기가 더 어려워지고 인구절벽의 위기는 가속화할 것이다. 게다가 서울 강남의 부자 임차인들까지 두텁게 보호해야 하는가 하는 문제도 있다.

윤희숙 미래통합당 의원의 지난 7월 30일 국회 본회의 5분 발언이 큰 파장을 일으키는 것은, 차분하고 논리적이며 호소력 있게 연설을 잘한 것도 있지만, 무엇보다 잠재적 문제점을 정확히 지적하고 이를 전혀 논의하지 않고 통과된 임대차보호법의 위험성을 쉽고 명확하게 설명해 국민의 공감을 샀기 때문이다.

부동산 임대차 관련 정부 정책의 변화에 대한 시장의 반응은 과거에도 급격한 가격 인상으로 나타난 바 있다. 그러나 여당 의원들은 위험에 대비할 생각은 없이 윤 의원이나 전문가들을 비난하기에 바쁘다. 그러나 몇 번을 반복해 들어봐도 윤 의원의 주장은 개정법이 임차인 보호라는 소기의 목적을 달성하려면 임대인을 지나치게 압박해서 시장 자체를 붕괴시켜서는 안 된다는 의미로 이해된다.

한국인에게 집은 단순한 거주공간을 넘어 평생 노력의 결집체이며, 부동산정책은 보수와 진보라는 진영논리가 적용될 수 없는 의제다. 전문가나 윤 의원의 경고는 고금리 시대라는 특수한 환경에서 태어난 전세제도가 임대차 3법 개정을 통해 급속히 소멸될 경우, 그 피해를 오롯이 서민들이 받을 수밖에 없음을 강조한 것일 뿐이다. 백 보 양보해서 임대차 3법에 대한 정부·여당의 주장이 옳다면 임차인이 지금보다 안심하고 오랫동안 적정 비용으로 주거 문제를 해결할 수 있어야 한다. 그렇지 못하다면, 정부·여당은 독단으로 부동산법을 개정해 세입자들을 더 어려움에 빠지게 만든 책임을 져야만 한다.

(문화일보, 2020년 8월 5일)

11. 성추행 덮기 위한 가덕도공항

　노무현 정부에서 시작된 동남권 신공항 건설 논의는 이명박-박근혜 두 정부를 거치면서 13년 만인 2016년, 김해공항을 확장하는 것으로 결론이 난 사안이다. 밀양과 가덕도를 신공항 입지로 주장한 경남북 지역 간 극심한 갈등 속에 박근혜 정부는 프랑스의 ADPi에 신공항 입지 타당성 조사를 맡겼다. 국내 업체의 능력이 없었던 건 아니나, 세계 2위의 공항설계 업체인 ADPi를 선택한 것은 모두가 승복할 수 있는 대안을 찾기 위함이었다. 1년여에 걸친 조사 끝에 ADPi는 밀양·가덕도·김해공항의 3곳 중에서 김해공항을 확장해 사용하는 것이 모든 기준에서 가장 적합하다는 결론을 내렸다. 영남 주민들도 차선의 대안으로 이를 받아들였고, 이로써 동남권 신공항의 입지 선정을 둘러싼 지역 갈등은 사실상 마침표를 찍었다.

4년 전 동남권 신공항의 입지로 김해 신공항을 결정한 것은 절묘한 신의 한 수였다. 세계적으로 권위 있는 공항건축설계 전문 업체를 선정해 과학적 지식과 전문 기술을 바탕으로 갈등을 사전에 잠재웠고, 결국 이 업체가 객관적 기준을 통해 제시한 결론에 이해관계자 모두 동의할 수밖에 없었다. 이에 따라 신공항을 둘러싸고 10년 이상 계속된 대구·경북과 부산·경남의 지역 갈등은 잦아들었고, 공항 이용객 입장에서도 밀양이나 가덕도보다 김해가 접근성 측면에서도 훨씬 좋다는 평가를 받았다.

이렇게 결정된 김해 신공항 사업이 문재인 대통령의 재검토 지시 한마디에 백지화됐다. 지난 2월, 총리실에 설치된 신공항검증위원회는 9개월의 검토 끝에 신공항 전면 재검토를 발표했다. 재검토라지만 사실상 신공항을 가덕도에 건설하려는 의도적 백지화였다. 그런데 그 이유가 도무지 이해되지 않는다. 검증위는 4년 전 ADPi사가 분석한 김해공항의 입지 적정성을 모두 그대로 인정하면서 그때와 아무런 상황 변화가 없는데도 백지화를 결론으로 제시한 것이다. 검증위가 제시한 이유는, 만일 김해 신공항 인근의 경운산을 그대로 두려면 주변 지자체와의 협의를 거쳐야 하는데 그 절차를 거치지 않았다는 것이다. 김해 신공항 백지화의 또 다른 이유는, 2056년까지는 항공 수요를 예측했고 김해 신공항이 그것을 충족시킬 수 있지만, 그 후의 가능성은 미지수라는 것이다.

김해 신공항 사업 백지화는 정치적 이유 외엔 설명할 길이 없다. 주변 지자체와의 협의 미흡을 이유로, 전 정권에서 이미 확정되고 모두 승복했던 국책사업을 백지화한다는 것은 답을 정해놓은 대통령의 비상식적이고 초법적인 권력 행사다. 이는 오거돈 전 부산시장의 성추행 사건으로 발생한 내년 4월 보궐선거에서 이기려는 집권 여당의 치졸한 꼼수에 불과하다. 더 기막힌 일은 야당인 국민의힘도 보궐선거를 생각해 드러내놓고 반대하지 못한다는 것이다.

이는 전 정부의 정책을 합리적 이유 없이 뒤집은 첫 사례로 기록될 것이다. 선거가 4년 전에 합의로 결정한 국책사업을 뒤집은 것이다. 영남지역의 갈등은 극심해질 것이고, 막대한 추가 예산이 들어갈 것이다. 갈등 봉합 비용은 또 얼마나 될지 가늠하기조차 어렵다. 밀양에도 신공항을 만들어야 할지 모른다. 더 근본적인 문제는, 이제 정부의 어떤 정책이나 국책사업도 언제 뒤집힐지 알 수 없게 됐다는 불행한 사실이다.

(문화일보, 2020년 11월 19일, 원제: 성추행 덮기用 전락한 '가덕도공항')

12. 주택 고통 더 키울 '反시장' 장관 지명

    문재인 정부의 '25번째' 부동산정책이 발표됐다. 24차례 반복된 부동산정책에도 불구하고 끝없이 오르고 있는 전국이 아파트 값을 잡기 위해 집권 4년 차에 대통령이 내린 처방은 김현미 국토교통부 장관 교체 카드였다.

    후임으로 지명된 변창흠 한국토지주택공사(LH) 사장은 주택정책을 전공한 교수 출신으로, 박원순 전 서울시장 체제에서 SH공사 사장을 지내면서 재건축·재개발보다 도시재생 정책으로 아파트 공급을 줄이는 데 기여했다. 그는 김수현 전 청와대 정책실장 등과 함께 한국공간환경학회 활동을 통해 경제 논리로 움직이는 부동산시장을 정부가 개입해 주거복지 차원에서 규제해야 한다고 주장해왔다. 그리고 서울연구원과 세종대에서 함께 근무했던 김 실장과 함께 문 정부 부동산정책의 밑그림을 그린 실질적 설계자로 알려져 있다.

대통령의 인사권 행사는 그 자체로 대국민 메시지의 기능을 한다. 변 장관 지명은 현재 부동산정책 문제를 바라보는 문 대통령의 시각을 웅변한다. 대다수 국민이나 부동산 전문가들은, 지금까지 김 장관의 국토부가 시행한 정책이 실패했고, 더 늦기 전에 정책 방향부터 전환해야 한다고 주장해왔다.

그러나 문 정부는 결코 실패로 보지 않는다. 정권 초기, 무슨 일이 있어도 부동산만은 잡겠다고 한 대통령의 말을 믿고 있다가 무주택 서민들은 끝없이 오르는 아파트 값을 보고는 망연자실한다. 정부의 장담에도 자고 나면 '억' 소리를 내면서 오르는 아파트 값이 더 오를 것이란 예상에서 영혼까지 끌어모아 아파트를 사려는 사람이 줄을 섰다. 눈을 씻고 찾아도 전세를 구하지 못해 외곽으로 밀려나가는 사람들이 쏟아져도 문 정부에는 일시적 현상일 뿐 결코 정책 실패가 아니다. 그 직접적 증거가 변 사장을 국토부 장관에 지명한 것이다.

변 지명자가 주택정책 전문가임은 틀림없으나, 과거 그의 발언이나 저서, 논문 등에 나타난 부동산에 대한 시각은 토지 공개념을 넘어 사회주의에 가깝다. 그는 주거복지의 시각에서 부동산과 주택 문제를 바라보며 가격 상승에 따른 이익을 모두 불로소득으로 환수해야 한다고 주장했고, 재개발·재건축 사업에서 사유재산권에 기초한 헌재나 대법원 판결은 모두 뒤집어야 한다는 급진적 주장도 마다하지 않았다.

그뿐 아니라, 그는 자가 주택 보유율이 높을수록 주택 가격 하락에 저항하는 보수적 성향을 띨 확률이 높고, 고령자일수록 보수 정당 지지율이 높은 것은 각종 개발사업과 규제 완화를 적극 추진해 자신들의 주택 자산 가치를 상승시킬 것으로 기대하기 때문이라고도 주장한 바 있다. 이는 시장원리에 따라 움직이는 주택시장이 문제의 근원이며, 주택 문제 해결을 위해선 시장이 아니라 정부가 나서야 한다는 걸 의미한다.

사람은 급격히 변하지 않는다. 지금까지 변 지명자의 주장이나 행보를 종합할 때, 앞으로도 문 정부의 부동산정책은 국민과 전문가들의 기대와는 달리 훨씬 강도 높게 추진될 것으로 보인다. 변 장관 지명을 통해 문 대통령은, 부동산 및 주택정책을 '사실과 현상'이 아니라 '가치와 이념'의 입장에서 더 강력히 추진할 것을 다시 한 번 주문한 것이다. 국회 인사청문회가 시작되기도 전에 '구관이 명관'이란 말이 나오는 이유다.

(문화일보, 2020년 12월 8일)

13. 탈원전정책의 진실

월성1호기 조기 폐로 결정의 적절성에 대한 감사결과가 마침내 나왔다. 국회가 감사를 요구한 지 무려 1년이 지나서야 채택된 감사보고서는 경제성이 없다는 것은 조작되었다는 결론을 냈다. 그러면서도 안전성이나 환경에 대한 영향 등을 종합적으로 고려해야 한다는 이유로 조기 폐로의 적절성 여부에 대한 판단은 유보했다. 조기폐로 결정에 관련된 인사들의 징계나 법적 책임의 문제도 사실상 비켜갔다. 결국 문재인 정부의 대선공약에서 출발한 탈원전정책의 두 번째 폐로(첫 번째는 고리원전1호기의 영구 폐로였다) 결정은 절차적으로나 실체적으로나 문제가 있음을 지적하면서도 이에 대한 책임을 묻지 않는 선에서 감사보고서가 채택된 것이다.

차제에 문재인 정부의 탈원전정책이 왜 문제인가를 생각해보자. 우선 이 정책은 대선공약은 이행되어야 한다는 확고한 입장에서 출발했다. 탈원전을 추구했거나 현재 추진하고 있는 어떤 나라에서도 선거공약으로 탈원전정책을 채택한 곳은 없다. 탈원전은 국가 에너지정책의 근간을 바꾸는 것으로 산업경쟁력을 비롯한 국민경제에 미치는 영향이 절대적이고 환경보호에도 매우 중요하기 때문이다. 독일은 20년 이상의 충분한 논의와 국민적 동의를 바탕으로 탈원전을 추진하고 있고, 한 때 탈원전을 시도했던 많은 나라들도 모두 장기간에 걸친 정치적 합의과정을 통해 동의를 확보했다. 우리처럼 졸속으로 추진한 나라는 어디에도 없으며 그만큼 탈원전이 가져올 영향에 대한 최소한의 분석조차 이루어지지 않았다.

둘째, 문재인 정부의 탈원전정책은 원전의 안전성에 대한 불안감과 사용 후 핵연료가 장기간에 걸쳐 환경에 부정적 영향을 미친다는 이유로 소수 환경론자들이 준비한 공약이었다. 먼저 안전성의 문제는 특히 후쿠시마 원전의 사고를 이유로 더욱 강조되었다. 그러나 후쿠시마 원전은 원전사고가 아니라 당시 발생한 쓰나미로 인해 전력공급이 끊어지면서 냉각기가 돌아가지 않아 발생한 사고였다. 그것도 실제로는 이로 인해 오염된 냉각수가 배출된 것이 본질이었다. 원전 역사상 두 차례 있었던 원전 사고는 미국의 쓰리마일 원전과 우크라이나 체르노빌 원전의 사고였다. 쓰리마일은 초기 기술수준이 낮을 때 발생한 것이었고, 체르노빌 원전은 소련 붕괴 과정에서 발생한 인재였지 원전 자체의 문제가 아니었다. 어떤 과학기술도 100% 안전을 보장할 수는 없기에 원전도 절대적으로 안전하다고 할 수는 없지만, 체르노빌 이후 원전사고로 인해 희생된 사람은 단 한 명도 없다. 더욱이 우리의

KPR1400 원전은 3세대 원전으로 세계에서 가장 안전한 원전으로 평가받고 있다.

간혹 원전 가동이 중단되었다는 보도가 나오기도 한다. 이것은 원전 자체의 안전 시스템으로 인해 조금이라도 문제가 있다면 원전 스스로 중단되도록 설계되어 있기 때문이다. 따라서 원전 가동 중단은 위험성의 척도가 아니라 오히려 원전이 안전하다는 것을 의미한다. 원전의 관리는 매년 일정 기간의 가동 후 점검을 의무화하고 있고 설계수명이 다하면 리모델링을 통해 그 동안 발달된 원전기술을 적용하여 거의 새 원전으로 다시 태어나도록 하는 것이다. 실제로 미국은 우리가 폐로시키기로 결정한 고리원전 1호기 노형(설계수명 20년)을 10년 단위의 주기적 리모델링을 통해 60년이 넘은 현재까지도 계속 연장 운전하고 있다.

셋째, 과거 원전 건설을 중단했던 미국과 영국 등 선진국들이 최근 다시 원전 건설을 계획하고 있고, 세계원자력기구에서도 원전 건설을 독려하고 있다. 또 산유국인 UAE를 필두로 사우디아리비아도 원전 건설을 계획하고 있다. 원전을 추가로 건설하려는 이유는 원전이 기후변화의 원인인 이산화탄소의 배출 없이 가장 저렴하게 에너지를 생산할 수 있는 수단이기 때문이다. 물론 독일은 탈원전정책을 지속하고 있지만 이를 위해 전기요금을 최소 3배 이상 인상할 수밖에 없었다. 풍력과 태양광 등 신재생에너지는 안정성과 경제성이 크게 떨어져 국가 에너지 공급의 근간(기저전원)이 되기에는 부적합하다. 일부 환경론자들은 사용후 핵연료나 원전의 폐기 비용 등이 적절히 포함되지 않아 원전의 경제성이 과장되었다고 주장하지만 현재의 과학기술 수준에서 고려할 수 있는 비용은 모두 합리적으로 고려한 것이고 우리나라도 국제기준에 따라 비용을 고려하여 경제성을 판단하고 있다.

　문재인 정부의 탈원전정책 추진 이후 한전 등 에너지기업의 적자가 크게 증가하고 있고 LNG를 연료로 한 열병합 발전으로 이산화탄소의 배출이 급격히 증가하고 있다. 태양광과 풍력으로 노후 석탄발전소와 원전의 일부를 대체하려다 보니 전 국토에 무분별하게 많은 태양광 및 풍력 시설들이 들어섰지만 오히려 산사태 등 또 다른 문제를 야기하고 있다. 뿐만 아니라 탈원전 선언 이후 세계에서 가장 경쟁력이 높았던 우리의 원전산업이 기초부터 무너지기 시작했다. 서울대나 KAIST 등 주요 대학의 원자력공학과에는 지원자가 거의 없다. 원전 수출은 끊어지고 이미 수출된 UAE 원전의 유지보수사업도 5년 단위로 줄어들었다. 정부는 600조 규모의 유망한 원전 수출산업을 스스로 포기하고 불과 22조 규모의 원전 폐로산업에 진출하겠다고 아우성이다. 이는 곧 원전과 관련된 일자리를 없애는 결과를 초래한다.

　이래도 탈원전정책을 계속할 것인가. 만일 그러려면 먼저 국민적 동의를 구하라. 그러지 않으면 탈원전을 결정한 문재인 정부의 주요 인사들은 언젠가 반드시 그 책임을 면하지 못할 것이다.

(남양회보, 2020년 10월)

14. 국정은 고차방정식이다

　요즘 문재인 대통령 내외의 행보는 매우 인상적이다. 청와대는 특권의 상징에서 누구나 쉽게 다가갈 수 있는 곳으로 변하고 있고, 대통령 내외는 주변에서 흔히 볼 수 있는 친근한 이웃처럼 다가온다. 수해 지역에서 봉사한 최초의 대통령 부인이라는 표현처럼 대다수 국민은 문 대통령 내외의 행보에 깊은 감동을 받았다. 그런데 딱 거기까지다. 안타깝게도 그동안 제시한 많은 정책은 감동은커녕 문제를 더 심각하게 만들고 있다.

　문 대통령의 첫 지시는 인천공항공사의 1만여 명에 이르는 비정규직을 연내에 정규직화하라는 것이었다. 비정규직 문제가 심각하니 정규직화해 해결하자는 것이다. 우리 사회의 비정규직 문제가 단순히 정규직화하면 되는 문제였던가? 공기업들도 일부 기능은 아웃소싱을 통해 수행하는 것이 훨씬 효율적이고, 그런 기능을 수행하는 민간 기업들에 시장 기회를 제공한 것이었다. 그런데 대통령 한마디에 다수가 문을 닫아야 할 판이다. 백번 양보해서 비정규직을 정규직화해야 하는 공공기관들이 신입 직원을 그대로 채용할까? 당연히 신규 채용이 줄어들어 취업준비생의 기회가 없어질 수도 있다.

최저임금 16.4% 인상도 마찬가지다. 내년도 최저임금을 대폭 인상해(시급 7530원) 소득주도성장을 이루겠다는 것이 이번 합의를 유도한 정부의 입장으로 보인다. 정말 그럴까? 당장 내년부터 9급 공무원 월급보다 최저임금이 더 많아진다. 자영업자들은 최저임금 인상에 따른 영업이익의 변화를 따져볼 것이다. 만일 인상된 최저임금에 따라 영업이익을 유지할 수 없다면 폐업하거나 고용을 줄이고 자동판매기를 도입할 것이다. 최저임금 대폭 인상은 노동시장 전반에 걸쳐 막대한 영향을 미치는 사안으로 신중한 접근이 필요했다. 특히, 최저임금 대폭 인상이 문 정부의 최대 정책 목표인 일자리 창출에 미치는 영향조차 논의된 바 없다.

대통령의 탈(脫)원전 선언이 청년 일자리에 미치는 영향은 더 심각하다. 탈원전 선언에 따라 한수원은 약 30% 가까운 공정이 진행 중인 신고리 원전 5·6호기의 건설을 중단했다. 갑작스러운 공사 중단으로 관련 건설 일용직들은 하루아침에 일자리를 잃었고, 수많은 주변 상인은 먹고살 길이 막막해졌다. 더 심각한 것은 산업 경쟁력의 미래다. 이는 50년을 키워 온 원자력산업을 스스로 포기하는 것이고, 막대한 전기요금 인상에 따라 산업 경쟁력 약화는 불 보듯 뻔하다. 정부는 일자리 창출을 최대의 정책 목표로 제시해놓고도 탈원전이 일자리에 미치는 영향은 아예 생각조차 하지 않는다. 수조 원을 들여 공공일자리를 창출하자면서 이미 창출되고 있고 앞으로도 수없이 만들어질 양질의 청년 일자리를 하루아침에 없애고도 무엇이 잘못됐는지 아직 깨닫지 못하고 있다.

이 모든 일은 복잡한 고차방정식(高次方程式)을 1차방정식처럼 풀고 있기 때문에 나타나는 현상이다. 지금까지 문 정부가 내놓은 정책들은 모두 이해관계가 복잡하게 얽혀 있고 경제에 미치는 영향은 다양하고 장기적이다. 그만큼 많은 변수가 작용하기 때문에 신중하게 따지고 분석해서 최적의 정책 조합을 찾아내고 사전에 부정적인 영향을 최소화하는 노력도 필요하다. 그러나 취임 두 달을 넘긴 문 정부는 주요 정책의 추진 과정에서 소득주도성장, 또는 환경 보호라는 정책 목표만 추구하고 있다. 마치 정책은 종합예술이라는 정책학개론의 첫머리도 읽어보지 않은 아마추어들 같다.

왜 이런 일이 벌어지는 걸까? 대통령과 그 측근들이 먼저 정답을 제시하고 그것을 정당화하려 하니 관료들도 문제를 극도로 단순화시키는 것이다. 필자는 이념이나 가치를 떠나 나라가 잘돼야 한다고 믿는다. 나라가 잘되려면 문 정부가 성공해야 한다. 문 정부의 성공은 대통령 내외의 감성적 행보로 국민의 감동을 자아내는 것만으로 이뤄질 수는 없다. 신중하고 책임 있는 정책 결정과 추진만이 문 정부의 성공과 대한민국의 발전을 기약할 수 있다. 국가의 미래를 좌우할 탈원전이라는 엄청난 정책 의제를 신중한 논의도 없이, 그저 3개월간 공론화 과정을 통해 결정하겠다는 것은 고차방정식을 1차방정식으로 풀겠다는 것과 같다. 지금이라도 전문가들에 의한 신중한 정책 분석과 평가 과정을 거쳐 일자리 창출에 미치는 영향을 비롯한 다양한 가능성과 불확실성을 검토한 후 가장 바람직한 대안을 도출해야 할 것이다.

(문화일보, 2017년 7월 25일)

15. 청개구리 정부

    정책은 가설이다. 정책결정은 문제를 인지하여 의제화한 후 이를 해결할 여러 대안 중 하나를 선택하는 것이다. 정책결정자는 주어진 상황과 조건을 고려하여 문제를 가장 잘 해결할 수 있을 것으로 판단되는 대안을 선택한다. 그러나 선택된 대안이 정말 문제를 해결하는데 가장 좋은 방안인가는 실제 집행을 통해 확인할 수밖에 없다. 그래서 집행과정에서 정책은 수없이 수정되고 재결정된다. 실패로 판단될 경우, 과감히 버리고 아예 정책방향을 수정한 후 새로운 대안을 선택하기도 한다. 요건대 정책과정은 반복되는 가설 검증 과정이다.

    필자가 정책학개론에나 나오는 기초이론을 소개하는 이유는 문재인 정부가 정책을 가설이 아니라 증명이 불가능한 공리로 생각하기 때문이다. 자신의 정책은 항상 옳다는 이념적 교조주의는 잘못된 정책의 수정을 불가능하게 만든다. 수많은 사례가 있지만 두 가지만 살펴보자.

먼저 최근 가격이 급등하고 있는 부동산정책이다. 문재인 정부는 초기부터 주택가격 안정을 위해 전후 24차례나 다양한 정책을 추진해 왔으나 주택시장의 혼란은 더욱 가중되고 있다. 풍선효과로 전국의 아파트 값은 천정부지로 오르고, 임대차보호법 개정으로 전세 물건이 줄어들면서 세입자는 주변부로 내몰리고 있다. 정부의 말을 믿고 주택구입을 미루던 사람들도 대거 주택구입에 나서면서 가격폭등과 가계부채 급등사태가 이어지고 있다.

주택시장의 혼란은 근본적으로 정부규제로 부동산 문제를 해결하겠다는 잘못된 믿음에서 비롯된 것이었다. 전문가들이 수없이 경고했건만 김현미 국토부 장관을 비롯한 정책 담당자들은 아예 귀를 막았다. 시장기능을 무시하고 분양가상한제, 보유세 강화, 양도소득세 강화, 다주택자에 대한 임대업자 등록 유도, 다주택자에 대한 징벌적 세금 도입 등 좌충우돌하는 정책을 마구 뿌려댄 것은 정책만능주의의 다른 표현이었다. 그들에게 정책은 가설이고 집행과정에서 가설검증이 이루어지며, 항상 실패의 가능성이 열려 있다는 기본 상식만 있었어도 정책을 통해 모든 것을 해결할 수 있다는 무모한 생각을 갖지는 않았을 것이다.

효과 없는 정책은 가설이 잘못 설정되었다는 것을 의미하니 빨리 수정하여 부작용을 최소화하면 된다. 그러나 정책실패를 인정하는 것이 정권에 줄 정치적 부담을 우려한 정책 당국은 4년째 기다려달라는 말만 반복하고 있다. 그로 인한 피해는 고스란히 국민의 몫으로 돌아오고 있지만, 정책 당국은 의도가 선했기에 결과도 선할 것이라는 잘못된 믿음을 버리지 않고 있다.

두 번째 사례는 김해 신공항 백지화를 통한 가덕도 신공항 건설 시도다. 김해 신공항은 노무현 정부 때 영남지역의 항공수요 증가를 고려해 신공항이 필요하다는 지역 상공인의 건의로 시작되어 박근혜 정부 때 세계적 공항설계업체인 프랑스 ADPi사에 의뢰하여 1년여에 걸친 조사 끝에 현재의 김해공항에 V자 활주로를 증설하는 방안을 선택했다. 주변 5개 시도도 이에 합의하여 사실상 신공항 건설에 따른 지역갈등을 잠재우며 정책결정이 이루어졌다. 그렇게 결정된 정책을 시작도 하기 전에 문재인 대통령의 재검토 지시에 따라 재검증위원회를 구성해 9개월 만에 전면 재검토한다고 결정해버렸다.

김해 신공항 재검토와 가덕도 공항 건설은 전혀 별개임에도 불구하고 더불어민주당은 가덕도 공항 건설을 기정 사실화하면서 예비타당성 조사를 면제하고 곧바로 착공하기 위한 법률 제정에 돌입했다. 오거돈 전 부산시장이 성추행 사건으로 낙마하여 보궐선거를 눈앞에 둔 여당이 가덕도 공항으로 표를 얻으려는 전략이라는 것이 일반적 해석이다.

당연히 바꿔야 할 부동산정책은 놔두고, 유지되고 집행되어야 할 김해 신공항 정책은 손바닥 뒤집듯 바꿔버렸다. 정책은 공익을 목표로 추진되어야 하는데, 선거를 앞둔 득표 전략으로 전락한 것이다. 자신의 실패를 인정하지 않는 것은 말할 것도 없고 이전 정부가 가까스로 합의해놓은 정책을 뒤집어 다시 갈등과 혼란을 부추기고 막대한 혈세를 낭비하게 만들고 있다. 정말 청개구리도 이런 청개구리가 없다.

(디지털타임스, 2020년 12월 1일)

16. '희망 고문' 신안풍력단지

　정책은 과학적 지식과 경험적 증거를 바탕으로 설득력 있게 제시되어야 한다. 보기에 그럴듯한 정책이라도 과학적이고 실증적인 근거를 갖추지 못하면 결국 국민에게 신기루만 보여줄 뿐, 정책목표의 달성 자체가 불가능해진다. 뿐만 아니라 어설픈 정책을 시행하는 과정에서 수많은 난관과 막대한 추가비용이 발생하는 경우가 많다. 때로는 이해관계자들의 강력한 저항을 유발하여 정책의 순응도가 크게 떨어진다. 결국 정책의 경제사회적 비용이 예상되는 편익에 비해 훨씬 커져서 실패로 귀결되고 그 피해는 고스란히 국민의 몫이 되기 일쑤다.

　지난 2월 5일, 문재인 대통령은 전남 신안군 임자대교 앞에서 2030년까지 48.5조 원을 투자해 세계 최대의 풍력단지를 만든다고 선언했다. 이 단지는 현존하는 최대 풍력단지인 영국 혼 시(Horn Sea)의 7배에 달하는 8.2GW(기가와트)를 생산해 서울과 인천의 모든 가정이 사용할 수 있는 규모로 한국형 원전 6기의 발전량에 해당한다. 한전과 민간 기업들, 지역주민들이 함께 참여해 12만 개의 일자리를 창출하고, 공사과정에 투입되는 자재들을 지역주민들이 주인인 조합을 통해 구매함으로써 주민들이 지분에 따라 이익을 분배받도록 한다고도 했다.

실현만 된다면 누구도 반대할 수 없는 장밋빛 미래가 아닐 수 없다. 그러나 만일 진실이 아니라면 선거를 앞둔 정치인의 대국민 사기극에 불과하다. 정책학자로 에너지 분야에 전문적 지식이 부족한 필자가 보기에도 도무지 실현가능성이 없을 것 같아 에너지 전문가들이 모인 '에너지정책 합리화를 추구하는 교수협의회(에교협)'에 의견을 물었다. 다음은 그 의견을 종합한 것이다.

우선 문 대통령은 이 발표에서 시설용량과 실제 평균발전용량의 차이를 호도했다. 풍력 8.2GW는 시설용량이지 평균발전용량이 아니다. 실제 평균발전용량은 지난 10여 년간 경험을 고려할 때 시설용량의 23% 정도다. 바람이 1년 내내 충분히 부는 것이 아니므로 가동시간은 하루 5~6시간 정도에 불과하기 때문이다. 해상풍력이라 이용률을 좀 높여 30%로 잡으면 실제 평균발전용량은 2.5GW 정도다. 총투자 48.5조 원을 고려한 비용은 19.7조 원/GW이다. 한국형 원전 APR1400은 1기당 5조 원, 6기에 총 30조 원이 들고 이용률은 평균 90%로 계산하면 실제 평균발전용량은 7.6GW으로 이는 3.95조 원/GW이라는 의미한다. 더구나 풍력의 설계수명은 약 20년으로 원전의 60년에 비해 1/3에 불과하다. 이를 종합하면 같은 1GW 발전에 필요한 초기비용은 신안풍력이 원전 대비 약 15배에 달한다. 결국 발전설

비 수명과 이용률, 평균발전량의 고려 없이 시설용량만을 강조해 국민을 의도적으로 호도한 것이다.

8.2GW의 풍력단지를 조성하려면 4MW짜리 발전기 2050개가 설치돼야 한다. 발전기당 간격이 최소 1km 정도를 유지한다고 해도 신안 앞바다에 약 45㎞×45㎞, 즉 2025㎢의 면적이 필요한데, 이는 서울시 면적 605㎢의 약 3.3배에 달한다. 뿐만 아니라 수많은 섬들 사이에 이렇게 많은 풍력발전기가 설치된다면 관광이나 어업, 환경 등에 어떤 영향이 있을지 검토했다는 이야기를 듣지 못했다. 4대강 사업에 환경영향평가를 그토록 물고 늘어지던 더불어민주당과 환경 관련 시민단체들이 신안 풍력단지에 대하여는 아무 말이 없다.

이게 다가 아니다. 풍력발전으로 생산된 전기는 송전망을 통해 사용자가 밀집된 수도권과 산업단지로 보내야 한다. 밀양 송전탑 사례에서 보듯이 송전망 설치에는 막대한 사회적 비용이 발생할 수 있다. 이를 피하기 위해 해상 송전망을 건설한다면 설치와 유지보수에 천문학적 비용이 든다. 풍력단지의 유지관리 비용과 함께 해상 송전망의 유지보수를 위해서 계산이 불가능할 정도의 비용이 필요한데, 대통령은 편익만 강조할 뿐, 비용에 대한 언급이 없다. 만일 이 계획이 현실화된다면 소비자들이 부담해야 할 전기요금은 천정부지로 높아질 것이고 비싼 에너지 비용으로 우리의 산업경쟁력도 크게 위협받을 것이다.

풍력발전을 하지 말자는 것이 아니다. 다만 과학적 지식과 실증적 근거 없이 제시하는 정책은 단기적으로 집권 여당의 득표에 도움이 될지는 모르나 장기적으로 나라는 물론, 전남지역에도 엄청난 후폭풍으로 닥칠 것이다. 정녕 이런 상황을 보고만 있을 것인가.

(디지털타임스, 2021년 2월 16일)

17. 비상식적·비합리적 방역정책

    정책은 과학이다. 정책 담당자는 과학적 지식과 방법을 바탕으로 해결해야 할 문제를 이해하고 분석하여 인과관계를 파악하고, 과거의 정책 경험과 다른 나라의 사례, 전문가의 이론과 조언 등을 총동원하여 문제를 해결할 수 있는 다수의 대안을 찾아낸다. 이어서 비용효과의 측면과 예상되는 파급효과, 다른 정책들과의 연계 또는 영향력, 집행 및 목표달성 가능성 등을 종합적으로 고려하여 대안들을 제시한다. 최종 정책 결정자는 다양한 정치적 요소를 함께 고려하여 대안을 선택할 것이다.

    물론 정책의 추진과정에서 예상치 못했던 사안이 발생하거나 기대와 다른 결과가 나타날 때는 수정과정을 거친다. 정책은 문제가 해결되어 종결될 때까지 끊임없이 수정되고 재결정된다. 이 모든 과정의 전제는 정책이 '과학'이라는 사실이다.

언뜻 한때 유행했던 '침대는 과학이다'라는 광고 카피가 떠오를지 모른다. 필자가 여기서 정책학의 기초를 소개하는 이유는 현재 추진되고 있는 정책들이 이런 기본을 무시하고 집행됨으로써 목적을 달성하지 못하고 있을 뿐만 아니라 국민의 신뢰마저 잃고 있기 때문이다. 수많은 사례가 있지만 최근 가장 관심이 뜨거운 코로나19 방역을 통해 비과학적 정책의 폐해를 살펴보자.

작년 2월부터 시작된 코로나19 방역은 질병관리본부를 청으로 승격시키고 전 세계에 K-방역의 우수성을 홍보할 정도로 잘된 정책이라고 자평했었다. 그러나 지금은 어떤가. 매일 신규 확진자가 1000명을 넘나들고, 정부가 직접 관할하는 동부구치소에 대량 감염사태가 발생했다. 전국 요양병원의 코호트 격리는 오히려 병원 내 확산을 부추겨 수용자를 죽음으로 몰아가고 있고 감염원을 추적하는 일이 불가능할 정도다.

조기 백신 확보에 실패한 정부는 사실관계를 밝히기보다 조기 확보라는 희망을 발표하기에 급급했고 대통령이 모더나 CEO와 통화하는 모습까지 방송하며 국민을 안심시키려 했다. 한때 자랑했던 K-방역은 무너지고, 학원, 카페, 태권도장, 헬스장, 게임방, 음식점 등 자영업자들은 집단반발을 시작했다.

무엇이 문제였을까? 코로나19 대유행이 좀처럼 개선될 기미가 없어 국민이 지쳤다는 것도 일리가 있지만, 그보다는 정책은 과학적이어야 한다는 기본을 상실했기 때문이라는 것이 옳다.

3차 대유행은 정부가 경제와 방역의 사이에서 우물쭈물하면서 방역을 사실상 무너뜨린 것이 가장 큰 원인이었다. 작년 8월 15일 전후의 2차 대유행의 원인이 소비쿠폰 발행이었다는 전문가들의 지적을 무시하고 3차 대유행 전 각종 소비쿠폰 사업을 대대적으로 전개했고, 지방자치단체는 관광객 유치를 위한 각종 지원책을 남발했다. 다른 나라에 비해 확진자 수가 적은 것에 고무되어 추진된 경제활성화 정책의 결과, 많은 모임과 이동이 발생했고, 결국 현재 5인 이상 모임을 모두 금지시키는 상황을 자초함으로써 그토록 위한다는 자영업자들을 절벽으로 몰아넣었다.

5인 이하 모임 금지도 근거가 모호하다. 전국의 확진자 통계는 교회 모임이나 요양병원, 교정기관 등에 집중되어 있고, 자영업발 감염 사례는 오직 소수만 보고될 뿐이다. 4인까지는 괜찮고 5인부터는 감염 위험이 갑자기 높아진다는 것도 상식적으로 이해되지 않지만, 여러 명이 가서 4인 이하로 나누어 앉는 것도 안 된다니 따로 가면 괜찮고 함께 가서 나누어 앉으면 감염 가능성이 크다는 것이 말이 되는가. 뿐만 아니라 죽겠다고 아우성치면 그 분야는 제한을 완화해주니 자영업자들에게 반발하라고 부추기는 것이 아니고 무엇인가.

이렇게 자의적으로 기준을 바꾸거나 정책을 수정하니 신뢰는 떨어지고 저항은 높아지는 것이다. 한마디로 과학적 근거가 모호한 자의적 기준을 강요하니 정책은 설득력이 없고 정부를 불신하는 것이다. 제발 정책이 과학이라는 기본에 충실하라. 그것이 좋은 정책을 가능하게 하고 진정 자영업자를 살릴 수 있는 길이다.

(디지털타임스, 2021년 1월 12일)

바람직한 미래를 위한 제언

CHAPTER
11

바람직한 미래를 위한
제언

1. 정치의 도덕성과 국익

얼마 전 노무현 차기 대통령의 대표단이 미국에 갔다가 부시 대통령을 만나지 못하고 돌아왔다. 특사 파견을 먼저 요청했던 쪽이 미국이고 보면 사실 결례도 보통 결례가 아니다. 하지만 부시는 당일 우주왕복선 컬럼비아호 사고로 사망한 우주비행사들의 장례식에 참석했다. 사고 소식을 접하자마자 부시는 모든 일정을 접고 1박2일로 미 항공우주국이 있는 휴스턴으로 내려가 유가족들과 슬픔을 함께했다. 마침 미국에 와 있던 필자는 우리나라와는 너무나 다른 미국 대통령의 모습을 지켜보면서 무척 씁쓸해졌다. 지난해 6월 북한의 의도적 도발로 서해상에서 전사한 병사들을 우리 정부는 어떻게 대했는가? 대통령은 고사하고 국방부 장관조차 장례식에 참석하지 않았다. 국민적 추모행사는 고사하고 장례식은 언제 치러지는지도 모르게 짤막한 보도와 함께 서둘러 끝내버렸다. 부상자들에 대한 감사와 배려도 일회성에 그쳤다. CNN을 비롯한 주요 방송국이 연일 참사를 보도하면서 희생자들의 숭고한 뜻과 업적을 가슴 깊이 새기는 미국과는 너무나 다른 모습이다.

이것이 우리 정부의 도덕성 수준을 보여주는 잣대라면 너무 심한 표현일까? 지난 5년간 필자는 정부의 비도덕적 처사에 분노하는 사람들을 무수히 보아왔다. 6·25 동란 때 전사한 병사들의 유골이라도 찾아가려고 미국 정부는 모든 노력을 아끼지 않는다. 그런데 우리 정부는 어떠한가? 40년 이상 북에 억류되어 있다가 천신만고 끝에 탈북하여 돌아온 국군 포로들이 버젓이 귀국 '신고'를 하고 있는데도 우리 정부는 국군 포로는 없다고 주장한다.

북·일 수교회담의 전제 조건으로 일본은 북한의 자국민 납치행위에 대해 김정일로부터 사과를 받아내고, 아직 살아있는 납북 일본인들을 고국의 품으로 받아들였다. 분단 50여년 동안 납북된 사람들이 부지기수이고 그 가족들이 끊임없이 송환을 요구하고 있건만 우리 정부는 이산가족의 재회는 해도 납북자들의 송환 요구는 하지 않는다. 독일인 의사를 비롯한 외국인들조차 중국 각지에 흩어져 있는 탈북자들의 국내 송환을 위해 애쓰고 있지만, 정작 탈북자의 안전과 인권을 보호해야 할 우리 정부는 북한을 자극하지 않으려고 탈북자들에 대한 보호 요구를 하지 않는다.

이쯤 되면 바른 정치를 위한 도덕적 정당성은 이미 땅에 떨어진 것과 다름없다. 이것만 해도 부끄러워서 얼굴을 들 수 없는데 더욱 기가 막힌 일이 벌어졌다. 남북 정상회담과 관련하여 단 1달러도 준 적이 없다고 강력하게 부인하던 청와대와 김대중 대통령이 정상회담을 전후해 현대를 통해 2억~5억 달러의 현금을 뒷돈으로 북한에 지급했다는 것이다. 게다가 막대한 현금을 북한에 넘겨주면서도 그 돈이 군사적 목적으로 사용되어서는 안 된다는 단서조차 달았다는 소리가 없다.

정부는 대북정책의 특성상 극비사항을 모두 밝힐 수 없고, 만약 밝혀지면 대북 관계에 악영향을 미쳐 국익을 해친다고 한다. 총부리를 맞대고 있는 적과의 협상 내용을 모두 밝힐 수 없다는 것은 이해할 수 있다. 하지만 대북 관계에 악영향이란 것은 최악의 경우 남북대화와 경제협력이 일시적으로 중단된다는 것이다. 지금 북한과 대화·경제협력이 중단되는 것이 그렇게도 국익에 반하는가? 대화는 중단되었다가 계속되기도 하고 반대로 계속되다가 중단되기도 하는 것 아닌가.

막대한 국민의 세금을 북한에 건넨 내용을 소상히 국민 앞에 밝히는 것이 진정한 국익에 부합하지 않을까? 당장의 남북대화보다도 국가의 도덕성을 회복시키는 것이 좀더 장기적인 국익에 부합할 것이다. 국가를 위해 목숨을 바친 젊은이들을 국가적 영웅으로 대접하기는커녕 서둘러 장사 지내고 마는 나라에서 누가, 무엇 때문에 목숨을 버리면서까지 나라를 지키려고 하겠는가?

닉슨은 워터게이트 사건 때 사소한 거짓말 하나 때문에 대통령 자리에서 물러났다. 도덕적 정당성을 잃었기 때문이다. 김대중 대통령은 지금이라도 햇볕정책을 통해 북한으로 건너간 자금의 규모와 내용을 소상히 밝혀야 한다. 그리고 그 돈이 어디에 쓰여졌는지도 밝혀야 한다. 그것이 80을 바라보는 노대통령이 사랑하는 조국과 국민을 위해 할 수 있는 마지막 봉사가 될 것이다.

(국민일보, 2003년 2월 14일)

2. 위기 극복, 보수 진보 합력해야

　5년에 한 번 치르는 대통령 선거는 대한민국호를 이끌어갈 새 선장을 뽑는 축제의 장이어야 한다. 특히 이번 선거는 75.8%의 전례 없이 높았던 투표율이 말해주듯이 많은 국민의 지대한 관심 속에 치러졌고 그 과정에서 세대 간 갈등과 지역균열의 심화라는 문제와 함께 경제민주화와 민생, 복지, 정치쇄신 등 당면과제에 대한 논의와 성찰도 있었다.

　모든 경쟁이 그렇듯 선거에는 승자와 패자가 있게 마련이다. 이번 선거는 문자 그대로 보수와 진보세력이 각각 총 결집하여 대결한 양극화된 선거였다. 2030과 5060 세대가 정면으로 부딪힌 세대 대결의 선거였으며, 호남과 영남이 피할 수 없는 일전을 벌인 지역균열의 선거였다. 그러다보니 그 여파 또한 만만치 않다. 진보 세력과 2030 세대들은 선거 패배의 후유증이 너무도 심각하여 소위 멘붕상태에 빠져 있다고 하고, 일부 젊은 네티즌들은 5060 세대에 대한 적개심의 표현으로 65세 이상 노인들에게 제공되고 있는 지하철 무임승차를 폐지하자고 주장하고 있다. 진보 세력의 구심점을 자처하던 민주통합당은 선거 패배로부터 스스로 거듭나기 위한 진통의 과정을 겪고 있으며, 안철수 전 예비후보를 지지했던 사람들은 기성정치에 대한 회의에서 벗어나지 못하고 있다.

하지만 박근혜 당선인 앞에 놓인 시대적 과제는 매우 엄중하고 심각하다. 여러 경제지표나 세계 경제의 위기 상황이 1997년 IMF 경제위기 이후 최악을 나타내고 있고, 서민들이 피부로 느끼는 어려움은 과거 그 어느 때보다 더 힘들고 고통스럽다. 중산층이 무너진 사회에는 하우스푸어, 잡푸어, 에듀푸어, 실버푸어 등 온갖 '푸어'들만 가득하다. 북한의 움직임도 심상치 않고 동북아 4강의 정세도 심각성을 더해간다. 이러한 위기를 극복하고 국민이 행복한 사회를 만들려면 보수와 진보, 세대 간 갈등을 뛰어 넘어 우리가 가진 모든 역량을 총 집중해도 쉽지 않다.

강자가 후한 법이니 우선 당선인 측이 먼저 화해와 통합의 손을 내밀어야 한다. 더욱이 박 당선인은 국민 대통합을 그토록 강조해오지 않았던가? 이러한 입장에서 보면 윤창중 인수위 대변인의 임명은 패자에 대한 도발이요, 승자로서의 오만으로 비칠 수밖에 없는 큰 잘못이었다. 당선인으로서 윤씨를 그 자리에 임명하는 것이 가장 적합한 선택이었다 해도, 그것이 국민의 화해와 통합보다 중요할 수는 없을 것이다. 유사한 실수를 반복하지 않기 위해서도 박 당선인은 과정의 민주성에 더 큰 관심을 두어야 한다. 서로 다른 생각을 갖는 사람들의 의견을 듣도록 제도화하고 논의와 설득의 과정을 거치는 것은 비록 결론에서 차이가 날 수밖에 없다고 하더라도 상대방을 승복하게 하는 힘을 갖는다. 야권이나 시민사회단체 등 다양한 집단들이 정책결정과정에 참여할 수 있는 길을 활짝 열어두고 생각이나 이념의 차이와 상관없이 국민 모두가 함께 작금의 위기를 극복하기 위한 지혜를 모으고 최선을 다할 수 있는 장을 마련해야 한다.

그러나 당선인 측의 노력만으로 실망한 48% 국민들을 포용하고 100% 대한민국을 이룰 수는 없다. 우리 사회의 기득권층도 위기 극복을 위해 적극 나서야 한다. 고달픈 서민들의 삶을 조금이라도 돌봐주기 위해, 대학생들을 학자금 대출로부터 해방시키기 위해, 그리고 젊은 세대들이 희망을 가질 수 있는 일자리를 만들기 위해 우리 모두가 부담을 나누어야 한다. 그리고 서민들도, 대학생들도, 그리고 일자리를 찾는 젊은이들도 작금의 어려움을 우리만 겪는 것이 아니라는 점을 인식하고 최선을 다해 이를 극복하기 위해 노력해야 한다.

위기 시에는 사회의 영향력 있는 인물이나 지식인의 역할이 중요하다. 선거과정에서 서로의 가치와 이념에 따라 각각 다른 후보와 정당을 지지하는 것은 얼마든지 가능하다. 그러나 선거가 끝난 이후에도 보수와 진보로 갈리고 스스로 진영논리에 빠져 국민을 선동하는 것은 우리가 사랑하고 자손들에게 물려줄 조국의 미래를 더욱 어둡게 한다. 그들이 선거운동을 한 진정한 목적이 특정 진영을 위한 것이 아니라 대한민국의 미래를 위한 것이었다면 더 이상의 분열과 비난은 옳지 않다. 오로지 우리나라를 위한 건강한 토론과 협력만이 우리가 겪고 있는 이 위기를 극복할 수 있는 원동력이 될 것이다.

(이데일리, 2013년 1월 7일)

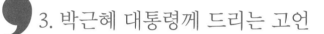

3. 박근혜 대통령께 드리는 고언

    대통령님, 요즘 마음고생이 많으시지요? 세월호 참사로 죄 없는 어린 학생들이 꽃다운 나이에 생을 마감하는 것을 속수무책으로 바라만 봐야 했으니 그 아픈 마음이 오죽했겠습니까? 모두 대통령께 책임만 물을 뿐, 대통령의 괴로움은 생각해주지 않으니 정말 힘든 3개월을 보내셨을 겁니다. 뒤늦게나마 깊은 위로의 말씀을 드립니다.

    1년 6개월 전 대선과정에서 저는 당시 박 후보의 당선이 대한민국의 미래를 위해 바람직하다는 신념을 나름대로 가졌습니다. 가장 보람 있었던 일은 당선이 확정된 직후 새벽 3시경에 받은 전화였습니다. 이름은 잊었지만 한겨레신문사를 퇴직한 전직 기자라고 신분을 밝힌 그분은 조금 취한 음성으로 제게 이렇게 말을 했습니다. "홍 교수 당신의 방송토론을 보고서 한겨레신문 기자 출신인 나도 박근혜 후보를 찍었습니다."

저는 지금도 제 선택이 옳았다고 자부합니다. 그렇지만 작금의 상황에 대한 대통령의 대응을 보면서 자칫 저의 논평과 주장을 듣고 박 후보를 선택했던 분들에게 장차 죄가 될 수도 있다는 생각에서 몇 가지 고언을 드리고자 합니다.

우선 인사문제를 말씀드리지 않을 수 없습니다. 그동안 언론과 야권, 시민단체들이 이구동성으로 인사의 난맥상을 지적했으니 대통령께서 더 이상 듣고 싶지 않을 겁니다. 김용준 국무총리 후보자의 낙마를 시작으로 윤창중 대변인, 윤진숙 장관을 거쳐 안대희, 문창극 국무총리 후보자의 낙마에 이르기까지 인사는 파행을 거듭했지만 누구도 책임을 진 사람이 없습니다. 그뿐 아닙니다. 정홍원 총리의 사표를 반려함에 따라 세월호 참사에 어느 누구도 책임을 지지 않았습니다. 정부조직의 개편과 재개편, 누적된 인사적체에도 어떤 설명도 없고, 책임도 지지 않고 있습니다. 국민은 책임지지 않는 국정운영에 냉담할 수밖에 없습니다.

대통령님, 사과를 하실 때는 확실하게 하십시오. 지금까지 몇 차례 사과하셨지만 대개 대변인이나 홍보수석의 입을 빌리거나 수석비서관회의에서 미리 준비한 사과문을 낭독하셨습니다. 국민들은 대통령의 진정한 생각과 사과의 형식을 중요하게 생각합니다. 수석비서관회의에서의 유감 표명은 안 하느니만 못한 방식입니다. 차려놓은 밥상에 숟가락 하나 더 얹는 방식의 사과를 진정성 있는 사과로 받아들일 국민은 없습니다.

지지도에 너무 연연하지 마십시오. 국민의 여론은 시시각각 변하게 마련입니다. 오로지 국민과 국익을 기준으로 판단해 확신이 서면 강력하게 밀고 나가십시오. 야권이나 국민의 반대가 있다면 대통령께서 직접 나서 진정성을 바탕으로 설득하십시오. 비록 시간이 걸리더라도 진정성은 국민의 동의로 이어질 것입니다.

여야 원내 지도부와의 대화는 늦었지만 정말 잘하셨습니다. 앞으로 주기적 대화를 갖기로 한 것은 더욱 잘하신 일입니다. 사람들은 제왕적 대통령이라지만, 여의도의 협조 없이 할 수 있는 일은 없습니다. 싫든 좋든, 잘하든 못하든 국회는 대통령이 반드시 끌어안고 가야 할 국정파트너입니다. 국회를 무시하거나 야당과 사사건건 대립하면 이룰 수 있는 일은 아무것도 없으며 그에 따른 국정 실패의 총괄적 책임은 대통령이 질 수밖에 없습니다. 강자가 후한 법이고, 지는 게 이기는 것이란 옛 성현의 말씀을 기억해 대립과 갈등이 있을 때엔 상대가 원하는 선물을 준비하십시오. 국민 행복과 국익을 위해서라면 무엇인들 못하겠습니까?

끝으로 더 많은 사람을 만나십시오. 퇴근 후 보고서를 주로 읽는다고 말씀하셨습니다만, 그보다는 담당자를 불러 대면보고를 받거나 현장에 나가 직접 확인하십시오. 주말이든 저녁이든 보다 많은 사람을 만나 세상 이야기도 들으십시오. 옛 왕들의 미행은 누구의 중계도 거치지 않고 직접 세상 민심을 확인하려는 게 아니었겠습니까? 특별한 때만이 아니라 늘 시장이든 거리에서든, 또는 논밭에서든 국민들을 만나 다양한 의견을 들으십시오.

제가 주제넘은 소리를 한 건지 모르겠습니다. 또 대통령의 심기를 더욱 불편하게 했는지도 모릅니다. 옛말에 좋은 약은 입에 쓰지만 병에는 이롭고, 충성스러운 말은 귀에 거슬리지만 행실에는 도움이 된다

고 했습니다. 그저 대통령의 성공을 바라는 작은 마음이라 여겨주십시
오. 감사합니다.

(서울신문, 2014년 7월 14일)

4. 원칙을 바로 세워라: 국가지도자의 도덕성 회복부터

화물연대의 총파업 결정으로 사상 최대의 물류대란이 현실로 나타나고 있다. 작년 10월 이후 진행된 화물연대의 운송요금 인상요구가 이처럼 파국으로 치달을 때까지 정부는 두 손을 놓고 있었다. 대통령조차 TV를 통해서 문제를 인식할 정도로 제때 보고받지 못했고, 관계장관들 중 누구도 이 사태의 심각성을 깨닫지 못했다. 이에 따라 우리정부의 위기관리시스템이 아예 없거나 작동불능 상태가 아니냐는 비난이 쏟아지고 있다.

왜 이 지경에까지 이르렀는가? 이러한 상황의 재발을 막기 위해서 정부는 무엇을 어떻게 해야 하는가? 무엇보다도 위기를 위기로 인식하지 못하는 것이 문제다. 화물연대의 파업뿐만 아니라 초중고등학교의 교육현장에서 극단으로 치닫고 있는 전교조와 교장단의 대립과 갈등도 별것 아닐 수 있었던 문제가 정부의 인식부족과 대응정책의 부재 속에서 국가적 위기로 발전한 대표적 사례이다. 국민적 공감대를 형성하려는 노력 없이 대통령을 비롯한 집권 세력이 밀실에서 추진함으로써 오늘날 우리 사회를 이념적 갈등의 장으로 만들어버린 햇볕정책도 마찬가지다.

사회가 복잡해지고 다원화되면서 국민들의 요구가 다양하게 나타나는 것은 당연한 일이다. 문제는 공정하고 투명한 원칙을 통해 수용할 것은 수용하고 거부할 것은 거부해야 함에도 불구하고 우리 사회에는 그러한 원칙이 통하지 않는다는 것이다. 오히려 언제부터인가 우리 정부는 사회 불만세력의 요구를 뒷거래를 통해 수용함으로써 무마시켜왔다. 그에 따라 국민들은 집단행동을 통해 강하게 요구하면 자신들의 이익을 실현시킬 수 있다는 사실을 알게 되었다. 그러니 우리 정부는 사스 전담병원 하나도 지정하지 못하고, 화장장을 비롯한 혐오시설 설치계획은 사사건건 해당지역 주민들의 반대에 부딪혀 백지화를 거듭하고 있는 것이다.

여기에 지난 10여 년간 지속적으로 추진해온 '작은 정부'도 위기관리시스템 문제를 악화시키는 원인이 되고 있다. 자연재해는 물론이고 이번 사태와 같은 인위적 위기도 언제 어느 곳에서 발생할지 알 수가 없다. 그러므로 국가적 위기에 효과적으로 대처하기 위해서는 이중삼중의 안전장치, 즉 중첩된 조직이 필요하다.

하지만 그동안 작고 효율적인 정부를 지향하다보니 정부조직은 매우 타이트해졌고, 어느 한 부분이 제 역할을 못하면 시스템 전체가 다운되는 현상이 나타나고 있는 것이다.

국가 위기관리시스템이 제대로 작동하게 만들려면 무엇을 어떻게 해야 하는가? 우선 우리 사회의 법과 원칙들을 다시 점검해보아야 한다. 과연 이들이 국민적 공감대를 형성할 수 있을 정도로 공정하고 투명한 원칙들인가? 시대에 뒤떨어지거나 현실과 다른 법의 집행을 강요함으로써 국민적 저항을 유발하고 있지는 않은가?

다음으로 집권층과 국가관리자들이 국민들보다 도덕적 우위에 서서 국민들을 설득할 수 있어야 한다. 로마가 공화정과 제정을 거치면서도 그토록 오랫동안 유지될 수 있었던 근본적 이유는 지배계급의 도덕적 정당성에 바탕을 둔 합리적 위기관리체계를 갖추었기 때문이다. 끝으로 국민들도 국가사회 전체의 이익에 반하는 집단이기주의가 궁극적으로 도움이 되지 못한다는 것을 깨닫고 법과 원칙을 존중해야 한다. 내 권리를 주장하려면 먼저 다른 사람의 권리를 존중해 주어야 한다는 평범한 사실을 더 늦기 전에 깨달아야 한다.

정부는 위기를 조기에 인식하여 이를 관리하고 해소하기 위한 위기관리시스템을 새로 만들기로 했다고 한다. 정부의 이러한 대책은 비록 늦었지만 없는 것보다는 나을 것이다. 하지만 작금의 상황은 한두 가지 제도의 개선으로 해결될 것 같지는 않다. 그 근본 원인이 국가사회 전체의 도덕적 해이와 공정하고 투명한 원칙의 부재에 있기 때문이다. 원칙을 바로 세우고 이를 지키려는 강력한 정치적 결단이 없이는 어떤 시스템도 제대로 작동하지 못할 것이다.

(세계일보, 2003년 5월 14일, 원제: 원칙을 바로 세워라)

5. 전 정권의 경험을 활용하자

  대통령직은 무척 외롭고 힘든 자리다. 밖에서는 제왕적 대통령이라고 부르지만 사실 대통령이 마음대로 할 수 있는 것은 많지 않다. 중요한 국정과제는 대부분 국회의 동의나 법제정이 필요하다. 3천이 넘는 자리에 대한 인사권을 갖고 있다지만 열을 잘해도 하나를 못하면 비난받기 일쑤다. 오죽했으면 노무현 전 대통령이 대통령직 못해먹겠다고 했을까?

  5년 단임의 대통령제를 가진 우리나라는 정권교체와 함께 국정운영의 경험과 지혜가 단절되는 치명적 문제점이 있다. 다른 정당으로의 정권교체는 말할 것도 없고 같은 정당이 정권을 잡아도 집권 세력 전체가 바뀐다. 새 정부가 들어서자마자 다음 정권의 향배를 놓고 이합

집산이 시작된다. 개헌 필요성이 제기되는 이유이기도 하다.

우리나라 역대 정권이 마주하는 문제는 본질적으로 유사하다. 국제적으로는 국가안보의 근간이 되는 한미동맹, 북한 핵과 미사일 문제를 포함한 남북관계, 한일관계, FTA 등이 핵심이고, 국내적으로는 양극화 해소와 일자리 창출, 저출산 고령화, 산업경쟁력, 노사관계, 사회복지 등이 주요 이슈가 되었다. 그 중에서도 가장 큰 딜레마는 부상하는 중국과 전통적 우방인 미국의 패권 충돌 사이에서 한미동맹을 어떻게 유지해갈 것인가와 벌어지는 양극화 속에 어떻게 사회 통합을 유지하고 지속적인 균형발전을 가능하게 할 것인가의 문제였다. 사드 배치문제와 남중국해에서 미중 간 첨예한 갈등으로 인해 우리의 선택이 전자의 전형적 예이며, 보육과 청년실업, 노동개혁, 동반성장 등의 문제가 후자에 해당한다.

근본적으로 유사한 시험문제를 풀면서 문제를 푸는 학생만 달라진 셈이다. 만일 기출문제를 풀어본 선배들의 조언을 듣고 그들의 경험과 지혜를 활용했다면, 학생의 입장에서 시행착오를 줄이고 보다 쉽게 문제를 풀 수 있었을 것이다. 불행하게도 역대 정부들은 이러한 타산지석의 교훈을 활용할 기회를 스스로 거부해왔다. 그 결과는 계속되는 시행착오와 그로 인한 정책적 비효율, 사회의 갈등과 반목이었고, 그에 따른 막대한 비용을 속절없이 국민들이 감내해 왔다.

노무현 정부는 반미면 어떠냐는 식의 아마추어적 외교정책으로 한미 관계에 큰 어려움을 겪었고 헌정 사상 유례 없는 대통령 탄핵사태까지 발생했지만, 불필요한 권위를 허물고 정부혁신을 시도했으며 서민대통령으로서 많은 국민들의 사랑을 받았다. 이명박 정부는 집권 직후 광우병 파동을 겪었고 정치권과의 원만하지 못한 관계로 인해 많은 입법 지연이 발생했지만, 2008년 9월 발생한 세계적 금융위기와 이어진 재정위기에 선제적으로 대응함으로써 더욱 심각해질 수 있었던 경제위기의 부정적 효과를 크게 완화시킬 수 있었다. 박근혜 정부가 노무현, 이명박 정부를 타산지석으로 삼아 그들이 고민했던 문제와 과정, 그리고 결론을 천착하여 이를 활용했다면, 지금보다는 훨씬 국민들로부터 사랑을 받으면서 경제적 어려움을 극복할 수 있지 않았을까.

개헌이 아니어도 이전 정부의 경험과 지혜를 활용할 수 있는 길은 얼마든지 있다. 예를 들어 이념적으로 극단적 인사들을 제외하고 이전 정부의 고위공직자나 청와대 참모들로 가칭 '국가전략자문회의'를 구성하여 분기별 정기 자문회의를 법정화 했다고 가정해 보자. 자문회의 내에는 전문분과를 구성하여 주요 이슈가 발생했을 때 수시로 그들의 의견을 들어볼 수 있다. 자문회의에서 나온 의견을 수용하느냐의 최종 선택은 물론 현 정부의 위정자들이 갖는다. 핵심은 역대 정부에서의 경험을 귀중한 정책자산으로 활용하는 데 있다.

이는 또 이전 정부와의 갈등과 반목을 완화시키는 부수적 효과도 기대할 수 있다. 정권 간 불화나 갈등은 국가와 국민을 위해 결코 바람직하지 않다. 이명박 전 대통령이 "나도 못했지만 박대통령은 더 못한다"는 말을 했다는 보도가 있었다. 있을 수도 없고, 있어서도 안될 얘기다. 역대 대통령은 모든 것을 국가와 국민을 위해 바쳤던 분들이다. 그들의 언행은 오로지 국민의 행복과 국가의 발전을 위해서 도움이 되는 방향으로만 이루어져야 한다. 집권 후 전 정권의 치적을 지우려는 행위도 안되지만 현 정권을 폄하하는 것도 용납될 수 없다. 정권 간 불화와 반목이 계속되는 한 국민의 행복은 멀어지고 부끄러운 역사가 반복될 뿐이다. 평가와 판단은 후세에 맡기고 대통령은 오직 국가와 국민을 위해 모든 것을 포기하고 희생할 각오가 되어 있어야 한다.

(서울신문, 2016년 7월 15일)

6. 바른 정치의 길

　바른 정부는 어떤 정부일까? 정치학의 고전적 질문 중 하나다. 다양한 답변이 있을 수 있지만, 정답은 국민을 행복하게 만드는 정부일 것이다. 2,500여 년 전 맹자도 백성이 부모를 잘 봉양하고 제사를 잘 모시게 하여 먹고사는 데 지장이 없게 하는 것이 왕도의 시작이라고 하지 않았던가? 당시 정부는 곧 국왕 자체였다. 백성들이 걱정하지 않고 먹고살며 인간다운 삶을 영위하게 하는 왕이 곧 좋은 왕이요, 그것이 왕의 길, 즉 왕도였다

　바른 정부의 모습은 오늘날에도 마찬가지다. 정부가 추구하는 것은 이념이나 가치보다 국민의 행복이어야 한다. 그런 점에서 문제인 정부의 문제는 심각하다. 그들이 추구하는 것은 자신들이 옳다고 여기는

가치와 이념뿐이기 때문이다. 취임 때부터 문재인 정부는 적폐청산을 외치면서 정의와 공정, 평등한 사회를 주장했으며, 이를 실현하기 위해 이전 정부들의 정책과 관행을 청산의 대상으로 삼았다. 그들은 자신들과 이념과 가치를 공유하는 사람들로 각 부처별로 적폐청산위원회를 만들었고, 국정원과 대법원까지도 적폐조직으로 몰아 청산한다고 부산을 떨었다.

성과가 있든 없든 그것이 대충 끝나가자 이번엔 70년도 더 지난 친일파 청산을 들먹이며 유사 이래 최대성과를 달성한 우리의 현대사가 정의롭지 않다고 주장하기 시작했다. 그리고 평생을 독립운동에 몸담았던 이승만 대통령과 경제기적을 이룬 박정희 대통령을 친일파로 몰기 시작했다. 이승만 대통령이 정부수립 직후 반민특위의 활동을 방해했던 이유는 당시 공산주의자들을 색출해내지 않으면 나라의 존립이 위태로운 상황이었기 때문이었다. 즉 이대통령은 과거지향적인 친일파 청산보다 미래지향적으로 공산주의의 위협으로부터 대한민국을 지켜내기 위해 고육지책으로 반민특위를 중단시킨 것이었다.

박정희 대통령은 다카끼 마사오로 창씨 개명한 일과 만주의 신경군관학교에 입학하기 위해 당시 일왕에 충성을 맹세한 혈서를 썼다는 것을 이유로 친일파로 몰았다. 박정희 대통령은 나이가 많아 우수한 성적에도 불구하고 두 번에 걸쳐 군관학교 입학이 좌절되자 당시 유행처럼 여겨졌던 혈서를 써보내고 입학이 허가된 것이었건만, 그것이 친일행위의 근거로 이용된 것이다. 박대통령이 만주군관학교와 일본 육사를 졸업하고 만주군에 배속되어 활동했던 것이 친일파의 근거라면 당시 자신의 미래를 위해 열심히 살았던 모든 사람들이 다 친일파일 것이다. 또 창씨 개명했기 때문에 그가 친일파라면 식민지 치하에서 살아가야 했던 조선 사람의 대다수는 친일파이어야 한다.

물론 명백한 친일인사들도 있었다. 그들은 발본색원하여 친일파의 오명을 역사 속에 남도록 해야 한다. 그러나 그러한 작업이 좌파 역사학자들의 전유물이 되어서는 안된다. 임시정부도 여러 항일조직 중 하나일 뿐이라고 폄훼하는 좌파 역사학자들은 남한만의 반쪽 건국이라는 이유로 당시 UN을 비롯한 국제사회가 인정한 한반도의 유일한 합법정부라는 대한민국의 정통성도 인정하지 않는다.

광복 후 75년이 되어가는 현 시점에 당시의 친일했던 인사들이 그대로 남아 있을 리 없다. 친일파의 후손들을 사회에서 배제해야 한다면 그들은 조상을 잘못 두었다는 이유로 처벌을 받는 것과 마찬가지로, 이는 우리 헌법이 인정하지 않는 연좌제를 하자는 것과 같다. 다만, 친일행위로 인해 형성한 재산이 남아있다면 이는 사회적 합의를 통해 몰수되어야 할 것이다.

지금 이 시기를 살면서 당시를 살았던 조상들을 명백한 친일행위의 진위와 상관없이 손쉽게 친일파로 비난하는 것은 옳지 않다. 일제 강점기에 일상적인 생활이나 노력을 친일행위로 비난하는 것은 단지 식민지 치하에서 태어나지 않은 행운을 타고 난 사람들의 위선이 아닐까?

그런데도 문재인 정부는 이승만, 박정희 등 두 보수우파 진영의 대통령을 친일파로 둔갑시키고 친일파의 후손들이 우리 사회의 주도세력이 되었다고 하면서 이를 청산해 우리 사회의 주류를 바꿔야 한다는 기가 막힌 주장을 편다. 그래서 문재인 대통령은 100주년이 되는 3·1절 기념사에서 뜬금없이 친일파 청산을 외친 것이다. 그래야 정의로운 사회가 된다는 것이다.

정의로운 사회, 반칙 없는 공정한 사회를 만들자는 데 반대할 사람은 아무도 없다. 그러나 정권을 잡은 자신들은 온갖 반칙과 불공정을 통해 자리를 차지하면서 정의로운 사회, 반칙 없는 사회를 만들자고 한다면 그건 결코 묵과할 수 없다. 남의 허물은 크게 보면서 자신의 허물에는 눈을 감아버리는 것이 정의요 공정일 수는 없을 것이다. 부동산 투기를 위해 재산 전부를 재개발지역에 투자하고는 제도에도 없는 청와대 경호실 관사에 입주해 사는 것은 공정한 것인가? 재산의 83%를 내부자 거래가 의심되는 주식투자를 한 사람을 헌법재판관에 임명하는 것은 과연 정의로운 것인가? 경제는 죽을 쑤어 수없는 자영업자들이 장사를 접고 있고, 서민들은 그나마 일하던 자리에서 쫓겨나고 있음에도 여전히 소득주도성장이 성과가 있다고 국민을 호도하는 것은 정의로운 일인가? 무엇보다 아까운 국민 세금을 효과도 불확실한 섣부른 정책에 펑펑 쓰면서 미래 세대에게 부담을 떠넘기는 것이 과연 공정하고 정의로운 일인가?

문재인 정부는 더 이상 국민을 불행하게 만들지 말고 바른 정치의 근본으로 돌아가야 한다. 바른 정치는 국민이 걱정 없이 잘살게 만드는 것이다.

(남양회보, 2019년 5월)

7. 정치개혁, 인치(人治)에서 법치(法治)로

    대한민국에서 정치개혁은 과연 가능할까? 만일 가능하다면 누가 무엇을 어떻게 해야 할까? 정치권에서는 14대 국회 이후 항상 정치개혁특위를 운영해왔다. 선거를 전후해서는 선거구 획정이나 선거구제 개편을 포함한 선거제도 개편을 정치개혁의 핵심으로 논의해왔다. 16대 국회 말에는 소위 오세훈 선거법이라 불리는 3개 정치관련 법(정당법, 공직선거법, 정치자금법)을 한꺼번에 개정하는 성과를 내기도 했다. 그뿐인가? 꾸준히 개헌논의도 이루어졌고, 최근에는 연동형 비례대표제 도입을 논의 중이다.

    끊임없는 노력에도 불구하고 별다른 성과가 없었던 이유는 다음의 둘 중 하나일 것이다. 정치개혁이 아예 불가능하거나, 아니면 지금까지 정치개혁을 부르짖은 사람들이 사실은 개혁할 의사 없이 자신들의 정치적 이익을 취하기 위해 정치개혁을 이용했기 때문이거나. 사람이 하는 일에 불가능이란 없으니 결국 정치개혁이 제대로 이루어지지 못한 이유는 정치인들이 개혁할 의사보다 그때그때 정치적 이익을 위해 정치개혁을 이용한 것이 지금까지 정치개혁이 이루어지지 못한 가장 큰 이유일 것이다. 그래서 정치개혁은 누구나 동의할 수 있는 기본원칙에서부터 시작해야 한다.

우리나라 정치의 문제 중 가장 근본적인 문제는 법치가 아니라 인치가 일반적이라는 사실에 있다. 정치적 민주주의를 넘어서 경제적 민주주의까지도 달성했다는 이 나라에서, 그것도 사법고시에 합격한 변호사 출신 대통령에 의해 법치주의가 무시되고 있다는 것은 아이러니가 아닐 수 없다. 몇 가지 사례를 보자.

문 대통령은 취임하자마자 인천공항공사를 방문해 모든 비정규직의 연내 정규직화를 약속했다. 업무에 상관없이, 경력이나 능력에 상관없이 갑자기 현재의 모든 비정규직을 정규직화하라는 지시가 대통령의 입에서 떨어진 것이다. 대통령의 한 마디가 곧 법이 되어 모든 비정규직 근로자에게는 정규직이 될 권리를 발생시켰다.

대통령은 고리원전 1호기 폐로식에 참석하여 느닷없는 탈원전 선언을 했다. 그것이 느닷없는 이유는 탈원전이라는 것은 누구도 하루아침에 선언을 통해 이룰 수 있는 것이 아니기 때문이다.

당대 최고의 전문가들이 참여한 가운데 무엇이 우리나라의 국익에 적합한 지속가능한 에너지정책인지 논의하는 정당한 절차와 심사숙고를 거쳐 결정해야 마땅하다. 그런데 대통령 한 마디에 우리나라는 탈원전 국가가 되어버렸다. 이후 공사가 3분의1가량 진전된 신고리

제11장 바람직한 미래를 위한 제언

5·6호기 건설을 일방적으로 중단시키고는 그것의 재개 여부를 공론화에 부치겠다고 선언했다. 3개월간 공론화의 결과, 정부의 의도와 다르게 공사를 계속하는 것으로 결론이 나자 교묘하게 결론을 바꾼다. 공사는 재개하지만 탈원전도 계속하라는 것이라고. 그리고는 탈원전이 아니라 에너지 전환이라고 말만 바꾸어 법치를 능멸했다.

문재인 정부의 인치는 여기에 그치지 않는다. 2007년 6월, 노무현 정부에서 제주도가 실시한 주민투표를 근거로 결정한 강정마을 군항 건설사업에 대해 문 대통령은 주민에게 사과했다. 이 사건은 대법원이 2012년 국방부의 건설승인 결정이 적법하다고 판결한 바 있었다. 제주 강정마을 주민회와 환경단체를 비롯한 외부세력이 연합해 제주 군항 건설사업을 물리적으로 방해함으로써 발생한 손해에 대한 해군의 구상권 청구소송이 대법원에서 인용될 가능성이 높아지자 대통령은 이를 철회하도록 명령했다. 사법부의 결정도 인치로 뒤집은 것이다.

누구도 반대할 수 없는 민주주의의 기본원칙 중 첫 번째가 바로 법치주의다. 법치주의는 법에 의한 지배를 의미하지만, 이는 법의 형식적인 해석만을 의미하는 것이 아니라 입법자의 의도를 이해하고 이를 적용하는 것을 포함한다.

대통령과 집권 여당이 법치를 무시하고 인치를 계속하는 한, 이 나라에 정치개혁은 있을 수 없다. 모든 사람이 법 앞에 평등하다는 것은 법치주의를 의미하는 것이지 대통령과 집권세력이 법을 이용해 마음대로 할 수 있다는 뜻이 아니다. 누구든 법치주의를 존중하고 이를 바로 세우지 못한다면 대한민국의 정치개혁은 요원하다.

(디지털타임스, 2019년 1월 22일)

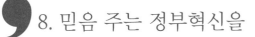

8. 믿음 주는 정부혁신을

며칠 전부터 브라질의 룰라 대통령을 비롯한 전 세계 주요 인사들이 대거 서울로 몰려들었다. 제6차 정부혁신 세계포럼에 참석하기 위해서다. 5월 24일 개막된 이 포럼에는 유엔 산하 141개국에서 2000명이 넘는 사람들이 참석했다고 하니 명실공히 세계적 규모의 회의가 아닐 수 없다. 우리나라는 정부혁신의 선도국가로서 이번 세계포럼을 주관하고 있다.

노무현 대통령의 참여정부가 출범한 지 2년 반, 이제 반환점을 돌아 골인 지점으로 향하고 있다. 정부혁신은 노무현 정부의 트레이드 마크였다. 대통령 직속의 정부혁신지방분권위원회를 두어 혁신업무를 전담하게 했음은 물론 부처마다 4~5급 공무원들로 혁신담당관을 두어

자나깨나 혁신을 외쳐왔다. 산자부 출신의 오영교 씨를 행정자치부 장관으로 임명하여 팀제의 전면 도입 등 혁신을 위한 과감한 조직개편을 단행했다.

어디 그뿐인가. 개방형 인사제도를 통한 민간 전문가의 공직 개방, 다면평가제도, 실적과 성과 위주의 조직 운영, 정부 업무나 기관에 대한 지속적인 성과 평가, 3급 이상 고급공무원단의 직급 폐지, 성과계약 체결, 상시혁신의 강조, 전자정부의 확산을 통한 투명한 국정 운영, 대통령이나 장관 보고서의 홈페이지 개방 등 그야말로 혁신적인 아이디어를 조직 운영과 인사 제도의 개혁에 도입하여 '철밥통'이라 불렸던 정부조직을 21세기 급변하는 정보화시대에 능동적으로 대처할 수 있게 변화시키는 데 크게 공헌했다.

항상 수동적이고 폐쇄적으로 여겨졌던 정부조직이 불과 3년도 안되는 기간에 이렇게 변할 수 있었던 것은 '모든 것이 바뀌지 않으면 잘살 수 없다'는 강력한 캐치 프레이즈 아래 혁신을 외쳐온 참여정부의 성과라는 데 이견은 없다. 하지만 이러한 성과의 뒷면에는 여전히 생각해볼 문제들이 있는 것 같다.

우선 참여정부는 '혁신'을 너무 강조한 나머지 혁신하지 않으면 수구세력으로 몰아붙였다. 혁신에 능동적이지 않은 공무원들은 소위 '우리편'이 아니라는 무의식적 편 가르기가 보이지 않는 가운데 상당한 영향을 미치고 있는 것이다. 혁신 마인드의 광범위한 확산은 바람직하지만, 그러다 보니 공무원들 스스로가 의식하지 못하는 사이에 혁신파와 수구파로 구분되어 보이지 않게 조직의 효율성을 저해할 가능성이 있다.

각 부처 장관들은 혁신의 전도사로서 모든 것을 바꾸는 데 앞장서야 하고, 혁신담당관들을 비롯한 모든 공무원들은 혁신 실적을 올리기에 급급하다. 어떤 부처의 혁신 아이디어에는 과장의 책상을 문가에 배치하고 하급 직원의 책상을 가장 안쪽에 배치하는 것이 포함되어 있었으니, 혁신의 성과를 가시화해야 하는 공무원들의 고달픔이 보이는 것 같아 안타깝기만 하다.

혁신의 선도적 부처인 행자부는 전면적인 팀제를 도입하였다. 본부장 밑에 국과장급을 모두 없애고 팀장을 임명하고, 각 팀장들이 함께 일할 직원들을 선발하게 하는 등 과감한 조직 개혁을 단행했다. 그리고 팀장들이 본부장과 장관에게 직접 보고하게 함으로써 책임경영이 가능하게 하였다. 그러나 행자부가 어떤 부처인가. 정부조직의 총무 역할을 하는 까닭에 상당한 업무가 성과를 측정하기 어려울 뿐 아니라 대부분의 업무가 일회성 사업보다는 반복되는 일상적 업무들이 많은 전형적인 부처이다.

그런 부처에 가시적 성과와 유연성을 강조하는 팀제를 전면 도입한다는 것은 생각해볼 일이다. 행자부 조직 개편의 성과는 그러한 의미에서 앞으로 눈여겨보아야 할 것이다.

하지만 참여정부의 정부혁신을 평가하는 데 가장 중요한 잣대는 결국 누구를 위한, 무엇을 위한 혁신인가 하는 점이다. 정부 혁신의 최종 목표는 누가 뭐라 해도 '신뢰받는 정부'로 거듭나는 것이어야 한다. 신뢰받지 못하는 정부는 무슨 일을 해도 국민의 마음속으로 다가갈 수 없다. 중앙정부 수준의 혁신은 이루었고 이제 지방자치단체와 공기업의 혁신만 남았다고 하는 참여정부는 과연 얼마만큼 국민의 신뢰를 받고 있는가.

(세계일보, 2005년 5월 28일)

9. 지자체 포퓰리즘은 지방분권의 적

　지난 1일 출범한 민선 제7기 지방자치단체는 대구·경북(자유한국당)과 제주도(무소속)를 제외한 전국의 광역자치단체와 교육감 선거는 물론, 대다수 기초단체도 모두 더불어민주당 출신 시·도지사와 군수 및 구청장으로 채워졌다. 지방의회도 전국 평균 70%에 이르는 압도적 다수 의석을 여당인 민주당이 차지했고, 심지어 서울과 경기는 90%를 넘는 의석을 차지했다. 국민의 압도적 지지는 여당으로서 축하받을 일이지만, 동시에 민주주의의 기본 요소인 견제와 균형이 불가능해졌기 때문에 많은 우려도 나오고 있다.

　무엇보다 걱정스러운 것은 자치단체장들이 일단 선거에 이기기 위해 제시했던 모든 공약을 지키겠다고 나서는 것이다. 당선인 입장에서는 공약을 지키는 것이 당연하다고 생각할 수 있을 것이다. 하지만 득표를 위해 깊은 생각 없이 무리하게 내세운 공약까지 모두 지키려 한다면 아마도 적지 않은 자치단체가 갈등을 빚거나 빚더미에 오를 가능성이 짙다.

당장 부산시 오거돈 시장이, 노무현 정부에서 제기됐다가 이명박·박근혜 정부를 거치면서 김해공항 확장으로 결론이 난 동남권 신공항 사업을 재추진하겠다고 나서고 있다. 김경수 경남지사까지 나서서 이를 재추진하자고 하면서 대구·경북과의 갈등이 불가피할 전망이다. 그뿐인가? 아동수당이나 청년수당 등 각종 복지공약이나 포퓰리즘적 대형 건설사업들도 지방재정의 능력을 충분히 고려하고 내세운 것이 아니어서 이런저런 공약들을 무조건 지키겠다고 나선다면 4년 후 막대한 빚더미로 되돌아올 수 있다. 이는 지방분권에도 심각한 악영향을 미칠 수 있다. 선거공약이라도 현실적 여건을 고려해 옥석을 가려 추진해야 한다.

여당의 압도적 승리로 지방권력이 교체된 자치단체가 많다. 지방권력이 교체된 지역에서는 단체장들이 지난해 정권교체 이후 문재인 정부가 추진한 적폐청산을 지방 수준에서 추진하겠다고 나설 가능성이 있다. 이를 통해 지방권력을 공고히 하고 자신에 대한 지역의 지지를 더욱 확보할 수 있을 것으로 기대할 수도 있다.

이 경우, 지난 정권에서 추진해온 다수 정책을 취소하거나 뒤집을 가능성이 크고, 이를 바탕으로 관련 공무원들을 징계하겠다고 나설 것으로 보인다. 그렇게 되면 정책의 일관성이 떨어지는 것은 물론, 공무원들의 복지부동(伏地不動)을 자초하는 원인이 돼 그 피해가 지역주민에게 미칠 우려가 있다. 단체장들이 과거지향적 적폐청산에 과도한 관심을 쏟을 경우, 수많은 지역의 문제들과 미래지향적 사업들이 갈등 속에 표류할 우려도 있다.

일부 광역단체장의 경우 잠재적 대권(大權)후보라는 인식 속에 지방 수준을 넘어 중앙정부 차원에서 추진해야 할 사업들을 무분별하게 추진할 가능성도 있다. 이것은 지역주민은 물론, 단체장 본인에게도 결코 도움이 되지 못한다. 현재 자신의 자리에서 최선을 다하는 지도자를 국민은 기억할 것이기 때문이다.

대다수 단체장이 때마침 닥친 태풍과 장마의 피해를 우려해 취임식을 취소하고 재난본부에서 단체장으로서의 첫 일과를 시작했다. 그들이 취임식마저 취소하며 재난 업무를 챙기는 것은 궁극적으로 지역주민의 행복을 위한 결정일 것이다. 단체장들의 그러한 행보가 보이기 위한 것이 아니라, 주민의 행복을 위한 진정성에서 우러나온 것이라 믿고 싶다.

민선 7기의 지방자치 출범을 축하하면서 부디 모든 단체장과 의원들이 주민을 위한 초심을 잃지 말기 바란다.

(문화일보, 2018년 7월 4일)

10. 이건희 회장과 초일류 대한민국

　1988년 가을 어느날, 미국 노스웨스턴대학 박사과정에 재학 중이던 필자는 첫달 조교 월급을 받아 들고 아내와 함께 벼르던 TV를 사러 갔다. 진열대에는 온통 소니, 히타치, NEC, 파나소닉 등 일본 기업들의 멋진 TV들이 전시되어 있었다. 마침 리딩엣지라는 브랜드의 대우컴퓨터와 삼성의 프린터가 비교적 저렴하면서도 품질이 좋아 잘 팔리던 시절이어서 한국산 TV를 찾으려 했으나 눈에 띄지 않았다.

　매니저에게 한국산은 없느냐고 물었더니 한쪽 구석으로 안내했다. 매니저가 안내한 곳에는 초라하고 볼품없는 삼성 TV 한 대가 놓여 있었다. 가격이 일본 제품에 비해 무척 싸다는 것 외에 어떤 매력도 없는 제품이었다. 매니저는 삼성 제품을 보여주면서도 일본 제품의 우수성을 비교적 관점에서 설명했다. 은근히 자존심이 상했지만 결국 품질 좋은 소니 트리니트론 제품을 구입했다.

그저 평범한 TV 하나를 산 이 경험으로 나는 전자산업에 관심을 갖기 시작했고, 결국 박사학위 논문의 주제로 반도체 산업정책을 선택했다. 첨단산업이야말로 우리나라가 장차 먹고살기 위해 반드시 경쟁력을 확보해야 할 분야라고 생각되었고, 비슷한 시기에 반도체 산업에 진출한 한국과 대만이 전혀 다른 경로를 밟으며 성장하고 있다는 점이 나의 관심을 끌었다. 1992년 나는 한국과 대만의 반도체산업 발전 과정과 국가 역할을 비교한 논문으로 박사학위를 받았다.

삼성의 반도체산업 진출과정을 연구하는 과정에서 이건희라는 '거인'이 있었음을 알게 되었다. 1974년 재미교포 강기동 박사에 의해 국내 최초로 메모리반도체 제조업에 진출했던 '한국반도체'가 불과 1년여 만에 투자부족으로 부도 위기에 처했을 때, 당시 젊은 이건희는 아버지 이병철 회장의 반대를 무릅쓰고 사재를 털어 한국반도체를 인수했다.

만약 이건희라는 기업인이 없었다면 LG보다 후발업체였던 삼성전자가 메모리반도체 제조업에 먼저 진출하고 이를 통해 후일 세계 초일류 기업으로 성장하는 것은 불가능이었을 것이다. 이후 1982년 12월 이병철 회장은 삼성그룹 전체의 명운을 걸고 반도체산업에 진출하겠다고 선언했는데, 이 선언은 다른 분야와는 달리 반도체는 실패 위험이 매우 높아 정부조차 동의하지 않았기에 나온 것이었다.

1987년 선대 이병철 회장의 뒤를 이어 삼성그룹 회장에 취임한 이건희 회장은 1990년대 중반까지 삼성을 초일류 기업으로 키우겠다고 선언했지만 이를 믿었던 사람은 없었다. 본격적 민주화 시대를 맞아 1987년부터 1993년까지 7년간 제조업 근로자의 임금이 가파르게 상승했고 삼성은 그 선두에 있었다. 생산성 향상은 지지부진한데 임금은 두 배 이상 올랐으니 세계시장에서 경쟁력을 가질 수 없는 것은 당연했다. 더 이상 저임금 노동에 의한 가격경쟁력으로 비교우위를 갖지 못하게 되자 이건희 회장은 누구보다도 먼저 질적 성장으로 진로를 바꾸었다.

1993년 독일 프랑크푸르트에서 있었던 '마누라와 애들 외에 모두 바꾸라'던 신경영 선언이 그것이다. 이후 휴대전화의 불량률이 높자 임직원 앞에서 애니콜 제품을 불태워 품질경영의 의지를 재확인했다. 이를 통해 이 회장은 취임 시 약속했던 바와 같이 삼성을 초일류 기업으로 만들었다. 그저 취임 일성으로 해보는 소리라고 생각했던 것이 현실로 나타난 것이다.

이제 반도체와 휴대전화를 통해 신화를 창조했던 이건희 회장은 우리 곁을 떠났다. 그가 떠난 자리에 그의 공과를 평가하는 다양한 의견이 나오고 있다. 대체로 그의 업적을 인정하면서도 무노조 경영과 세습경영을 이유로 부정적 평가를 제시하기도 한다. 무노조 경영을 고수하고 아버지로부터 삼성이라는 기업을 물려받는 과정에서 문제가 없었던 것은 아니지만 그 시대의 정치경제적 환경을 고려하면 당연한 것일지도 모른다.

기업인을 평가하면서 예수님이나 부처님, 공자님처럼 성인의 기준을 적용하려는 것이 아니라면 우리도 세계 1등을 할 수 있다는 자신감을 심어준 것만으로도 그는 위대한 업적을 남겼다고 평가해야 한다. 이제 남겨진 사람들은 더 많은 초일류 기업을 만들어가면서 동시에 경제의 발목을 잡지 않도록 정치를 초일류로 발전시켜야 할 것이다.

(디지털타임스, 2020년 10월 29일)

11. 2020년에 바라본 대한민국

　돌이켜보면 대한민국의 오늘은 결코 쉽게 이루어진 것이 아니었다. 가난한 나라의 국민이 세계에서 어떤 취급을 받는지 잘 아는 우리 세대는 우리의 피땀 어린 노력이 큰 결실을 맺었다는 생각에 지금의 대한민국이 한없이 자랑스럽고 뿌듯하다. 그러나 2020년에 바라본 대한민국은 과거에 비해 너무나 초라하고 국민은 고통받고 있으며, 장차 후손에게 물려줄 이 나라의 모습에 한탄이 절로 난다.

　2019년 국내총소득(GDI)은 1953년 통계작성이 시작된 이래 네 번째 마이너스 성장을 보였다. 정부가 막대한 재정을 쏟아부어 저소득층을 지원했는데도 총소득은 거꾸로 감소한 것이다. 과거 세 번은 6·25 직후의 폐허 속에서 원조경제에 의존했던 시절(1956년), 2차 오일 쇼크 직후 정치적 혼란기(1980년), 그리고 외환위기 직후(1998년) 뿐이었다. 이번엔 오직 우리의 정책실패가 주요 원인이었다는 점에서 기가 막힐 노릇이다. 한때 그토록 부러움을 샀던 이 나라가 어찌하여 이 지경이 되었는지 기가 막혀 잠도 오지 않는다.

아니 땐 굴뚝에 연기가 나지는 않을 것이니 우리나라가 하루아침에 이렇게 된 것은 여러 가지 이유가 있을 것이다. 그 중 한 가지 분명한 것이 있다. 다른 것은 몰라도 노동 분야의 문제와 의식의 변화로 볼 때 작금의 참담한 상황은 당연하다는 것이다. 몇 가지 사례를 살펴보자.

서울교통공사가 지하철 운전자들의 근무시간을 하루 12분 늘리고자 했다. 그것도 순증이 아니라 그 동안 줄였던 시간을 정상화시키는 방식으로 말이다. 그런데 노조가 들고 일어났다. 하루 12분 운전을 더 하는 것이 얼마나 힘들고 위험한 일인줄 아는가 부르짖으며 총파업을 예고했다. 결국 사측은 계획을 철회하고 백기를 들었다. 이 과정에서 시민들의 편익은 단 한 차례도 논의된 적이 없다.

르노삼성차 노조는 2019년 임단협 협상과정에서 파업과 태업을 반복했다. 회사 매출은 곤두박질치고 시도 때도 없이 파업이 일어나는 공장에 신차 배정을 할 수 없다는 본사의 결정에 따라 경쟁사들이 새로운 모델을 양산하는 동안 르노삼성차는 시장을 잃어갔다. 경쟁사인 쌍용차의 노사가 평화적 노사협상을 통해 힘을 모으는 것을 보면서도 파업을 일삼다가 설을 앞두고 파업을 일단 멈추기는 했다. 언제 다시 파업이 일어날지 아무도 모른다. 노조는 회사가 망해도 월급은 올려야 겠다고 한다.

현대차 경영진은 울산공장의 조립라인에서 근무시간 와이파이 접속을 차단시켰다. 조립라인에서 일하는 근로자들이 이어폰을 귀에 꽂고 유튜브를 보면서 조립을 하다가 불량률이 증가하자 취한 조치였다. 노조는 즉각 반발했다. 잔업거부를 무기로 사측을 압박하여 하는 수 없이 일단 없던 일로 했다가 여론이 나빠지자 조용해졌다. 지금은 어떻게 되었을까? 정비업체나 출고차량 검수업체 관계자들은 조립 공정의 불량이 늘어나고 있다고 증언하고 있다. 현대차 노조는 잘나가는 팰리세이드 조립라인 증설도 반대하여 예약했던 2만여 명 이상이 예약을 취소한 사태도 있었다.

청년들의 어려움을 모르는 바는 아니지만 최근 청년들을 대상으로 한 현금살포형 무상복지사업이 대책 없이 늘어나고 있다. 일부이겠지만 실업수당을 챙기기 위해 6개월을 일하고 나서 해고해 달라고 요구하는 청년들이 크게 증가하고 있다고 한다. 일부는 현금성 알바를 통해 돈을 벌면서도 실업수당을 챙기기도 하고, 실업수당을 받으며 해외여행을 즐기기도 한다. 인터넷에는 정부의 눈먼 돈 챙기지 못하면 바보라는 식의 정보가 즐비하고 정부로부터 각종 현금을 받아내는 노하우를 공유하기도 한다. 사실상 국민세금을 도둑질하면서도 양심의 가책은 전혀 없다. 아니, 양심이 있기는 있는가. 이러고도 우리가 계속 잘산다면 세상이 공정하지 않은 것이라면 내가 잘못 생각한 것인가.

대학졸업자라는 학력에도 불구하고 이역만리 타국 수백 미터 지하 광산에서 몸을 사리지 않고 열심히 일했던 광부들. 어린 나이에 자기 몸보다 훨씬 큰 독일 환자들을 가족처럼 돌보던 간호사들. 총알이 쏟아지는 전쟁터에서도, 총성 없는 전장에서도 한 푼이라도 더 벌어 집안을 일으키고 조국 근대화에 앞장섰던 우리의 샐러리맨들. 열사의 사막에서 한없이 밀려드는 외로움과 싸우면서도 뜨거운 땀과 눈물을 흘렸던 건설노동자들. 청계천 평화시장에서 하루 20시간 넘게 미싱을 돌리고 구미와 창원공단 전자제품 조립라인에서 밤새워 일했던 우리의 딸과 아들들. 그토록 열악한 환경 속에서도 그들은 그렇게 힘들게 번 돈을 집에 송금하여 가족들을 부양했음은 물론, 동생과 오빠들의 학비를 대어 이 나라를 이끌어간 기둥으로 성장하게 만들었다. 우리의 부모들은 졸라맬 허리띠 구멍이 없을 정도로 근검절약하여 자식들의 교육에 모든 것을 바쳤고, 그렇게 성장한 이 시대의 기성세대들 역시 부지런히 일하며 이 나라를 선진국 대열에 당당히 우뚝 서게 만들었다. 너나없이 모두가 힘들고 어려웠던 시절, 그들은 '할 수 있다, 하면 된다'는 신념을 바탕으로 열심히 일했고, 그렇게 해서 우리는 꿈을 이루었다.

그때 그 시절이 부럽다는 것이 아니다. 과거 그토록 열심히 일하고 노력했던 한국인들이 이루어낸 모든 성취가 신기루처럼 사라질 수 있다는 위기감이 커지고 있다는 것을 말하고 싶은 것이다. 아! 2020년에 바라본 대한민국의 미래는 어찌 이처럼 암담한가.

(남양회보, 2020년 1월, 원제: 2020년에 바라본 대한민국)

정치가 왜 이래

초판 1쇄 인쇄 2021년 6월 23일
초판 1쇄 발행 2021년 6월 29일

지은이 홍성걸
펴낸이 김형성
펴낸곳 (주)시아컨텐츠그룹
책임편집 지평사 최성욱
디자인 공간42
인쇄 · 제본 정민문화사

주소 서울시 마포구 월드컵북로5길 65 (서교동) 주원빌딩 2F
전화 02-3141-9671
팩스 02-3141-9673
이메일 siaabook9671@naver.com
등록번호 제406-251002014000093호
등록일 2014년 5월 7일

ISBN 979-11-88519-26-2 [03340]